A cura di **Maria Cecilia Luise**

ITALIANO
LINGUA SECONDA: FONDAMENTI E METODI

Coordinate - volume 1

Guerra Edizioni

© Copyright 2003 Guerra Edizioni - Perugia

ISBN 978-88-7715-603-7

I diritti di traduzione, di memorizzazione
elettronica, di riproduzione e di adattamento
totale o parziale, con qualsiasi mezzo (compresi
microfilm e le copie fotostatiche), sono riservati
per tutti i paesi.

Guerra Edizioni
via Aldo Manna, 25 - Perugia (Italia)
tel. +39 075 5289090 - fax +39 075 5288244
e-mail: geinfo@guerra-edizioni.com

INDICE

5 **PREFAZIONE** *Maria Cecilia Luise*

coordinate

7-17 1. CONFLITTI CULTURALI IN UNA CLASSE CON STUDENTI IMMIGRATI *Paolo Balboni*

19-54 2. EDUCAZIONE INTERCULTURALE E DISCIPLINE SCOLASTICHE *Francesca Della Puppa*

55-98 3. DIDATTICA LUDICA E ITALIANO LINGUA SECONDA *Fabio Caon e Sonia Rutka*

99-120 4. L'ITALIANO PER LO STUDIO E PER IL SUCCESSO SCOLASTICO: LA SEMPLIFICAZIONE DEI TESTI *Maria Cecilia Luise*

121-142 5. COMPITI DELL'INSEGNANTE DISCIPLINARE IN CLASSI PLURILINGUE: LA FACILITAZIONE DEI TESTI SCRITTI *Roberta Grassi*

143-165 6. IL LABORATORIO DI ITALIANO LINGUA SECONDA *Fabio Caon e Barbara D'Annunzio*

167-179 7. PECULIARITÀ DELL'INSEGNAMENTO ANDRAGOGICO DELL'ITALIANO COME LINGUA SECONDA *Graziano Serragiotto*

PREFAZIONE

Prefazione

"Approccio alla Lingua Italiana per Allievi Stranieri": da qui deriva l'acronimo ALIAS, che richiama il fatto che gli immigrati sono un "alias", uguali a noi e altri da noi.
ALIAS è il nome di un progetto congiunto del Ministero della Pubblica Istruzione e dell'Università di Venezia, impostato nel 1999, che nasce da un'esigenza formativa sempre più sentita dagli insegnanti della scuola italiana, che si trovano a lavorare sempre più spesso con classi multietniche, nelle quali la presenza di allievi stranieri è più una norma che un'eccezione.
Da più di due anni il Progetto Alias, attraverso il sito **www.unive.it/progettoalias**, dialoga, tiene i contatti e forma centinaia di insegnanti e futuri insegnanti che si occupano o si interessano di italiano lingua seconda, mettendo a disposizione saggi, articoli, materiali didattici, forum di discussione; già nel 2000 si era sentita l'esigenza di raccogliere parte dei materiali nati all'interno del progetto, integrarli con i contributi di chi già allora si distingueva nel campo della glottodidattica della lingua seconda, in un volume intitolato, appunto *Alias* (Torino, Theorema, 2000).
Oggi, a dimostrazione da una parte che il Progetto Alias è un progetto in divenire, la cui crescita è costante ed è alimentata da sempre nuovi stimoli e spunti, dall'altra che il campo della didattica dell'italiano lingua seconda, sotto la spinta non solo dell'emergenza immigrazione che vive l'Italia, ma soprattutto dell'impegno e delle ricerche che sempre più studiosi dedicano a questo argomento, viene raccolta in questo volume una nuova serie di saggi.
Il testo vuole quindi dare un panorama della ricerca sulla didattica della lingua seconda organizzato in modo coerente con l'impianto che caratterizza il Progetto Alias: accanto alla dimensione teorica, alla ricerca e all'integrazione degli apporti che possono dare le diverse scienze del linguaggio e dell'educazione alla glottodidattica, c'è una forte componente operativa, metodologica, applicativa.
Il volume si divide in tre sezioni: nella prima, "Coordinate", trovano posto alcuni saggi che vogliono sottolineare degli aspetti della glottodidattica dell'italiano come lingua seconda e dell'educazione interculturale che oggi devono diventare dei punti fermi della ricerca e dell'insegnamento; nella seconda parte sono invece contenuti alcuni saggi dedicati ad etnie e lingue tra le più presenti nella realtà scolastica italiana, nell'intento di dare a chi deve operare con allievi stranieri un bagaglio minimo di informazioni che favorisca una relazione serena, in quanto non turbata da incomprensioni e incidenti interculturali, e un'azione didattica che tenga conto del patrimonio linguistico, culturale e umano che questi studenti portano con loro; la terza sezione, "Strumenti per la didattica", presenta una serie di materiali e strumenti che fin da subito un insegnante può utilizzare nella sua pratica quotidiana, non solo per agire direttamente con gli allievi stranieri, ma anche per aprire il suo lavoro e la sua professionalità ad una dimensione di ricerca continua, ad un'ottica davvero interculturale che coinvolge tutti gli studenti, non solo quelli arrivati da lontano.

Maria Cecilia Luise

COORDINATE

CONFLITTI CULTURALI IN UNA CLASSE CON STUDENTI IMMIGRATI
Paolo Balboni

\#　1

Premessa

In una ricerca ancora inedita, Fabio Caon ha chiesto a molti insegnanti italiani che hanno studenti stranieri nelle loro classi quale fosse la maggiore causa di risentimento da parte dei compagni, quale fosse la cosa che disturbava di più.
La risposta è stata imprevista (almeno per chi studia questi problemi nella torre d'avorio dei centri di ricerca): la risposta è stata quasi unanime: "puzzano". Ad un convegno a Trieste, città da sempre in contatto con popolazioni balcaniche, alla stesa domanda, dopo una lunga esitazione, un'insegnante ha detto: "quasi non oso dirlo… ma… puzzano". Due osservazioni:
a) anzitutto, il problema non è la carenza nell'italiano, la difficoltà nella comprensione delle varie microlingue della scuola, e così via, bensì un problema di relazione interpersonale dovuto a una diversità culturale sulla nozione di pulizia;
b) in secondo luogo, c'è quell'eccezionale "quasi non oso dirlo". Dei problemi di lingua si può parlare, di quelli di cultura esibibile (la religiosità, il cibo, il fumo, gli alcolici, i vestiti, ecc.) si sa come parlare, magari all'insegna di un ipocrita *politically correct*, ma dei problemi culturali che riguardano la persona e i suoi rapporti con gli altri "quasi non oso dirlo".

La conclusione della ricerca di Caon è che il problema culturale prevale su quello linguistico. Abbiamo dedicato a questo tema vari lavori[1], ma riteniamo utile tornarci in questa nuova opera dedicata all'integrazione linguistica, culturale, scolastica degli immigrati, affrontando il tema sulla base di due dicotomie che spesso trascuriamo: cultura/civiltà da un lato, multi/interculturale dall'altro.

1. La dimensione culturale nella didattica delle lingue seconde e straniere

Malinowsky negli anni Trenta e Firth nel decennio successivo sono i primi a porre in maniera sistematica e con attenzione antropologica il problema del ruolo della cultura nell'insegnamento/apprendimento di una lingua seconda o straniera (nozione non ancora differenziata in quegli anni[2]), considerando la cultura come una delle componenti della *situazione*, cioè il contesto in cui avviene lo scambio comunicativo; ma già Lado negli anni Cinquanta percepisce la cultura come problema *situazionale e comunicativo* insieme: non mero sfondo su cui si staglia la comunicazione, ma parte diretta nella stessa, per cui possedere la competenza comunicativa[3] implica anche possedere una competenza culturale, che si integra alla competenza linguistica; negli anni Settanta Hymes e gli altri etnometodologi pongono la competenza culturale come problema comunicativo *tout court*, affiancata e integrata alla competenza linguistica: la *cultural scene* diviene uno dei cardini dell'evento comunicativo, finché negli anni Novanta, con Hofstede, essa si qualifica come *software of the mind*, una sorta di "file di sistema" sotteso alla comunicazione, il cui effetto non compare sullo "schermo" della comunicazione verbale, ma la cui presenza è fondamentale per il funzionamento del *hard disk* che ci consente di comunicare (Balboni 1996 e 1999b).

Quando negli anni Cinquanta-Settanta gli immigrati sono giunti in maniera rilevante nell'Europa centro-settentrionale (la nostra riflessione deve necessariamente essere eurocentrica: l'America applica un modello sociopolitico diverso in ordine all'immigrazione, quello del *melting pot*) il problema del conflitto culturale in una classe con ragazzi di più lingue e culture era secondario rispetto ad urgenze ritenute ben più drammatiche – condizioni di lavoro, garanzie democratiche e civili, asilo politico, ecc. Se prendiamo ad esempio l'emigrazione italiana in Gran Bretagna, volumi come quelli di Tosi (1984, 1995) sono significativi.

Fortunatamente l'Italia entra nel gruppo delle nazioni che accolgono immigrazione con trent'anni di ritardo, e questo ci consente di riflettere su quanto è avvenuto altrove e di avere strumenti concettuali, socio-politici ed educativi, nuovi, più sofisticati, accanto ad una coscienza civile meno dominata dall'urgenza – anche se l'immigrazione ha assunto negli ultimi anni una valenza politica, soprattutto ad opera della Lega Nord da un lato e dell'estrema sinistra politica e cattolica dall'altro, che rende difficile sia una riflessione serena sia un'azione educativa e didattica equilibrata. Malgrado la politicizzazione (in termini partitici, non di politica in senso alto) del problema, è a nostro avviso possibile gestire, e forse anche dirimere e superare, i conflitti culturali in una classe multi/interculturale, anziché limitarsi a ignorarli o, più di frequente, a schiacciarli come è stato fatto negli stati dell'Europa settentrionale (per una visione della situazione europea negli anni Ottanta cfr. Stuttnabb-Kangas 1984, per gli anni Novanta è interessante la serie di quaderni di AA.VV.1999a).

Gli strumenti concettuali a nostra disposizione sono oggi in Italia di quattro tipi:
a) anzitutto c'è una vasta ricerca di carattere *sociologico*, con una sostanziosa riflessione sull'inserimento/integrazione/assimilazione degli immigrati (per citare solo alcuni testi molto utili: Tabboni 1986, Canciani-De La Pierre 1993; Criscione-De La Pierre 1995); abbiamo anche sintesi di grande rilievo come il *Primo rapporto sull'integrazione degli immigrati in Italia* curato da Zincone nel 2000;
b) anche il mondo pedagogico si è interrogato fortemente sul modo di gestire la crescente presenza di immigrati nella scuola: basti ricordare gli studi di Demetrio e Favaro (1992, 1997), quelli di tanti IRRSAE (tra cui emerge quello toscano: Boi 1993, Ianni-Scaglioso 2000), nonché le ricerche europee (tra le quali ricordiamo: Stuttnabb-Kangas 1984; Dabène 1990, Negrini 1996; Barzanò-Jones 1998; AA.VV. 1999). Vengono dalla riflessione pedagogica le indicazioni sull'importanza del coinvolgimento delle famiglie immigrate, per evitare che il ragazzino straniero sia dilaniato tra due modelli contrastanti di educazione, e sul coinvolgimento della classe, ad esempio affidando lo straniero ogni giorno a uno o due compagni che gli fanno da tutor e gli risolvono i problemi linguistici e culturali più semplici e immediati senza interrompere il lavoro di tutti;
c) *in glottodidattica* si è lavorato soprattutto in due direzioni: da un lato, quella dei problemi legati all'insegnamento dell'italiano a stranieri (Tosi 1995, AA.VV. 2000, Favaro 1997 e 2002) e dell'apprendimento spontaneo dell'italiano (Giacalone Ramat 1986 e 1998, Pallotti 1998, Vedovelli 1994, 2001), dall'altro quello della comunicazione interculturale (De Mauro et alii 1992, Balboni 1999b). Non si confonda il problema della "comunicazione" interculturale con quello della "pedagogia" interculturale (Tassinari 1992, Operti-Cometti 1992, oltre ai già citati Demetrio-Favaro);

d) più limitata – sebbene di alto livello – la riflessione andragogica, relativa all'educazione degli adulti, con particolare riferimento al problema linguistico degli immigrati. Oltre al "classico" di Demetrio (1997) che costituisce il punto di riferimento (anche per il suo lungo lavoro accanto a G. Favaro sul tema dell'insegnamento dell'italiano a immigrati), ricordiamo una ricerca dell'IRRSAE Toscana (Boi 1993), vari interventi di Minuz (2001a e 2002b) e Tucciarone (in AA.VV. 2000).

Quello glottodidattico è il settore in cui si situa questo volume, ma in questo saggio, pur senza dimenticare il problema linguistico, cercheremo di allargare la visione al problema socio-antropologico che fornisce la cornice al cui interno si situa la dimensione glottodidattica.

2. Cultura / civiltà

Crediamo che molti dei problemi riguardanti la presenza di immigrati nella società e nella scuola vengano dall'uso intercambiabile dei due termini che abbiamo posto nel titoletto.

Secondo l'impostazione antropologica di Lévy-Strauss è "cultura" tutto ciò che non è "natura": la natura pone il bisogno di nutrirsi, coprirsi, procreare, ecc., e le varie culture offrono modelli culturali quali il modo di procurarsi, preparare e distribuire il cibo, il modo di creare abitazioni e vestiti, le regole di corteggiamento, la struttura familiare, e così via.

Dagli anni Cinquanta in poi, come reazione ai macelli della prima parte del ventesimo secolo, l'antropologia culturale ha elaborato ed imposto il concetto di "relativismo culturale", secondo il quale ogni cultura, in quanto risposta originale ai bisogni di natura, è degna di rispetto. Nella tradizione glottodidattica italiana si afferma sempre che il "relativismo culturale" costituisce uno degli obiettivi primari.

Tuttavia un'analisi più fine ci permette di discernere una doppia dimensione: alcuni modelli culturali, infatti, possono risultare più produttivi di altri, e quindi costituiscono la *civiltà* di un popolo.

L'attribuzione del valore di "civiltà" può venire dall'esterno, ma essa interessa poco: ad esempio, agli italiani interessa poco che gli europei considerino la cultura del vino una componente essenziale della grande civiltà culinaria italiana oppure che i musulmani osservanti la ritengano segno di inciviltà: al massimo possono essere gratificati o irritati; in effetti questa attribuzione esogena interessa poco anche al nostro discorso. Quello che conta è l'attribuzione endogena, il fatto che *un popolo considera alcuni tra i suoi tanti modelli culturali come irrinunciabili, come parte costitutiva della propria identità* – e li considera superiori ai modelli alternativi, che definisce "incivili".

Due esempi:

a) gli italiani hanno varie culture del cibo, da quella basata sul maiale in Pianura Padana all'apoteosi delle verdure nel Sud; ciascun italiano può preferire l'una o l'altra, ma questo non porta a giudizi negativi su chi ha gusti diversi, anzi: proprio per gusto della diversità culturale, proprio per il piacere della varietà, si va volentieri in ristoranti "etnici". La cucina è quindi un insieme di modelli culturali in cui vige il principio del *relativismo* culturale, del *rispetto*, spesso dell'*interesse* per la diversità;

b) la pena di morte è talvolta inflitta negli Stati Uniti a minorenni, a minorati, sulla base di processi che spesso lasciano perplessi: anche gli italiani favorevoli alla pena di morte (quei pochissimi che lo sono davvero, non quelli che la invocano sull'onda emotiva dopo qualche evento drammatico) giudicano *incivile* quelle procedure giuridiche e quel tipo di pena di morte, perché va contro ad un modello culturale ormai fatto proprio dagli italiani e assurto a valore di *civiltà*: la sacralità e l'inviolabilità del corpo umano. È per questo principio che gli italiani in blocco, tutti, condannano tanto la tortura quanto gli sculaccioni a scuola, tanto la violenza sessuale quanto una discussione o una partita che finisce in aggressione all'avversario.

Per i modelli culturali non si litiga, al massimo ci si stupisce e si deride chi ha modelli diversi; *per i modelli di civiltà si è pronti a lottare*, perché rappresentano l'essenza intorno alla quale un popolo si riconosce come tale.

2.1 Difendere la civiltà, lasciarsi contagiare dalla cultura

Applichiamo ora la dicotomia cultura/civiltà all'immigrazione.
Da un lato abbiamo l'Italia, con alcuni *valori di civiltà* intorno a cui il popolo italiano si riconosce e con un enorme patrimonio di *modelli culturali* che governano la vita quotidiana; dall'altro abbiamo l'immigrato, che viene in Italia con il suo bagaglio di modelli di civiltà e di modelli culturali. Anche se i suoi modelli culturali (il vestirsi, il nutrirsi, il cantare) si discostano dai nostri non c'è problema: li può applicare sia in privato sia in pubblico purché si mantenga dentro alcuni limiti di civiltà italiana (tutti afferenti al senso di rispetto per i vicini, cui gli italiani tengono sempre di più): può vestirsi come vuole ma senza ignorare il senso del pudore; può nutrirsi come vuole ma senza riempire la tromba delle scale, spazio comune, con effluvi spiacevoli durante la cottura; può cantare con finestre aperte ma non proprio a mezzanotte…
Ma se i suoi costumi si scontrano con modelli di civiltà forti per gli italiani, il conflitto è inevitabile: l'infibulazione è un modello culturale diffuso in alcune zone africane (non solo islamiche), ma si scontra con la difesa dell'integrità fisica, valore della civiltà italiana; il tenere le donne lontane dall'istruzione e dalla vita pubblica, spesso semirecluse, è modello culturale accettato in molte culture afro-asiatiche, ma si scontra con l'istanza – sentita da tutti gli italiani, ancorché non pienamente realizzata – per la parità tra le opportunità di uomini e donne, recente conquista della civiltà italiana; vendere la figlia appena pubere dandola in moglie a qualcuno che magari non conosce neppure, sarà pure un costume diffuso altrove, ma si scontra con il diritto alla libertà di scelta affettiva, pilastro della civiltà italiana d'oggi.
Il conflitto può essere evitato con un richiamo al "relativismo culturale", alla pari dignità di tutte le culture, ma si tratta di una soluzione momentanea, adatta a chi vive nei quartieri alti e vede San Salvario solo in TV; oppure il conflitto può essere gestito, ponendo paletti chiari, limiti precisi.
A nostro avviso, un principio del tipo "i modelli non italiani sono accettati a meno che non confliggano con *modelli di civiltà* fortemente sentiti dagli italiani" può regolare il conflitto tra italiani e immigrati, nella società e in quella particolare situazione che è la scuola.

2.2 Riflettere su quali modelli culturali sono anche modelli di civiltà

Il principio che abbiamo esposto nel paragrafo precedente dà sostanza ad una delle frasi più comuni in ogni discussione sul ruolo dell'immigrazione: "la presenza di diversi è un arricchimento" – frase cui non segue mai una domanda, "in che cosa ci arricchisce?", che porrebbe in difficoltà molti di coloro che sostengono il valore della diversità. Secondo quel principio, gli italiani – ogni città, ogni scuola, ogni consiglio di classe, ogni docente, ogni famiglia, ogni studente – sono costretti a riflettere, a discutere, a pensare, in modo da poter decidere quali sono i modelli irrinunciabili, gli elementi di *civiltà* per i quali sono disposti a combattere, sui quali non vogliono transigere.

Se di fronte ad una diversità, di qualsiasi tipo, ci chiediamo "si differenzia dalla *cultura* o dalla *civiltà* italiana?", allora siamo in grado di rispondere, *accettando* le differenze culturali e *rifiutando* le differenze di civiltà – e allora potremo ringraziare l'ondata migratoria che ci fa scoprire chi siamo. E allora sapremo anche che non ha senso schierarsi con l'estrema sinistra cattolica e marxista, che in nome della solidarietà vorrebbe aprire la porta a tutti ed accettare pressoché tutto, né schierarsi con l'integralismo di certa gerarchia ecclesiastica o di alcuni demagoghi di destra che vorrebbero salvare la purezza dell'italianità: non ha senso "schierarsi", perché questo conflitto non si gestisce con schieramenti ma con il continuo esercizio del dubbio: "è cultura o civiltà?".

3. Relativismo culturale, tolleranza, rispetto, interesse per il diverso

Spesso alcuni di questi termini vengono visti come equivalenti, ma non lo sono. Come abbiamo visto sopra, sebbene per accenni, il relativismo culturale, come correttivo all'etnocentrismo, è solo una dimensione minimale da porre alla base: senza il concetto di relativismo culturale non ci si muove alle tappe successive del continuum indicato nel titoletto. Ma limitarsi a dire che ogni cultura è egualmente degna non risolve i conflitti.

3.1 Tolleranza per la differenza

Come si nota non abbiamo aggiunto al sostantivo "differenza" la specificazione "culturale"; in effetti, incominciano a divenire rilevanti anche in Italia alcune differenze biologiche quali ad esempio le diverse pigmentazioni della pelle umana, la forma degli occhi e delle labbra, ecc.: differenze che vengono sempre più sentite come indicatori di status culturale: "sei diverso come razza quindi sei diverso come cultura". Si noti tuttavia che l'unitarietà culturale non basta per superare le barriere di razza, come dimostra l'America del nord.
Il relativismo, che è un atteggiamento psicologico, si trasforma in tolleranza, quindi

in un *modo di comportamento*, in base al quale non vengono attivati meccanismi né individuali né sociali di esclusione o preclusione verso i membri di altre culture.
Questa dimensione è quella più frequentemente dichiarata dalle persone che genuinamente proclamano di lavorare per il bene sociale; ma, se è vero che tutti coloro che si sentono tolleranti dimenticano che è un atteggiamento di superiorità, ancora più grave è che dimentichino che per ogni "tollerante" c'è un "tollerato". Essere tolleranti ci gratifica, essere tollerati ci umilia, e nessuna scuola, nessuna società cresce e progredisce se si basa sull'umiliazione di alcuni suoi membri. Quindi l'educazione alla tolleranza è una tappa ma non può rappresentare una finalità in sé.

3.2 Rispetto della differenza

Il tollerante matura e diventa rispettoso. Il che significa che comincia a porsi problemi del tipo:
- "questo mio atteggiamento offende la persona diversa che mi sta di fronte?";
- "spiegare le crociate come difesa contro i barbari incivili ed infedeli che avevano conquistato il Santo Sepolcro offende il ragazzo arabo che ho di fronte?";
- "esaltare i carbonari anti-austriaci come eroi offende l'austriaco il cui antenato è morto sotto quelle bombe?".

Non importano le risposte alle domande degli esempi: conta il fatto di essersi posti il problema.
Si entra nella logica di "rispetto" quando si cerca (non per una *political correctness* superficiale, ma per un profondo e radicato atteggiamento d'animo) di non creare sofferenza nell'altro, di non attaccarlo inutilmente – il che non esclude la discussione, anche aspra, ma basata sul reciproco rispetto, accordato e preteso da entrambi, dall'italiano e dallo straniero.

3.3 Interesse per la differenza

Il piacere della differenza è istintivo ("il mondo è bello perché è vario"). L'arricchimento della cultura di una società attraverso il piacere della differenza è innegabile: l'arte e la musica contemporanee non esisterebbero senza l'impatto dell'arte e della musica africane nei primi trent'anni di questo secolo; allo stesso modo, molta della cosiddetta cucina mediterranea non esisterebbe senza l'interesse dei nostri antenati napoletani per le verdure importate dall'America, dal pomodoro al peperone.
L'educazione al piacere della differenza rappresenta un significativo salto di qualità rispetto al relativismo culturale, alla tolleranza per il diverso e anche al rispetto per la diversità: si presenta in maniera duplice, da un lato mira a insegnare a gustare il nuovo con piacere, con disponibilità; dall'altro insegna a razionalizzare il proprio piacere.
Siamo di fronte ad un *atteggiamento* che produce però *comportamento*: si scopre che la pluralità è una ricchezza e che quindi va sostenuta; ciascuno studia con interesse la natura delle altre comunità presenti nella società, ne assorbe alcuni modelli, ne offre altri.
È in questa logica che la scuola italiana può cominciare (quanto proficuamente!) a porsi

interrogativi troppo a lungo rimandati: è la presenza di studenti islamici che ci costringe a chiederci se le crociate siano davvero esemplari della civiltà cristiana europea; è la presenza di studenti russi che alle elementari hanno imparato ad usare l'abaco che mette in crisi un curricolo di matematica in cui i logaritmi, base dell'abaco, sono visti come punto d'arrivo anziché come strumenti comprensibili anche a un bambino di sei anni; è la presenza di orientali che può farci chiedere se "educazione fisica" significhi agonismo e lotta contro il record o armonia con il proprio corpo.

L'interesse per la differenza è un atteggiamento generalmente contrastato sia dalle comunità monoculturali sia da quelle multiculturali (vedi sotto) che hanno trovato un modus vivendi istituzionalizzato: l'interesse presuppone studio e fatica, significa mettersi in discussione, cercare di capire ciò che ci è distante, insolito, inusuale, sperimentare – e quindi anche fallire. Ma è solo con l'interesse, *inter esse*, "essere fra", che l'arricchimento indotto dalla differenziazione risulta pieno (cfr., per un approfondimento, AA.VV. 1996).

4. Multiculturale e interculturale

Gli immigrati, quando arrivano, sono fragili e sprovveduti, quindi tendono a concentrarsi in *Little Italies, Chinatowns, Barrios* e così via, per mutua protezione sociale, culturale, linguistica.

Anche alle società ospitanti fa comodo che i corpi estranei siano in qualche modo circoscritti, non disseminati: è più facile stabilire un rapporto politico-istituzionale, concordare politiche educative, ecc., con dei gruppi omogenei. In molti sistemi scolastici questo cordone sanitario è stato steso anche per i ragazzini, immessi in classi ad hoc con la giustificazione di proteggerli dall'impatto immediato con la lingua straniera, e così via. Ma nel lungo periodo i quartieri etnici diventano ghetti, i figli degli immigrati che sono nati nel paese d'accoglienza raggiungono l'adolescenza e si rendono conto di essere degli esclusi, si alleano con gli emarginati nativi del paese, sommano il peggio di entrambe le culture, e incominciano ad urlare (con piena padronanza della lingua locale, in cui sono cresciuti!) la loro disperazione e la loro rabbia: la propria diversità diventa un segno distintivo di razzismo all'inverso, e la situazione si deteriora come abbiamo visto in molte nazioni europee in questi anni.

La sommatoria, la politica delle macchie d'olio, alla lunga deve cedere il passo all'integrazione (pur nella differenza, magari nella differenza), se una società vuole sopravvivere. La società multiculturale è temporanea, solo quella interculturale è stabile.

Tuttavia, una società interculturale è bella a dirsi ma difficile a farsi: se la cultura procede per contagio, la società multiculturale è quella che incista il corpo estraneo, quella interculturale è quella che dapprima lo controlla con anticorpi, poi impara a riconoscerlo, a usarlo, e affida a lui parte delle proprie funzioni vitali.

Ma una società e una scuola interculturale non possono essere costruite con il relativismo culturale, con la tolleranza, con il rispetto: solo l'*inter*esse porta all'*inter*culturalità. Nella scuola multiculturale rispettosa si sta attenti a non offendere l'islamico dando un taglio eurocentrico allo studio delle crociate, nella scuola interculturale si ha interesse per il modo in cui l'islamico vede le crociate e si comincia a cercare, tra i punti di vista, la verità storica.

Nella scuola multiculturale si rispetta l'errore dovuto all'interferenza, spiegando che appunto si tratta di un errore ma se ne comprendono le ragioni; nella scuola interculturale si coinvolge la classe nello studio dei meccanismi di interferenza, per un interesse nel funzionamento linguistico della mente; nella scuola multiculturale l'errore linguistico viene corretto, in quella *inter*culturale si cerca di *inter*pretarlo.

La lingua è lo strumento principe della comunicazione (quindi la base per una scuola multiculturale) e per la concettualizzazione (quindi indispensabile per una scuola interculturale).

Dare agli immigrati l'italiano quotidiano, quello che Cummins chiama *Basic Interpersonal Communication Skill*, va bene per una scuola multiculturale; per quella interculturale serve, sempre con le parole di Cummins, la CALP, *Cognitive and Academic Language Proficiency*, che consenta loro di integrarsi nei processi cognitivo-culturali della scuola del paese di accoglienza.

Riferimenti bibliografici

Questi sono solo i riferimenti a quanto richiamato nel saggio. Per una bibliografia approfondita e ordinata secondo varie categorie, si veda il lavoro di Lucia Maddii in Ianni-Scaglioso 2000.

AA.VV., 1995, *Curricolo di italiano per stranieri,* Roma, Bonacci.
AA.VV., 1996, *Educazione bilingue*, Perugia, Guerra Edizioni.
AA.VV., 1999a, *Sharing Practice in Intercultural Education*, Londra, Intercultural Educational Practice (Vol. 1: *The Professional Development of Teachers*; vol. 2: *Language for learning. Devolping Higher Language Skills*; vol. 3: *Towards the Intercultural Classroom*; vol. 4: *Parents as Partners in Education*; vol. 5: *Meeting the Individual Needs of Children from Minority Ethnic Groups*).
AA.VV., 1999b, *Educazione bilingue (nuova edizione)*, Perugia, Guerra Edizioni.
AA.VV., 2000, *ALIAS – Approccio alla Lingua Italiana per Allievi Stranieri*, Torino, Theorema.
BALBONI P.E., 1996, "La cultura straniera: Modelli di osservazione nel paese straniero e nelle classi di lingua", in C. WRINGE (cur.) *Formation Autonome. A European Self-Study Professional Development Project for Language Teachers*, Parigi, FIPLV, pp. 32-35 vol.1 e pp. 103-124 vol. 2.
BALBONI P.E., 1999a, *Dizionario di glottodidattica*, versione sia cartacea sia digitale ipertestuale, Perugia, Guerra Edizioni.
BALBONI P.E., 1999b, *Parole comuni, culture diverse. Guida alla comunicazione interculturale,* Venezia, Marsilio.
BARZANÒ G. e J. JONES (cur.), 1998, *Same Differences. Intercultural Learning and Early Foreign Language Teaching*, Bergamo, Oxymoron Team / Grafital.
BOI M. 1993 (cur.), *Immigrati adulti in classe*, Firenze, IRRSAE Toscana.
CANCIANI D. e S. DE LA PIERRE, 1993, *Le ragioni di Babele. Le etnie tra vecchi nazionalismi e nuove identità*, Milano, Franco Angeli.
CRISIONE E. e S. DE LA PIERRE, 1995, *Gli spazi dell'identità,* Milano, Franco Angeli.
DABENE L., 1990, "Les langues d'origine des populations migrantes: un défi à l'école française", in *LIDIL/2*, Grenoble, Presse Universitaire de Grenoble.
DE MAURO T. *et alii*, 1992, *L'alfabetizzazione culturale e comunicativa,* Firenze, Giunti Marzocco.
DEMETRIO D. 1997, *Manuale di educazione degli adulti,* Firenze, IRRSAE Toscana.
DEMETRIO D., G. FAVARO, 1992, *Immigrazione e pedagogia interculturale,* Firenze, Nuova Italia.
DEMETRIO D., G. FAVARO, 1997, *Bambini stranieri a scuola,* Firenze, Nuova Italia.
FAVARO G., 1997, *Progetto di formazione linguistica in Italiano seconda lingua,* Milano, Franco Angeli.
FAVARO G., 2002, *Insegnare l'italiano agli alunni stranieri,* Firenze, La Nuova Italia.
GIACALONE RAMAT A. (cur.), 1986, *L'apprendimento spontaneo di una seconda lingua,* Bologna, Il Mulino.
GIACALONE RAMAT A. (cur.), 1988, *L'italiano tra le altre lingue,* Bologna, Il Mulino.
IANNI G. e C. SCAGLIOSO 2000 (cur.), *Identità multiple e pratiche interculturali,* Firenze, IRRSAE Toscana.
LADO R., 1957, *Linguistics Across Cultures. Applied Linguistics for Language Teachers,* Ann Arbor, Michigan University Press.
MINUZ F., 2001a, "Bisogno di lingua, bisogni di lingua. L'italiano L2 per adulti immigrati", in E. JAFRANCESCO (cur.), *Intercultura e insegnamento dell'italiano a immigrati. Oltre l'emergenza,* Firenze, ILSA.
MINUZ F., 2001b, "Italiano L2 e adulti immigrati", in *Atti del IV seminario*, Roma, ASILS.
NEGRINI A., 1996 (cur.), *Migrazioni in Europa e formazione interculturale*, Bologna, EMI.
OPERTI L. e L. COMETTI (cur.), 1992, *Verso un'educazione interculturale,* Torino, Bollati-Boringhieri.
PALLOTTI G., 1998, *La seconda lingua*, Milano, Bompiani.
STUTTNABB-KANGAS T., 1984, *Bilingualism or not: The Education of Minorities,* Clevendon, Multilingual Matters.
TABBONI S. (cur.), 1986, *Vicinanza e lontananza. Modelli e forme dello straniero come categoria sociologica,* Milano, Franco Angeli.
TASSINARI G. *et alii,* 1992, *Scuola e società multiculturale*, Firenze, La Nuova Italia.
TOSI A., 1984, *Immigration and Bilingua Education,* Oxford, Pergamon.

TOSI A., 1995, *Dalla madrelingua all'italiano,* Firenze, Nuova Italia.
TUCCIARONE S., 2000, "Gli adulti nelle scuole carcerarie", in AA.VV., *Approccio alla lingua italiana per allievi stranieri,* Torino, Teorema.
VEDOVELLI M. et alii (cur.), 2001, *Lingue e culture in contatto. L'italiano come L2 per gli arabofoni,* Milano, Angeli.
ZINCONE G. (cur.), *Primo rapporto sull'integrazione degli immigrati in Italia,* Bologna, Il Mulino.

1 Balboni 1999b, nonché i nostri due interventi in AA.VV 2000 o nel sito www.unive.it/progettoalias.
2 Riprendiamo la distinzione (derivandola dal nostro *Dizionario,* 1999a) perché deve essere ben chiara ai destinatari di questo volume:
- *Seconda lingua:* malgrado in inglese americano si usi spesso l'aggettivo *second* come sinonimo di *foreign,* la lingua "seconda" è quella che lo studente può trovare anche fuori della scuola, come nel caso di un italiano che studia il francese in Francia, o di uno straniero che impara l'italiano in Italia.
A differenza della lingua straniera, la situazione di lingua seconda prevede che molto dell'input linguistico su cui si lavora provenga direttamente dall'esterno, spesso portato a scuola dagli stessi studenti; inoltre nella situazione di lingua seconda la motivazione è di solito immediata, strumentale, quotidiana, mirante all'integrazione nel paese la cui lingua è "seconda".
- *Straniera, lingua:* l'aggettivo "straniero" indica una lingua che viene studiata in una zona in cui essa non è presente se non nella scuola, a differenza della lingua "seconda" che invece è presente nell'ambiente extrascolastico. È "straniero" l'italiano studiato in Inghilterra. A differenza di quanto avviene nella lingua seconda, l'input linguistico in lingua straniera è fornito (direttamente o con tecnologia didattica) dall'insegnante e di conseguenza molte attività didattiche sono dei falsi dal punto di vista pragmatico, perché si deve usare una lingua estranea tra due parlanti che hanno già una lingua in comune.
3 Quando Lado scrive il suo principale contributo sull'argomento, nel 1957, la nozione di "competenza comunicativa" è lungi da venire: bisognerà aspettare ancora quindici anni prima che Hymes la formalizzi.

COORDINATE

EDUCAZIONE INTERCULTURALE E DISCIPLINE SCOLASTICHE

Francesca Della Puppa

| 2

Premessa

L'educazione interculturale, in Italia, come materia con una sua identità specifica compie 13 anni. Molto è stato scritto, molto è stato detto, al punto che già nel 1997 alcuni studiosi del fenomeno si sono interrogati sui fondamenti teorici di tale materia e hanno avanzato l'ipotesi che si fosse giunti ad una "crisi" interna: troppo consenso diffuso, sensazione di eccessivo benessere, di eccessivo rasserenamento... si alimentò un sospetto, che un consenso così ampio, che oltrepassava le opinioni politiche e le posizioni ideologiche, fosse "il frutto dell'adozione acritica di un modello teorico" (Demetrio, 1997: 25). Abbiamo abbracciato questo intento critico nei confronti di un argomento diremmo quasi "inflazionato", ormai, e nella prima parte del capitolo ci siamo messi in quest'ottica a tracciare un percorso di definizione e sintesi sull'educazione interculturale, cercando di offrire a quanti insegnano, educano, nella scuola o in altri contesti, uno strumento per evitare di rimanere intrappolati in alcuni rischi in agguato. Nella seconda parte si passa all'applicazione pratica affrontando in modo più specifico metodi e contenuti perché quanto teorizzato diventi agire quotidiano.

Scopo di questo capitolo, dunque, è dare un contributo alla discussione sull'educazione interculturale, evidenziandone gli aspetti, a nostro parere, più caratterizzanti e significativi, soprattutto in relazione al suo inserimento nel contesto scolastico.

PRIMA PARTE

1. Introduzione

> "La scuola è il luogo dei paradossi: si vuole educare alla responsabilità, senza che gli allievi abbiano il potere (possibilità) di decidere o gestire nulla; si vuole educare ad una mentalità critica, premiando solo chi riflette il più fedelmente possibile la visione dei fatti proposta dai libri di testo; si vuole educare alla democrazia, quando non c'è il tempo di discutere, dibattere, decidere nulla; si vuole educare al rispetto, all'accettazione della diversità, all'interculturalità, pretendendo che diventino come noi vogliamo". (A. Nanni)

Viviamo in un'epoca in cui ormai "educazione interculturale" sono parole che risuonano fra le mura di molte scuole. Tale risonanza ci dovrebbe confortare, eppure, basta un confronto diretto con gli insegnanti, un'occasione di incontro o di formazione, per scoprire che c'è bisogno di fare chiarezza, perché sotto quelle due parole trovano espressione un'infinità di iniziative e attività non organiche, episodi sporadici e frammentari che non corrispondono ad una vera progettazione di educazione interculturale della scuola.

Allora che cosa significa fare intercultura oggi nelle nostre scuole? L'educazione interculturale come investe il lavoro scolastico? E qual è il rapporto fra educazione interculturale, insegnamento e discipline scolastiche? Quanto si ferma all'assunzione teorica dei suoi principi senza che ne venga fatta una traduzione in prassi quotidiana, in un progetto globale della scuola che si ridisegna su queste basi?

Per dare una risposta a tali domande è necessario riflettere su alcuni concetti basilari, approfondire il rapporto che ogni insegnante può avere con alcuni fondamenti teorici, soprattutto per capire, come insegnanti, come educatori, quanto stiamo andando in questa direzione, quanto siamo in grado di orientarci verso questa visione del mondo e orientare le scelte progettuali, programmatiche, didattiche in tal senso.

2. Aspetti teorici fondanti

> *"Senza una riflessione consapevole intorno ai fondamenti teorici che sostengono la pedagogia interculturale, tutte le scelte di fondo, di metodo o operative, saranno determinate o dall'improvvisazione e dall'estro dell'educatore, o da un'ideologia di riferimento dogmaticamente accettata".* (P. Bertolini)

Vengono qui presentati tre rapporti dialettici in cui le parole rinviano a concetti che sicuramente andrebbero ulteriormente approfonditi con l'apporto di altre scienze (antropologia, filosofia, sociologia, ...). Non è questa la sede per uno studio così approfondito, ma se vogliamo cercare di capire su quali basi teoriche si sviluppa l'educazione interculturale, a quali principi/valori attinge, è necessario indagare tali concetti, presentarli nella loro complessità e interdipendenza, nella piena consapevolezza di non poter essere esaurienti.

Si è scelto di utilizzare delle coppie non tanto per condurre la riflessione tramite la contrapposizione di concetti, l'uno escludente l'altro - procedimento che non sarebbe coerente con la pedagogia interculturale[1] - ma semplicemente per presentare due aspetti di un'unica questione che nel loro rapporto dialogico superano il dualismo concettuale per condurre ad un'ulteriore visione, per creare una terza sfera di significato.

2.1 Unitarietà/pluralità

Unitarietà e pluralità sono due aspetti che caratterizzano l'uomo, compresenti nella sua natura: per riconoscersi tale l'uomo si distingue da tutte le altre specie viventi, compie un'operazione secondo la quale si costruisce l'immagine di sé per differenza, per costruirsi tale identità prende, però, anche le distanze da tutti coloro che appartengono alla sua specie, concependosi come individuo unico e irripetibile. Ma questa singolarità dell'uomo diventa contemporaneamente pluralità, soprattutto in virtù del fatto che l'uomo è diverso a seconda del contesto in cui si trova a vivere: cambiando il contesto, cambia l'uomo. Non solo, anche la percezione della sua identità può cambiare a seconda di chi la percepisce.

L'identità si forma e ha una sua storia, fatta di tappe diverse, di momenti diversi, e si configura sempre di più in un insieme di molteplicità di identità: "non siamo sempre uguali a noi stessi", si dice, ma a seconda delle fasi storiche di vita, dei contesti in cui operiamo, delle esperienze che conduciamo, abbiamo gusti diversi, pensieri diversi, altre idee, altre convinzioni; siamo "uno, nessuno, centomila", come il pirandelliano Vitangelo Moscarda che un bel giorno guardandosi allo specchio scopre un altro se

stesso, col naso che pende verso destra, e poi via via, scopre tanti altri Vitangelo, estranei, che convivono in lui secondo quanto gli altri vedono, ciascuno a suo modo.
I ruoli che ricopriamo nella vita contemporaneamente possono essere molti e molto diversi fra loro: padre, fratello, figlio, cugino, amico, insegnante, collega, vicino di casa, cittadino, membro di un'associazione culturale, e così via. Ogni ruolo ci chiede atteggiamenti, comportamenti, non sempre armonici e coerenti fra di loro, eppure che partono da un'unica identità, un'unica persona. La difficoltà di tenere assieme più aspetti di un'unica personalità, di leggere la propria vita nella molteplicità delle sue rappresentazioni, può anche portare ad un certo malessere, a sentirsi incompresi, fraintesi, a non trovare un giusto equilibrio nella relazione con gli altri, in sintesi, a provare un senso di inadeguatezza nei confronti della vita stessa.
Se già queste possono essere le conseguenze della dialettica unitarietà/pluralità in un unico individuo, possiamo immaginare quale difficoltà, talvolta, possa esserci nell'incontro fra più individui, singoli e molteplici al contempo.
Ecco che allora il rapporto con il "diverso" comincia già dal rapporto con se stessi, con lo "straniero che è in noi", e da questo dato di fatto possiamo iniziare un'educazione che miri ad una "convivenza interiore" senza conflitti, convivenza che poi si può riflettere nella nostra relazione con gli altri per evitare che l'epilogo della nostra esistenza sia l'annichilimento, come nel caso di Vitangelo Moscarda.

2.2 Uguaglianza/differenza

L'uguaglianza è un bisogno dell'uomo: è la necessità di sentirsi considerato pari nella dignità, nei diritti e nell'opportunità di sviluppare la propria soggettività.
La differenza è un bisogno dell'uomo: è la necessità di mantenere una propria cultura nella quale si è formata l'identità originaria, di distinguersi dagli altri per evitare l'omologazione, l'omogeneizzazione e riconoscersi in quanto soggetto unico e irripetibile.
Possono dialogare questi due valori? Possono coesistere?
Se consideriamo l'uguaglianza come una piena accettazione della differenza, cioè riconoscendo all'altro il diritto di essere "diverso come me", allora uguaglianza e differenza non sono termini di un'opposizione ma si compenetrano.
Inoltre, se consideriamo che il contrario di uguaglianza non sia differenza ma disuguaglianza, cioè la condizione secondo la quale ci si trova in una posizione di vantaggio/svantaggio rispetto ad una situazione, rafforziamo la compatibilità dei due concetti e la possibilità che possano stare accanto. Avere pari dignità come uomini significa essere uguali agli altri pur nelle differenze; riconoscere un rapporto di gerarchia nella dignità significa introdurre il concetto di disuguaglianza. Ecco che allora, uno slogan che dovrebbe riecheggiare nelle scuole e nelle classi dovrebbe essere: "tutti uguali, tutti diversi", per ribadire la necessità di porre i due valori in una relazione dialogica.
Se disuguaglianza è il contrario di uguaglianza, allora, si può proporre che indifferenza sia il contrario di differenza; indifferenza intesa come atteggiamento apatico di chi non si fa toccare, coinvolgere dalla relazione, di chi non esprime opinioni, non opera delle scelte, non valuta le situazioni, i fatti: "va tutto bene, accetto indifferentemente

tutto" nel nome di un relativismo assoluto che diventa fuorviante rispetto all'approccio interculturale nei confronti della società multietnica.

Nel rapporto con le culture, il diritto all'uguaglianza significa riconoscere che non esistono gerarchie di valori culturali, ma esistono solo "culture diverse" che possono dialogare e interagire e che sono il frutto della risposta creativa dell'uomo ai vari ambienti di vita. Le differenze non devono essere individuate in senso evoluzionistico - secondo il quale può esistere un corso di sviluppo a tappe che attribuisce un valore più positivo al paese che possiede una vasta diffusione della tecnologia, usa la scrittura, è industrializzato - ma dovrebbero essere poste su un piano descrittivo che le caratterizza come culture che privilegiano la tecnologia piuttosto che un certo rapporto con l'ambiente naturale, o che prediligono la formalizzazione scritta piuttosto che quella orale, senza per questo esprimere giudizi di valore nei confronti delle varie realtà. In fin dei conti molti aspetti legati all'industrializzazione, all'informatizzazione, ai ritmi delle società "tecnologiche", stanno provocando danni irreversibili sia nelle singole vite delle persone (qualità delle relazioni, valori di riferimento) sia nelle società stesse (problemi di inquinamento, malessere sociale, potere egemonico dei media, ...). Dunque, come poter affermare che la società tecnologica è più avanzata di quella rurale? In base a quali criteri, a quali dati? Non è forse applicare una disuguaglianza in termini di valore? Questo tipo di operazione la troviamo insinuarsi anche nei libri di testo quando vediamo, ad esempio, una fotografia di un contadino nero che usa l'aratro con la didascalia "agricoltura arretrata" e una fotografia di un contadino bianco nel suo trattore iper-accessoriato con la didascalia "agricoltura moderna". La scelta del libro di testo, in questo caso, può diventare una chiara scelta politica tesa al cambiamento: adottare solo testi che siano coerenti con i principi fondanti l'educazione interculturale; ma per realizzare tale scelta, con cognizione di causa, è necessario che l'insegnante abbia condotto un percorso autoformativo su tali principi. Non è facile creare le condizioni perché il diritto alla differenza sia rispettato: anche se su carta si creano corposi progetti interculturali, si rischia sempre che la differenza in relazione alla "norma" finisca per assumere una posizione di subalternità. In fin dei conti in molte scuole, ancora, si è convinti di poter valutare il percorso di apprendimento degli studenti tramite prove, test, verifiche omogenei...

2.3 Universalismo/relativismo

> *"Il relativismo esasperato sopprime la dimensione etica della vita, toglie significato ai valori e all'impegno del sostenerli, confrontarli, perfezionarli, deresponsabilizza, induce al qualunquismo, al lassismo, esclude quel confronto che è stimolo di progresso"* (T. Tentori)

Universale e relativo sono altri due concetti che dovrebbero dialogare fra loro per evitare che ognuno di essi si fossilizzi in posizioni arroccate facili a fomentare fondamentalismi. L'idea dell'universalità di alcune esperienze, idee, necessità in sé è quanto può guidare verso una zona franca, punto di intersezione mondiale, in cui gli uomini si riconoscono uguali anche se differenti, quella zona in nome della quale sono nate le dichiarazioni universali dei diritti dell'uomo e del fanciullo; il rischio però è quello di affermare l'esistenza di valori assoluti e verità universali che giustifichino integralismi e creino una visione centrista del mondo; inoltre, tale orientamento favorirebbe, come già si è verificato in alcuni paesi, la tendenza alla politica assimilazionista nei confronti dei diversi (intesi come non autoctoni), politica che tende all'omologazione rispetto ad un modello dato ritenuto unico e universale. Da questo rischio non si esime nemmeno l'educazione interculturale che potrebbe riprodurre una tale relazione asimmetrica e assimilativa in perfetta buona fede. Infatti, cercando gli elementi di comunanza fra i popoli e le culture tramite un'operazione di eliminazione delle differenze, il rischio è quello di tracciare il profilo di un uomo "essenziale" che possa diventare figura universale di riferimento a cui convergere, ma che, in realtà, finisce per dare l'immagine di un'eccessiva genericità, di anonimato, di una mancanza di caratterizzazione data da elementi storicamente ascrivibili a una civiltà, a una comunità di appartenenza.

Eppure è dal valore universale dell'uguaglianza che scaturisce l'importanza di affiancare al rispetto della differenza la garanzia delle pari opportunità.

Accanto all'universalismo troviamo il relativismo. Se da una parte esso aiuta a leggere la realtà da punti di vista diversi e dando spazio ad altri sistemi di vita, altre risposte culturali alle sollecitazioni ambientali, altri modelli di organizzazione sociale e così via, dall'altra può indurre a cadere nel rischio del relativismo assoluto, esasperato, ad una visione segregatrice delle culture. Ogni cultura può essere vista chiusa in una sfera assoluta e autosufficiente, considerata solo in virtù di una curiosità esotica, folcloristica, ma con la quale non c'è intenzione di meticciarsi; un atteggiamento e una visione della realtà che possono diventare l'anticamera del razzismo moderno, secondo il quale, tutto è relativo e dunque ogni particolarismo deve essere preservato, difeso, coltivato fino alle estreme conseguenze.

Come superare questo rischio? A partire da una conoscenza autentica delle identità culturali, poter esprimere delle scelte di valore, trovare il punto di giunzione tra assolutismo e relativismo, dove io persona, con una buona capacità di discernimento, valuto quanto esperito, conosciuto, incontrato nel rispetto del diritto alla differenza e contemporaneamente nel rispetto di principi universali condivisi: ad esempio, se da una parte devo rispettare che in un'altra cultura la donna che rimane incinta non essendo sposata venga ripudiata dalla comunità di appartenenza, dall'altra devo salvaguardare il suo diritto alla vita opponendomi alla sua lapidazione. Compio una scelta di valore sulla base di principi universali (diritto alla vita) ma senza pretendere di stravolgere completamente le regole culturali della comunità di appartenenza che ha il diritto di darsi determinate norme in base ad una propria storia in un preciso ambiente. È una questione di equilibrio, dove ancora una volta il dialogo e la mediazione si confermano come potenti strumenti per superare il dualismo concettuale.

3. Definire l'educazione interculturale

"La scoperta dell'alterità è quella di un rapporto, non di una barriera". (C. Lévi-Strauss)

La letteratura sull'educazione interculturale, anche in Italia, ormai, comprende un cospicuo numero di pubblicazioni: autori come Demetrio, Favaro, Giusti, Gobbo, Nanni,

hanno cercato di chiarire gli scopi e gli obiettivi che l'educazione interculturale si pone e ne hanno presentato metodologie e strategie di applicazione.
Ciò che abbiamo rilevato è che chiunque conduca uno studio o una riflessione sull'argomento, cerca di elaborare una propria definizione di educazione interculturale.
Abbiamo operato una scelta, soprattutto accompagnata dalla considerazione che tale definizione era inserita in un testo volutamente autocritico e corale, costruito con contributi di più autori e quindi, a nostro parere, in sintonia col carattere di circolarità e pluralità dei punti di vista dell'educazione interculturale.
"Pedagogia interculturale è creare situazioni intellettuali e operative entro le quali ogni differenza si dia e possa essere riconosciuta nel suo diritto (e domanda di espressione) ad esserci, nel qui ed ora, e nel suo pari diritto (e domanda di silenzio) a non esserci: a restare in quell'altrove, in quel prima, in quella storia che intrattiene comunque legami che riaffiorano sempre, palesi o occulti, nel momento in cui si intraprenda, allora, un'educazione interculturale fondata sulla convivenza delle antinomie e sulla ricerca delle commistioni, delle metamorfosi reciproche, degli arricchimenti condivisi: nell'educazione, nel pensiero, nell'arte, nella lingua, nelle pratiche di convivenza e quotidiane" (Demetrio, (a cura di), 1997: 9).

In questo capitolo tenteremo di fare una sintesi di quanto si trova sui testi specialistici e di incrociare i punti di vista per offrire uno spettro di riferimento più ampio possibile.
Il dato che maggiormente risalta dalla lettura di tali pubblicazioni è che ci sono alcuni obiettivi, alcuni concetti, assolutamente condivisi da tutti. Tali concetti e obiettivi saranno l'oggetto dei prossimi paragrafi, anticipati da una necessaria nota storica.

3.1 Nota storica

Il documento che può essere definito il primo testo contenente i concetti portanti dell'educazione interculturale è la "dichiarazione sulla razza e sui pregiudizi razziali" del 1978 dell'UNESCO. A questo ha fatto seguito l'azione del Consiglio d'Europa che, oltre a dare impulso allo sviluppo dell'interculturalità, ha emanato nel 1984 la Raccomandazione n.18 dal titolo "La formazione degli insegnanti e una educazione alla comprensione interculturale, particolarmente in un contesto di migrazioni". Anche la CEE con la Direttiva del 25 luglio 1977 n. 486, ha dato il suo contributo presentando alcuni principi di riferimento per l'integrazione degli alunni extracomunitari.
In questa sede ricordiamo anche il programma di azione comunitaria SOCRATES istituito nel 1995 su decisione del Consiglio e del Parlamento europeo.
L'Italia è approdata all'educazione interculturale intorno al 1989, anno nel quale si sono verificati alcuni eventi significativi:
• la Legge Martelli sull'immigrazione
• l'emanazione della Circolare Ministeriale n. 301/1989 sull'inserimento degli alunni stranieri nella scuola dell'obbligo
• l'avvio del Progetto Giovani (circolare n. 246/89) in dialogo con le altre culture.
È il 1989, dunque, che molti esperti del settore individuano come l'anno d'origine del

fenomeno "educazione interculturale" in Italia, anno dal quale lo Stato, soprattutto tramite il Ministero della Pubblica Istruzione, ha iniziato ad emanare una serie di Decreti e Circolari[2] che hanno fortemente indicato la strada da percorrere per attuare una vera politica dell'accoglienza dei minori stranieri nelle scuole.

3.2 L'educazione delle educazioni

L'educazione interculturale, in Italia, oltre ad avere un'origine anagrafica ha anche un'origine "ideale" che viene fatta risalire ad altre educazioni preesistenti: l'educazione allo sviluppo, l'educazione alla mondialità, l'educazione alla pace, l'educazione ai diritti umani, l'educazione all'ambiente e così via; tutte entrate nella scuola grazie all'azione di movimenti e associazioni di natura pacifista, umanitaria, solidale (Mani Tese, Amnesty International, per citarne alcune). La scuola, dunque, ha cominciato ad essere il luogo in cui, per integrare o per approfondire alcuni aspetti di certi contenuti disciplinari, sono state introdotte "le educazioni a…"; molto spesso la scelta dipendeva dalla sensibilità del singolo insegnante o dalla forte presenza nel territorio di qualche movimento o associazione particolarmente attenta al settore scuola; in ogni caso accadeva quasi sempre che fossero interventi limitati nel tempo e "occasionali", non nel senso che fossero "accidentali", ma che sfruttassero l'occasione (festa di Natale, mercatini di solidarietà, un progetto annuale dell'Istituto, e così via).
L'educazione interculturale ha fatto fare un salto di qualità a tali educazioni: non solo ne ha fatto sintesi, ponendosi trasversalmente ai concetti principali e alle modalità operative di tutte, ma anche ha dato modo alla scuola e agli operatori di riflettere sul rapporto fra le educazioni e le discipline.

3.3 La dimensione trasversale

Inizialmente uno dei maggiori problemi visti da parte degli insegnanti nel considerare l'educazione interculturale (e prima anche le altre educazioni), era di non sapere se ritenerla un'ulteriore disciplina da aggiungere al curricolo scolastico o se poterla inquadrare in qualche altra materia (studi sociali, ad esempio). Ancora oggi in alcune scuole parlare di intercultura e progettare qualche percorso interculturale corrisponde a coinvolgere gli insegnanti di storia, geografia o studi sociali in un lavoro specifico, oppure ad organizzare una festa o un evento in cui presentare popoli e culture diverse. Non intendiamo, così, demolire questi momenti di approfondimento e di lavoro che vengono svolti a scuola con risultati veramente lodevoli, vogliamo solo chiarire bene i termini della questione. L'educazione interculturale ha sicuramente bisogno anche di momenti in cui con i colleghi, con la classe, con i genitori, si approfondisca la conoscenza delle culture degli altri paesi, ma questa è solo una delle facce del problema. Ciò che ancora stenta a passare come concetto di base è che l'educazione interculturale è una dimensione trasversale che investe l'intero settore educativo e che può essere considerata come l'asse culturale di fondo a cui tutte le discipline possono fare riferimento (Nanni, 1998). Dunque non un elemento in più da tenere presente nelle programmazioni, ma uno sfondo che soggiace alle scelte contenutistiche e didattiche fatte dalla scuola. Soprattutto è da chiarire che fare educazione interculturale non è ridurre le altre culture ad oggetto di studio, ma è un progetto più ampio e complesso che va conosciuto in tutta la sua interezza perché possa realmente trovare applicazione seria nella scuola.

3.4 Obiettivi di fondo

Se l'educazione interculturale si pone come asse culturale di fondo, è necessario conoscere quali siano gli scopi che si prefigge.
Duccio Demetrio (1997) parla di educazione alla transitività cognitiva[3] contro la fossilizzazione del pensiero. Entrare in contatto con un'altra cultura molto spesso provoca in noi uno straniamento cognitivo, possiamo non riconoscere nell'altro i suoi modi, le sue strategie di pensiero, di ragionamento, di apprendimento. Per superare il possibile problema dell'impraticabilità dello scambio comunicativo è necessario educare a saper fare spazio ad un pensiero divergente dal nostro, assumere un atteggiamento epistemico: la cultura altra mi interessa per modificare lo spettro d'indagine, assumendo un punto di vista diverso sulla realtà, esterno al mio sistema cognitivo.
A questo proposito Mariangela Giusti (1996) individua due strumenti di epistemologia interculturale: il **dialogo**, che permette di rileggere la propria cultura destrutturandola alla luce di quanto si raccoglie dalla voce dell'altro (e in questo la letteratura italiana della migrazione ha molto materiale da offrirci) e l'atteggiamento ermeneutico, che, in questo contesto, si basa fondamentalmente sull'**incrocio dei punti di vista diversi**.
Inoltre, sulla base degli apporti psicologici e pedagogici di Gardner soprattutto relativi alle intelligenze multiple[4], si individua come ulteriore obiettivo lo sviluppo dell'**intelligenza relazionale**. Il contatto fra culture diverse, infatti, può provocare diversi atteggiamenti: si può essere chiusi e quindi respingere lo scambio, si può essere accoglienti e quindi ascoltare l'altro, pur eventualmente non interagendo con esso; si può cercare la relazione e quindi mettersi in gioco, rischiando di cambiare anche noi stessi. L'educazione interculturale punta allo sviluppo di quest'ultimo atteggiamento: la capacità di sapersi relazionare con l'altro, di porre l'incontro sul piano dello scambio e della dinamicità, del cambiamento. Si può, dunque, sintetizzare dicendo che l'educazione interculturale è un processo educativo che si radica nella reciprocità dello scambio e quindi è necessario attivare tutte le forme possibili di costruzione della capacità di sapersi mettere in relazione con gli altri.
Infine, un altro obiettivo rilevante dell'educazione interculturale è il superamento del dualismo concettuale. Molto spesso nel rappresentare la realtà vengono utilizzate le dicotomie (uguale/diverso; maggioranza/minoranza; autoctoni/immigrati, e così via), mentre l'educazione interculturale si pone in una dimensione "olistica", che rifiuta ogni dualismo concettuale per proporre, invece, una copresenza epistemologica, una connessione creativa che possa far sviluppare ulteriori punti di vista sulla realtà, ulteriori interpretazioni dei fenomeni.
Edgar Morin, a partire da questo orientamento, ha introdotto il concetto di *unitas multiplex*; citiamo:

"La caratteristica propria di ciò che è umano è l'*unitas multiplex*: è l'unità genetica, cerebrale, intellettuale, affettiva della nostra specie, che esprime le proprie innumerevoli virtualità attraverso l'eterogeneità delle culture. L'eterogeneità umana è il tesoro dell'unità umana, che è il tesoro dell'eterogeneità umana" (Morin, 1995: 12).

Dunque se è importante segnalare quanto di simile e di diverso possa esserci fra le varie culture, è altrettanto importante segnalarne anche il carattere meticcio, complesso e stratificato.

3.5 Il conflitto

Mettersi in relazione, interagire, può far emergere degli aspetti delle reciproche culture che provocano conflitto. Quante volte si è discusso se sia giusto o sbagliato usare il *chador* a scuola, se accettare gli allievi che puzzano, se permettere un diverso trattamento delle allieve rispetto ai pari maschi: altre culture, altre risposte alle esigenze di altri territori, scelte di vita talvolta considerate incomprensibili. Come collocare il naturale conflitto che può nascere dal contatto con gli allievi stranieri? Obiettivo dell'educazione interculturale è far emergere il conflitto per analizzarlo, smontarlo e gestirlo in termini razionali e non passionali. Questo è un aspetto che molto attinge dal patrimonio anche metodologico dell'educazione alla pace ed è fondamentale essere consapevoli che solo una corretta e approfondita preparazione sulle tecniche non violente della gestione dei conflitti può permettere di raggiungere dei buoni risultati, altrimenti è meglio affidare il compito a esperti nel settore.
Educare alla gestione dei conflitti, delle situazioni difficili, delle tensioni dei rapporti, sicuramente fa bene a tutti e non solo alle classi multietniche: infatti, nel contesto scolastico, spesso gli insegnanti ritengono che il conflitto sia un disturbo e non un'occasione per fare pratica proprio di quelle abilità relazionali a cui la scuola dovrebbe formare (ascolto, dialogo, aiuto reciproco, collaborazione).

4. Alcune parole-chiave

Il confronto fra testi diversi che trattano dell'educazione interculturale ci ha portato ad estrapolare una rosa di parole che appaiono più frequentemente di altre. Ci è sembrato che mettere in evidenza tali parole potesse essere un'ulteriore punto di vista sul tema: avere in mente tali termini aiuta a definire i confini, a capire l'orientamento, a fare sintesi, a formulare una linea di pensiero.
Inoltre dalla nostra esperienza di confronto e contatto con la scuola, ci è parsa particolarmente urgente la necessità di fare chiarezza su alcune parole spesso utilizzate l'una al posto dell'altra indiscriminatamente; nello stesso tempo, ci è sembrato che da parte degli studenti ci sia una certa superficialità nell'uso di alcuni termini e approssimazione nel cercare di darne una definizione. Alcune di queste parole possono diventare oggetto di indagine con gli studenti a scuola, potrebbe essere un modo per abituarli al rigore scientifico, insegnando loro a ricercare con

cura i significati delle parole per poterle usare in modo appropriato e adeguato alle diverse situazioni.

La nostra è una scelta di termini che si possono incontrare parlando di educazione interculturale, ma è una lista intenzionalmente incompleta: un'attività interessante da condurre come ricerca e approfondimento, sia personale sia di classe (scuole superiori/adulti), potrebbe essere quella di ampliarla oppure di condurre un lavoro parallelo per individuare e definire le parole-chiave da considerare come ostacolo alla realizzazione dell'educazione interculturale.

Cambiamento: Nell'accezione di passaggio da uno stato ad un altro, mutazione, trasformazione. L'incontro fra culture non è occasione di interazione se non provoca un cambiamento: i soggetti che entrano in relazione necessariamente alla fine del rapporto non saranno più gli stessi, sarà avvenuta una qualche trasformazione in positivo o talvolta anche in negativo rispetto al punto di partenza, come due elementi che, posti uno accanto all'altro, subiscono un'osmosi. L'educazione interculturale aiuta ad affrontare il cambiamento perché questo non spaventi, e suggerisce gli strumenti perché tale cambiamento volga in positivo e tenda all'arricchimento della persona.

Complessità: Manifestazione della realtà sotto molteplici e contrastanti aspetti. L'educazione interculturale prende atto della complessità della realtà in cui viviamo non come un dato negativo, ma descrittivo: le diversità di culture, le diversità di letture del mondo, le diversità di formulazione di pensiero, le diversità di sviluppo delle società, e così via, sono uno stimolo per ricercare le migliori strategie di interrelazione che facilitino l'individuazione di quanto può essere utile a ogni società e a ogni cultura.

Concertazione: L'atto di stabilire in accordo con altri. Nel "glossario" interculturale si possono riscontrare molti termini che hanno come prefisso "con" oppure "co" (concertare, cooperare, coordinare, ecc.). La chiara indicazione che emerge è che la metodologia privilegiata per raggiungere gli obiettivi dell'educazione interculturale è quella del lavoro in gruppo, delle scelte condivise, della ricerca continua del confronto ("con-fronto" per l'appunto). Per gli insegnanti, ad esempio, significa un invito costante ad affinare la capacità di lavorare in team, di intrecciare relazioni con enti esterni alla scuola, utili per integrare le attività didattiche, e di avvalersi anche del *cooperative learning* nel gestire la classe.

Cooperazione: L'atto di operare insieme con altri per il raggiungimento di un fine comune, collaborare. Il termine non ha un valore soltanto riferito ad un metodo di lavoro, ma rinvia anche a dei contenuti che possono essere proposti per un approfondimento in classe: molti Paesi hanno progetti di cooperazione internazionale e alcuni organismi non governativi basano il loro operato su questo tipo di progetti. La cooperazione è un metodo di condurre alcune attività che ha anche delle applicazioni in campo economico e sociale e molto spesso sono gli ambiti nei quali gli immigrati riescono a trovare un lavoro e una comunità di riferimento nella quale integrarsi. Ricercare anche in questa direzione può migliorare la consapevolezza della reale possibilità della convivenza costruttiva fra culture diverse.

Decentramento: Analizzare, considerare, un argomento o un soggetto non più nella prospettiva che sia centrale rispetto al resto, ma nell'ottica del relativismo culturale. Tradotto in pratica è il metodo necessario che porta a evitare l'egocentrismo, l'antropocentrismo, l'eurocentrismo, l'etnocentrismo, per introdurre invece una filosofia volta alla relativizzazione dei fenomeni e delle storie, filosofia che può aiutare a costruire la convivenza pacifica e la comprensione delle culture altre.

Dialogo: Comprensione reciproca basata sul parlare, sul desiderio di capire e farsi capire. Se per dialogare è necessario parlare, è altrettanto necessario educare all'ascolto, per evitare che si verifichino dei monologhi paralleli. Essere capaci di ascolto significa applicare un atteggiamento di accoglienza fin dal primo approccio, essere capaci di creare uno spazio interiore per accogliere le parole, i gesti, il messaggio dell'interlocutore.

Empatia: Fenomeno per cui si crea con un altro individuo una sorta di comunione affettiva in seguito ad un processo di identificazione. Il cardine di questa definizione sta nel cuore della parola stessa "pathos", da cui anche "passione". Quanta passione, quanto affetto tendiamo a sviluppare nei rapporti con gli allievi stranieri, o cerchiamo di fare in modo che si sviluppi fra compagni? Lavorare in classe perché l'"antipatia" lasci il posto prima alla "simpatia" per poi arrivare in alcune situazioni all'"empatia" significa concentrare lo sforzo educativo alla costruzione di un clima favorevole di classe, clima nel quale più facilmente si è disposti allo scambio reciproco e ad un investimento affettivo.

Etnocentrismo: Visione del mondo secondo la quale il proprio gruppo di appartenenza, con relativo corredo culturale e simbolico, si presenta come centro dell'intero universo e tutti gli altri sono classificati e valutati in rapporto ad esso, per differenza. Lo stesso processo è applicabile all'eurocentrismo secondo il quale moltissimi libri di testo adottati nelle nostre scuole sono scritti.

Intenzionalità: Proposito di compiere un determinato atto. In educazione interculturale non c'è azione senza intenzione, cioè non ci si può aspettare che l'accoglienza, l'integrazione avvengano per un naturale spirito di adattamento degli allievi stranieri, ma il processo che porta all'inserimento deve essere progettato per tappe che seguono una precisa intenzionalità verso quello scopo.

Interazione: Il prefisso della parola è lo stesso di "inter-cultura". Il prefisso indica collegamento, comunanza o esprime un rapporto di reciprocità. Di conseguenza, l'interazione è l'agire proprio dell'educazione interculturale, il condurre azioni volte al coinvolgimento, allo scambio. L'azione può essere riferita ad un solo individuo, l'interazione coinvolge necessariamente più soggetti. Ecco che allora l'insegnante stesso si può porre in questa prospettiva anche quando propone un'attività didattica: non come azione unidirezionale, ma come interazione che coinvolge gli allievi dando loro un ruolo "attivo".

Interdipendenza: Relazione di dipendenza tra più fatti o cose. Il prefisso della parola è lo stesso di "inter-cultura". Il prefisso indica collegamento, comunanza o esprime un rapporto di reciprocità. È la chiave che aiuta a presentare la "globalizzazione". Educare alla consapevolezza che niente di quello che facciamo, diciamo, delle decisioni che vengono prese, anche dai governi, è indipendente, ma tutto in qualche modo ubbidisce alla legge dell'interdipendenza, può aiutare a capire quanto importante sia la partecipazione attiva alla vita sociale e politica, quanto peso ognuno ha nella vita degli altri. In classe ogni azione, scelta, comportamento ha una conseguenza sul gruppo: abituare gli allievi a considerare questo aspetto nello svolgimento quotidiano della vita scolastica è una buona palestra per il futuro.

Mediazione: Attività di chi si interpone tra due o più parti, per facilitarne le relazioni e gli accordi. La parola "mediazione" in prospettiva interculturale è entrata di prepotenza nella scuola soprattutto in riferimento ai "mediatori culturali". A noi piace pensare a questo termine come dentro ad un caleidoscopio: la scuola è mediatrice fra bambino e sapere, l'insegnante è mediatore fra allievi e significati, l'esperto interculturale è mediatore fra una cultura e l'altra, e così via. Il carattere positivo e costruttivo di questo termine sta in quel "facilitare la relazione", che sappiamo essere uno degli obiettivi dell'educazione interculturale.

Multiculturale/ interculturale/ transculturale: Il mondo dell'informazione in generale, in merito al rapporto società/migrazioni/globalizzazione, utilizza indifferentemente termini quali multiculturale e interculturale considerandoli sinonimi. È necessario, invece, fare una distinzione: il termine "multiculturale" è descrittivo, si usa per presentare una realtà di fatto; il termine "interculturale" è prescrittivo, si usa per indicare la tensione al cambiamento, una progettazione, un processo in atto. Si può parlare di società multiculturale in riferimento al fatto che i componenti siano appartenenti a culture diverse, ma ciò non implica che fra essi si sia costruita una società interculturale in cui le diverse culture di partenza abbiano subito un processo di scambio e contaminazione generando culture nuove e meticce. Una scuola multiculturale è quella che presenta allievi appartenenti a culture diverse ma nella quale non sono in atto proposte di scambio e interazione fra culture: ad esempio esistono scuole (non in Italia) che hanno risolto il problema della presenza di allievi stranieri istituendo classi per etnia, sono scuole multiculturali, ma decisamente non interculturali.
Accanto a questi due termini ne possiamo aggiungere un terzo: transculturale. Con esso si possono indicare tutti i temi, i processi, gli aspetti che travalicano le culture, diventano universali, trasversali alle culture stesse.

Processo: Procedimento o percorso attraverso il quale si ottiene un certo risultato o prodotto. L'attenzione dell'educazione interculturale è rivolta molto di più al processo (come) che al prodotto (cosa). Essa stessa è considerata un processo. Nella parola "processo" risalta l'idea dell'avanzamento, della progressione e quindi del cambiamento in divenire. Ancora una volta si ha la conferma che l'educazione interculturale si pone come un cammino in evoluzione e si attua solo laddove ci sia dinamismo, trasformazione, plasticità, flessibilità, transitività cognitiva, dove ci sia disponibilità al cambiamento.

5. Scuola e educazione interculturale: una relazione difficile

> *"La scuola è un'istituzione generata dalla modernità con il progetto storico di unificare la società attraverso l'assimilazione del medesimo universo simbolico di conoscenze e di credenze. Com'è possibile ad essa il "superamento" interculturale? Se la scuola è l'istituzione che per eccellenza si inserisce nella tradizione culturale, non è contraddittorio che operi in senso opposto? Non può essere la scuola stessa un ostacolo all'intercultura?"* (E. Damiano)

Molti testi specialistici chiamano in causa la scuola attribuendole alcuni ruoli e individuandola come luogo privilegiato in cui dare applicazione agli obiettivi e agli scopi dell'educazione interculturale. Non è, però, automatico che la scuola assuma in sé questo compito, anche per la particolare funzione stessa che la scuola ha avuto storicamente e che sembra porsi quasi in antitesi con obiettivi e scopi dell'educazione interculturale. In questo capitolo cercheremo di proporre un ulteriore punto di vista e di dare un contributo dialettico al rapporto scuola/intercultura. Ci teniamo a evidenziare il fatto che per uno studente straniero che viene accolto nella nostra scuola vanno attivati tre percorsi di apprendimento contemporanei e interdipendenti: l'apprendimento dell'italiano L2, l'apprendimento disciplinare e l'apprendimento a "fare lo scolaro/studente". Mentre per i primi due molto spesso si è creato dibattito e ci si è posti il problema di facilitare, accompagnare, semplificare l'apprendimento, per l'ultimo spesso non si è nemmeno rilevata l'esigenza di capire se venivano espressi dei bisogni da parte dell'allievo; si può dire che è l'aspetto maggiormente dato per scontato, come se fare lo scolaro in Italia fosse una condizione acquisibile in seguito ad un veloce adattamento ad altri orari e modalità organizzative della scuola. Invece, si tratta di un vero e proprio percorso di apprendimento in cui la parte culturale è preminente, si tratta di capire e imparare a utilizzare nuove modalità di relazione (scolaro-scolaro, scolaro-insegnante), un nuovo stile di lavoro, nuove norme formali che talvolta sono estremamente diverse da quanto esperito in precedenza dall'allievo nel suo paese d'origine[5].

5.1 Scuola e educazione interculturale

Elio Damiano (1998) riporta quali sono state all'inizio le strade percorse dalla scuola in merito all'intercultura secondo un criterio cosiddetto "prudenziale" e le presenta in questo modo:

- *soluzione estemporanea*: scelta di attività concentrate in un determinato periodo dell'anno (feste, percorsi, mostre,...);

- *soluzione specifica*: introduzione di una materia ad hoc in base alle necessità, ad esempio di lingua e cultura d'origine per salvaguardare la conoscenza della lingua madre degli allievi stranieri;

- *soluzione delle materie ospitanti*: alcune discipline (storia, geografia, diritto…) riscoprono alcuni argomenti alla luce di una visione interculturale.

Tali soluzioni vengono individuate come compromesso fra un'esigenza nascente che non poteva essere negata, e l'istituzione lenta nei cambiamenti e non ancora pronta a una revisione generale dei suoi orientamenti. Egli dichiara che la soluzione più dirompente e meno percorsa era sicuramente una quarta, chiamata

- *soluzione diffusa*: secondo la quale la scuola avrebbe dovuto riorientare alla base le finalità educative in ordine ai valori interculturali.

Se da una parte la normativa emanata dal Ministero aveva già dato indicazioni ben definite sugli orientamenti di fondo e ha continuato a farlo con costanza, dall'altra la concretizzazione fattiva nella prassi quotidiana era molto lontana dall'essere realizzata. Ancora oggi sono molte le scuole che si stanno interrogando su come dare voce all'intercultura al loro interno.
Come ristrutturare, allora, l'istituzione per adeguarla alle finalità dell'educazione interculturale?
Quanto viene espresso a chiare lettere in molti testi è l'esigenza di un ripensamento complessivo delle pratiche scolastiche: modalità organizzative, programmazioni disciplinari, metodi comunicativi, stili d'insegnamento, relazioni scolaro/scolaro, scolaro/insegnante.

5.2 Una scuola che si attrezza

"In un certo senso la scuola è un'istituzione autocentrata, un sistema chiuso con una forte entropia interna". (E. Compagnoni-V. Pregreffi)

Ci piace usare il termine "attrezzarsi", in questo contesto, in quanto in sintonia con l'idea di laboratorio che sempre più si radica in quelle scuole dove la cospicua presenza di allievi stranieri nelle classi ha costretto ad una trasformazione di tutta l'organizzazione scolastica in tempi rapidi e in modi efficaci.
Nonostante la citazione iniziale, altrove viene ribadito che la scuola è considerata l'unica istituzione italiana che sta accettando, sperimentando, cambiando, con povertà di mezzi e tra l'indifferenza dell'opinione pubblica, attraverso l'esperienza fatta ogni giorno, la sfida di novità e rinascenza che l'educazione interculturale rappresenta.
Quali strade suggerire, allora, per l'attuazione dell'educazione interculturale come sfondo integratore al Piano dell'Offerta Formativa?
Agendo su piani diversi all'interno di un progetto sistemico:

- *un piano organizzativo*: la scuola individua ruoli e funzioni di tutti i suoi attori (Dirigente, segreteria, Funzione Obiettivo, commissioni, personale ausiliario, assistente sanitaria, ...); organizza nei particolari il percorso di inserimento di ogni allievo straniero; elabora dei sussidi informativi plurilingue che illustrino l'organizzazione scolastica, gli obiettivi di fondo, il Piano dell'Offerta Formativa; acquisisce testi specialistici per ampliare lo "scaffale interculturale" della biblioteca; agisce in termini di autonomia sull'organizzazione oraria in favore di percorsi didattici di insegnamento dell'italiano L2; rafforza i collegamenti con gli enti pubblici e il volontariato locali;

- *un piano metodologico*: organizza formazione per gli insegnanti perché venga acquisita consapevolezza sul tema e tramite gli organi preposti, compie delle scelte di fondo sull'orientamento metodologico da seguire, ad esempio: abbandono della lezione frontale come unico sistema di gestione della classe, abbandono dell'omogeneizzazione delle esercitazioni sugli apprendimenti, valorizzazione dei linguaggi non verbali, utilizzo delle classi aperte, dei laboratori e di lavori per piccoli gruppi, non più come scelte di singoli insegnanti ma collegiali;
- *un piano didattico*: attuazione di percorsi individualizzati, adattamento e riduzione dei contenuti nella programmazione disciplinare, elaborazione di materiali di supporto per gli insegnanti e di utilizzo per gli studenti, istituzione di un laboratorio di italiano L2, istituzione di gruppi di lavoro per la semplificazione dei testi e per l'individuazione di strategie efficaci di facilitazione all'apprendimento disciplinare.

5.3 Funzione docente e ruolo degli adulti

Il rapporto adulto/studente nella scuola è tra quelli individuati come non corrispondenti ai valori dell'educazione interculturale. Una tale considerazione non fa onore alla classe insegnante. In cosa consiste questa non corrispondenza? Principalmente nel basare il rapporto sull'asimmetria per cui la cultura dell'adulto risulta dominante.
I Programmi della scuola elementare dicono "in relazione alle complessive finalità educative la scuola deve operare affinché il fanciullo abbia più ampie occasioni di iniziativa, decisione, responsabilità personale e autonomia". Ma in quante scuole elementari viene dato spazio a questo obiettivo? Non sono forse gli adulti, nella maggior parte dei casi, a stabilire regole e modalità, a decidere ritmi e tempi?
Anche nei gradi di scuola superiori, sembra riproporsi un rapporto asimmetrico: nei confronti degli studenti, adolescenti o maggiorenni, pare ci sia la necessità di affermare il "potere" dell'adulto, di evitare quanto più possibile che gli studenti "invadano" il campo delle decisioni, si intromettano nella gestione della scuola, per cui, ad esempio, il fatto che esistano le assemblee di classe, l'assemblea di Istituto, i rappresentanti di classe, non è detto che sia garanzia di partecipazione e dialogo paritario, perché gli adulti sanno molto bene come dare l'illusione dell'ascolto e poi imporre la propria supremazia: quanta preoccupazione, infatti, si capta nelle aule professori di non far sapere alcuni aspetti delle modalità di attribuzione di voti e crediti! Nella scuola gli adulti hanno paura della trasparenza, e non mettere al corrente, non far circolare tutte le informazioni, tenere nell'ombra alcuni aspetti organizzativi e metodologici anche legati alla didattica, sono un sistema efficace di riproporre come vincente la cultura adulta e tenere gli studenti ancora una volta su un piano di subordinazione.
L'insegnante in classe mantiene, generalmente, un ruolo centrale, invece dovrebbe rinunciare ad essere l'unica figura che spicca come protagonista dell'attività scolastica, avere un ruolo di facilitatore di apprendimento e non di trasmettitore di saperi. Inoltre dovrebbe proporre modalità comunicative circolari dove la sua posizione non dovrebbe essere prevalente. In che modo? Sicuramente partendo dall'idea che gli studenti non sono una tabula rasa e che prima di proporre una certa attività è

necessario scoprire quanto gli allievi sanno e quali sono i loro punti di vista sull'argomento. Certo è che una tale modalità di conduzione del lavoro in classe implica più tempo e il tempo "è tiranno" perché il docente si sente il programma come una spada di Damocle sulla testa! Sempre di più gli insegnanti si lamentano del carico contenutistico, dell'ampiezza degli argomenti da trattare in un anno scolastico e della difficoltà a completare il percorso in tempi adeguati, soprattutto se in classe sono inseriti 4/5 studenti stranieri… l'intercultura, chiamata in causa a gran voce dalla sempre maggiore presenza di allievi stranieri nelle scuole, ci sta offrendo l'opportunità di rivedere alcune tradizioni scolastiche, di discutere su alcune scelte perpetuate nel nome del "si è sempre fatto così", per riprendere in mano il tempo della scuola, per riconsiderare la funzione docente come fondamentale nel processo di determinazione di quanto realmente può essere svolto di anno in anno in ogni ambito disciplinare, soprattutto nella consapevolezza che sono i docenti a conoscere la materia e quindi è il docente che, professionalmente preparato, può compiere delle scelte oculate in tal senso. Allora non ci saranno più problemi a dover sostenere davanti ai genitori, nelle assemblee di classe, i motivi per i quali i loro bambini o ragazzi "sono indietro" nel programma rispetto ad altre classi. Non solo, ma si assisterà così ad un'attuazione reale del programma e non virtuale, secondo la quale alla fine dell'anno, sulla carta, viene scritto tutto quanto si è svolto indipendentemente da quanto è stato realmente acquisito (e non appreso, vedi Krashen) dagli studenti.
Inoltre, favorire la modalità di lavoro in **apprendimento cooperativo** può essere un'altra utile strategia perché il ruolo dell'insegnante si trasformi da figura prevalente a tutor esperto, che si mette in una relazione di co-costruzione dell'apprendimento. Tale metodologia permette la realizzazione di momenti in cui lo studente prende coscienza delle sue capacità, aumenta la sua autostima e scopre le proprie modalità di apprendimento, i propri stili metacognitivi. Se si lascia più spazio al lavoro autonomo degli studenti, è più facile che si creino occasioni in cui, anche tramite gli errori, lo studente scopra le sue reazioni di fronte al portare a termine un compito, scopra i suoi limiti e impari che l'apprendimento è anche il risultato di un lavoro cooperativo in cui l'apporto di tutti è fondamentale, e la diversità degli altri è ricchezza e non ostacolo.

Il ruolo del docente entra in causa anche dal punto di vista del suo rapporto personale con i principi interculturali: spesso capita che ci sia un accordo di fondo su tali valori, ma poi atteggiamenti e comportamenti siano in contraddizione con essi. È necessario porre particolare attenzione ai messaggi non verbali che si trasmettono: il posto che si occupa, lo spazio che si utilizza, il tempo che si riserva all'altro, parlano di più e vanno oltre le parole. In base a come è organizzato lo spazio nella classe già si nota se un insegnante è attento alle modalità di relazione circolari, oppure in quale considerazione tiene realmente l'allievo straniero che vi è inserito.
La distanza che si crea, anche nel cercare di stabilire un rapporto, secondo la quale, si parla all'allievo ma non lo si tocca, non lo si chiama per nome, non lo si guarda, lo si tiene a distanza perché ha un cattivo odore, non lo si nomina mai, parla più delle parole che si usano. La quantità di tempo, maggiore o minore o addirittura nulla, che si riserva

a occuparsi di lui, a progettare il suo percorso individualizzato, a escogitare strategie per facilitare il suo apprendimento, dà un segnale preciso dell'orientamento valoriale di fondo. E sono proprio i messaggi non verbali quelli che uno straniero percepisce per primi, sono quelli che più difficilmente si possono cancellare, modificare, superare, perché colpiscono maggiormente la sfera emozionale, l'intelligenza relazionale.

5.4 Il laboratorio

L'etimologia ortodossa della parola fa risalire il termine al latino *labor*, con tutto ciò che implica dal punto di vista del "fare". Tradizionalmente nella scuola il laboratorio è un'aula predisposta e allestita in modo da poter realizzare diverse esperienze legate ad alcune discipline (scienze, educazione alla musica, educazione all'immagine,…).
È una "parentesi operativa all'interno di percorsi prevalentemente informativi e tende a confermare con esperimenti vari le verità che si sono già enunciate in classe" (Compagnoni-Pregreffi, 2001).
In questa sede vogliamo, invece, proporre un'altra accezione di laboratorio, un altro modo di interpretare il termine, più consono alla realizzazione di una metodologia didattica attenta alle diversità. Quanto verrà presentato è il risultato di un nostro personale esercizio di **transitività cognitiva** che speriamo apporti un contributo formativo sull'argomento.
Ci permettiamo di coniare una nuova etimologia del termine, un gioco, forse uno scherzo, ma che ci introduce in un altro contesto significativo. Pensiamo a laboratorio come all'unione di una parola araba *laab* (gioco) e della parola italiana "oratorio", intesa nel suo legame con l'oralità. Secondo tale etimologia "laab-oratorio" è ogni qualvolta si gioca per parlare, si gioca con le parole, si traducono le attività in forma di gioco per realizzare scambi comunicativi, si applicano alle discipline metodologie ludiche per la presentazione o la scoperta di alcuni contenuti. Chi gioca e usa il gioco, anche come modalità per generare apprendimento, sa che è necessario organizzarlo con cura, avere tutti i materiali necessari, preparare lo spazio, decidere i tempi, stabilire delle regole, seguire delle fasi ben definite. Non è un'attività spontanea, ma progettata nei particolari, dove spesso alcuni ricoprono ruoli ben precisi, altri hanno compiti diversi, ma ognuno ha la sua parte. Ecco che allora il laboratorio, inteso in questo modo, non è più legato solo ad uno spazio individuato e organizzato come tale, ma può essere inteso come un "contesto simbolico di trattamento delle informazioni ed elaborazioni dei contenuti" (Compagnoni-Pregreffi, 2001); fare laboratorio è considerare l'aula una palestra dove fare esperienza di discipline diverse, attraverso l'uso di "attrezzi", tentare, sbagliare, riprovare, allenarsi, per trovare il proprio personale assetto, il proprio stile di apprendimento. Non solo, è creare, tradurre in azione, in esperienza, in realia, quanto propedeutico all'acquisizione di concetti astratti. Questo significa tradurre l'educazione interculturale in pedagogia interculturale, offrire opportunità perché ogni diversità si esprima, trovi una sua realizzazione, e perché gli allievi stranieri in difficoltà, per la non conoscenza della lingua italiana, non siano messi di fronte ad una scuola che considera la lettura e la scrittura come abilità di base da cui gli insegnanti ricavano valutazioni dirette sulle capacità linguistiche degli allievi. C'è chi sostiene, al contrario, che "lettura

e scrittura sono capacità secondarie ed esterne rispetto al sistema interiorizzato dai bambini attraverso il processo naturale di sviluppo linguistico che si manifesta nella produzione orale e nella comprensione del linguaggio parlato" (M. Giusti, 1996). E quale occasione migliore per sviluppare oralità se non un "laab-oratorio"?

Qualcuno, forse, si sarebbe aspettato un discorso sul laboratorio di italiano L2, pensando di trovare utili indicazioni su come realizzarlo e come farlo funzionare.

Invece, seguendo l'idea che, al di là di quel che può essere un tempo privilegiato di insegnamento dell'italiano L2 (4-10 ore settimanali), l'allievo straniero impara la lingua nel contesto classe e la impara da tutti i suoi insegnanti non solo da quelli preposti al laboratorio linguistico, e sottolineando il fatto che lo studente straniero non è solo un apprendente di italiano L2 ma è anche e soprattutto uno studente, uno scolaro, che mira al suo successo scolastico globale, riteniamo che nessun insegnante possa esimersi dal riconsiderare metodi e strategie didattiche in funzione di tale considerazione e pertanto abbiamo volutamente dedicato questo paragrafo a presentare il laboratorio come un metodo privilegiato adattabile ad ogni disciplina.

5.5 La Ricerca-azione

Approfondire la conoscenza delle teorie dell'educazione interculturale rimarrebbe lettera morta se non producesse un qualche cambiamento nella didassi dell'insegnante: una contraddizione di fatto confermerebbe la scuola come luogo di paradosso. Quante volte nella scuola viene sollevata la richiesta di atti concreti, di suggerimenti pratici e si guarda alla teoria come ad una perdita di tempo... Abbiamo, però, a disposizione uno strumento pratico ed efficace che ci permette di fare ricerca sul campo e dai fatti concreti, dall'esperienza vissuta, elaborare riflessioni che incidono sulla pratica didattica quotidiana in favore del cambiamento. Si parlava della funzione docente nel tentativo anche di recuperare quanto del ricercatore ci può essere in ogni insegnante e nel sostenere quanto dovrebbe emergere la competenza di ognuno nella propria scuola, invece di restare relegata all'interno delle quattro mura della classe.

La Ricerca-Azione (R-A) è questo strumento, una via per attuare un cambiamento nella didattica, in questo caso, in direzione dell'educazione interculturale.

Ci permettiamo di suggerire tre percorsi di R-A come stimolo per ulteriori idee e azioni.

- osservare i comportamenti degli allievi in classe per un miglioramento dei rapporti relazionali
- osservare e indagare gli stili di apprendimento per migliorare gli esiti cognitivi degli allievi
- osservare le relazioni per far emergere i conflitti in modo da poterli affrontare razionalmente e gestire costruttivamente.

La R-A solitamente è uno strumento che permette soprattutto l'autoanalisi dell'insegnante nel suo lavoro; accanto a questo, però, si situa la necessità di cominciare in parallelo un qualche percorso con la classe volto al raggiungimento di alcuni obiettivi educativi. Talvolta ci si chiede da che parte cominciare per proporre ai colleghi di inserire la pedagogia interculturale nella prassi quotidiana a scuola. Un aiuto potrebbe essere partire dall'esperienza di chi ha già provato con risultati soddisfacenti e ha elaborato il proprio progetto anche in forma divulgativa. Numerose esperienze cominciano ad essere raccolte e diffuse attraverso i progetti degli IRRE, la BDP, il sito di Rai-educational, i centri interculturali, i corsi come ALIAS. Pensiamo dunque, che ogni insegnante dovrebbe poter trovare materiali utili all'avvio di un nuovo percorso. Dal nostro punto di vista vorremmo segnalare due percorsi, effettuati nella scuola elementare, che ci hanno particolarmente interessato per le modalità di conduzione, per la realizzazione a cui hanno portato e per come sono stati presentati, ne suggeriamo pertanto la consultazione:

- "I viaggi di Pim e Pom" VHS allegata al libro di Letizia Favero *La mia casa è il mondo,* itinerario di formazione interculturale per docenti, EMI, Bologna, 1997.
- "Oltre i libri di testo" di Anna Maria Comin, in AA. VV., *Tessere di quotidianità interculturale*, esperienze della scuola dell'infanzia ed elementare, EMI, Bologna, 2000.

SECONDA PARTE

1. Apporto dell'educazione interculturale alla didattica

"L'immigrazione non porta problemi nuovi, ma evidenzia quelli già esistenti". (F. Susi)

Se guardiamo all'educazione interculturale come ad un campo che fornisce il nutrimento alle diverse specie di piante, che sono le discipline, possiamo immaginare che anche se ogni disciplina ha una sua forma, delle sue caratteristiche precise, il modo in cui ci si accinge a presentarla, a trattarla in classe, può trarre linfa da strategie e metodologie comuni perché maturate nella stessa terra. Così la didattica interculturale si applica a ogni disciplina più che nei contenuti, nel metodo: nel come gestire la classe, nel prediligere alcuni tipi di attività rispetto ad altri, nel privilegiare alcune tecniche particolari per trattare i contenuti; attraverso tutte queste scelte si può caratterizzare il lavoro scolastico in prospettiva interculturale.

In questa parte del modulo saranno presentati strumenti e metodologie che ora vengono considerati propri della pedagogia interculturale, ma che spesso sono maturati in esperienze precedenti di educazione alla pace, allo sviluppo, alla mondialità. Talvolta non si tratta nemmeno di metodologie specifiche o nuove, sono conosciute, ma forse dimenticate o trascurate; talvolta si tratta invece di dare rilevanza diversa alla scelta dei tempi o ai criteri di distribuzione delle discipline nell'orario settimanale, di organizzare il lavoro in modo tale da creare le condizioni più favorevoli all'integrazione e all'interazione nell'ambiente scolastico.

1.1 La parola e la comunicazione

Abbiamo visto che uno degli obiettivi di fondo dell'educazione interculturale è lo sviluppo dell'intelligenza relazionale (cfr. paragrafo 3.4). Sviluppare la relazione significa permettere che fra più soggetti avvenga una comunicazione efficace. Da questo punto di vista se abbiamo allievi stranieri in classe possiamo far loro percorrere due strade: quella dell'apprendimento dell'italiano L2, in modo strutturato e intenzionale, perché possano giungere a comunicare adeguatamente e non a comunicare "comunque", e quella della facilitazione all'avvio della comunicazione fra pari, ovvero della socializzazione. Se non abbiamo allievi stranieri in classe ci indirizzeremo verso la strada della facilitazione relazionale, per preparare gli alunni o gli studenti ad un clima positivo di accoglienza e disponibilità verso chiunque altro.

Perché avvenga comunicazione è anche necessario lavorare sulle strategie che le sottostanno, sui meccanismi che ne permettono la piena realizzazione.

Che cosa significa in termini didattici? Significa decidere fin dalla programmazione di inizio anno quanto tempo dedicare alla promozione del dialogo, della conversazione a tema, dell'educazione all'ascolto. A questo riguardo aggiungiamo che è importante curare la dimensione del contesto nel quale svolgere l'atto linguistico-comunicativo, riservando attenzione al chiarimento dei vari stili di vita che possono condizionare la comprensione dei significati. Ma significa anche privilegiare un impianto narrativo delle lezioni, puntare ad attività che sviluppino la capacità di raccontare, prediligere il metodo autobiografico, creare la consapevolezza comunicativa, lavorare tecnicamente per capire come si struttura una comunicazione. Queste sono scelte che non devono coinvolgere solamente l'educazione linguistica, ma tutte le discipline.

Se la comunicazione però viene intesa solo sul piano verbale, potrebbero esserci problemi nel gestire una classe multiculturale: imparare ad esprimersi secondo codici diversi, linguaggi diversi, non solo allena alla **transitività cognitiva**, ma diventa un utile supporto all'efficacia della comunicazione in situazione di deficit verbale. In questo caso tutti i linguaggi delle educazioni (motoria, musicale, all'immagine) diventano una chiave d'accesso e soprattutto devono essere considerati di pari importanza nello scacchiere dell'orario scolastico settimanale.

Tecnicamente, esempi di scelte strategiche nel trattare le discipline possono essere le seguenti: puntare allo sviluppo delle abilità nel testo argomentativo, saper sostenere un'idea, una tesi, circostanziandola e ricercando apporti da altre fonti per supportarla; oppure, utilizzare tecniche che sviluppino la capacità di individuare e creare nessi, legami, relazioni: dal semplice *spidergram*, alle mappe concettuali, alla progettazione di ipertesti.

1.2 La didattica dei punti di vista

Educare al decentramento è un altro obiettivo dell'educazione interculturale: saper uscire dall'egocentrismo per fare spazio all'altro è il risultato di un percorso talvolta

lungo e faticoso. Abituare la mente a svolgere esercizi di decentramento può essere fatto attraverso attività di varia natura, il meccanismo è sempre quello di assumere un punto di vista diverso sulla realtà, esterno al sistema cognitivo consueto.
In educazione linguistica si trovano molti suggerimenti didattici relativi al decentramento narrativo (soprattutto riguardo a racconti con più personaggi protagonisti); anche a livello orale con bambini di prima elementare, che ancora non sono in grado di condurre attività su testi scritti, è possibile offrire occasioni di decentramento, ad esempio proponendo loro di raccontare come vedono l'aula dal punto di vista del ragno che pende dal soffitto, oppure della vespa appena entrata dalla finestra.
L'abitudine al decentramento però non è il risultato solo di attività linguistiche, c'è molta letteratura in merito a proposte didattiche a partire dall'altro: la storia vista dai conquistati, le crociate viste dai "mori" oppure la geografia a seconda delle carte eurocentriche, sinocentriche, di Peters, e così via. Un altro suggerimento può essere avere attenzione a trattare correttamente alcuni concetti storici spesso presentati solo dal punto di vista eurocentrico: l'imperialismo, il colonialismo, il nazionalismo, il razzismo.
Anche in matematica si può applicare la didattica dei punti di vista facendo costante attenzione ad accettare tutte le soluzioni possibili ai problemi, senza formulare giudizi di valore ("questa è la soluzione migliore!"), ma confrontando i vari percorsi e valutando insieme i motivi che hanno generato le differenze nelle soluzioni.
Importante è avere la consapevolezza che la didattica dei punti di vista promuove non una modalità acritica di accettazione incondizionata delle differenze, ma una formulazione di giudizi, valutazioni, opinioni senza pregiudiziali. Stimola il pensiero critico senza omogeneizzarlo.

1.3 Il rapporto con il sapere

Il problema degli studenti (di tutti gli studenti) spesso è di non avere chiara consapevolezza dei propri processi cognitivi e di quale sia il proprio rapporto con il sapere.
Non solo, talvolta si rischia di presentare il cosiddetto Occidente come la culla del pensiero che regola le conoscenze: si imparano "saperi" selezionati all'origine da commissioni di esperti in base alla propria cultura di riferimento, necessari all'inserimento nella società in cui si vive, utili alla comprensione della realtà alla quale si appartiene. Ma se la cultura, la società, la realtà a cui si appartiene non è considerata interdipendente alle altre, si rischia di trasmettere dei saperi statici, e soprattutto egemonici rispetto alle altre culture. Le parole stesse si imparano in contesti di altri significati, si organizzano in base a relazioni semantiche connotate culturalmente: passare da una lingua ad un'altra implica pertanto anche un cambiamento di riferimenti culturali.
Gardner ci ha introdotti alle intelligenze multiple portandoci a riflettere sul ruolo che ogni intelligenza ha nel proprio rapporto con la conoscenza: in un mondo complesso come quello odierno, sviluppare un rapporto con il sapere che si basa sull'utilizzo di più intelligenze, potrebbe favorire l'educazione alla transitività cognitiva. Ci sono culture in

cui viene dato un maggiore rilievo alle forme di conoscenza spaziale e corporea, altre in cui viene privilegiata la conoscenza linguistica e logico-matematica, altre ancora dove ad avere una rilevanza particolare è la conoscenza musicale. Come pretendere che in una classe multiculturale il rapporto con il sapere venga proposto, guidato, stimolato in modo univoco, secondo schemi basati sulla trasmissione frontale? Come si può favorire la conoscenza e la consapevolezza dei propri stili di apprendimento e di processi cognitivi negli studenti se l'unico canale privilegiato nella scuola è "carta e penna"?

Dal punto di vista dell'insegnante il rapporto con il sapere si può interpretare come una ricerca intenzionale basata sulla riscoperta dei saperi attraverso approcci metodologici diversi, ma anche una selezione dei contenuti per la programmazione a partire dall'altro. Le domande–chiave che l'insegnante potrebbe porsi sono
- Che cosa può essere valorizzato dei saperi in prospettiva transcognitiva?
- Come riconsiderare l'attività cognitiva in chiave interculturale?

1.4 La contestualizzazione

Insegnare in una classe in cui il gruppo di allievi è più o meno originario dello stesso quartiere o paese fa sì che i riferimenti culturali a determinate narrazioni o esemplificazioni siano comuni e condivisi. Un insegnante abituato a questa tipologia di classe può presentare delle attività didattiche anche molto stimolanti, trascurando di verificare se i riferimenti culturali, necessari alla comprensione dell'attività, siano realmente condivisi da tutti gli allievi. Se in quel gruppo classe improvvisamente arrivasse un allievo cinese anche già ben avviato alla conoscenza dell'italiano L2, l'allievo potrebbe avere problemi di comprensione delle attività non tanto per deficit linguistici, quanto per problemi di carattere interculturale. Ad esempio, la lettura di un libro svolta in classe potrebbe evidenziare delle difficoltà riguardo alla comprensione del testo semplicemente perché quanto viene letto può riferirsi ad abitudini culturali prettamente europee o occidentali e quindi risultare di difficile comprensione o interpretazione per allievi orientali. Ecco dunque la necessità, in fase di progettazione delle attività didattiche, di porsi domande quali: "sono espliciti i riferimenti culturali? quanto è caratterizzata culturalmente questo tipo di attività?"; sulla base delle risposte che ci si dà, allora, riproporsi intenzionalmente, se necessario, di contestualizzare l'attività stessa senza dare per scontati gli sfondi culturali di riferimento.

Occasioni di difficoltà di comprensione relativamente ai contenuti di alcune discipline sono create dal diverso punto di vista in base al quale vengono presentati: il tema della "colonizzazione", ad esempio, assume un certo significato se lo si guarda dal punto di vista dei paesi europei, potrebbe invece cambiare, anche nel termine stesso che lo rappresenta, visto con gli occhi dei paesi che ne hanno subito il processo. La presenza in classe di un allievo nordafricano, per esempio, potrebbe far emergere fortemente questa divergenza e l'unico metodo che può aiutare nella gestione di questo tipo di incomprensione è contestualizzare l'attività, specificandone i riferimenti culturali; relativizzare l'argomento proponendone la lettura attraverso la didattica dei punti di vista.

1.5 Apprendimento cooperativo e istruzione complessa

In una scuola che abbraccia l'educazione interculturale nei suoi valori, uno dei metodi privilegiati per condurre le attività in classe ci sembra debba essere l'**apprendimento cooperativo**. Riteniamo opportuno che ogni insegnante debba riflettere sui modelli didattici che propone, considerando che la pedagogia interculturale non può avallare modelli meritocratici o omogeneizzanti, che si basano su valutazioni quantitative di prodotti e che considerano il sapere come "profitto scolastico", trasferendo in educazione criteri di valutazione economici. Così come non è possibile che il metodo didattico privilegiato sia di tipo trasmissivo in cui la relazione insegnante/allievo sia basata su una dipendenza autoritaria.
Se si vuole veramente applicare nella prassi quanto i fondamenti teorici propongono, si deve tenere in considerazione l'idea che la differenza non può più essere considerata come un ostacolo all'insegnamento, ma come un dato che genera il bisogno di riorganizzare la didassi, di utilizzare altri metodi di lavoro che rispondano alle reali esigenze della classe. Ecco che allora si sceglierà di lavorare sulla differenziazione piuttosto che sulla omogeneizzazione, sulla valorizzazione delle competenze e delle qualità personali di ogni studente. Certo è più difficile e forse non si è nemmeno preparati sufficientemente per farlo, si frequentano corsi di aggiornamento su come proporre temi e contenuti, ma non su come gestire una classe ad abilità miste, su come stratificare le attività, su come preparare test e verifiche diversificate, su come raccogliere i dati relativi agli studenti per individuare i diversi stili cognitivi, le prevalenze di un tipo di intelligenza su un'altra (Gardner, 1987).
E a proposito di verifiche e valutazioni, la pedagogia interculturale suggerisce di privilegiare la valutazione formativa e non quantitativa.
La gestione della classe, anche in laboratorio di italiano L2, secondo l'apprendimento cooperativo, prevede che siano favorite, tramite un progetto intenzionale, le relazioni collaborative, non competitive. Il gruppo è la dimensione nella quale si possono sviluppare discussioni che educano al confronto democratico e alla capacità dialogica di esporre i propri punti di vista, dove anche le competenze linguistiche minori trovano beneficio dall'aiuto dei compagni, aiuto che viene accolto con un atteggiamento psicologico favorevole. Anche coloro che manifestano migliori competenze traggono beneficio dal gruppo: per loro, infatti si tratta di mettersi alla prova a livello cognitivo per vedere se sono in grado di insegnare quello che sanno, e si sa che insegnare è un ottimo sistema per imparare!
La modalità dell'apprendimento in gruppo non prevede che ci sia la tradizionale figura di autorità che esige l'attenzione e che orchestra la partecipazione in termini di competizione, in vista della valutazione dell'insegnante, ma l'insegnante, primus inter pares, delega autorità e responsabilità al gruppo che diventa protagonista, e nel gruppo ogni studente apprende maggiormente dando il proprio contributo di invenzione, analisi, rielaborazione, sintesi, descrizione, rispetto al problema dato. Inoltre è l'occasione che offre agli studenti di dimostrare quasi inaspettatamente abilità altrimenti "nascoste" (grafiche, manuali, progettuali) alimentando l'autostima e la considerazione positiva dei compagni.

Nelle classi sempre più eterogenee ammettere le differenze significa riconoscere che nessuno possiede tutte le abilità necessarie per eseguire da solo un compito. Inoltre, significa comprendere che le diversità sono necessarie a sviluppare ulteriori conoscenze, a trovare nuove soluzioni, ad allargare la prospettiva e l'orizzonte di interpretazione della realtà.

2. I contenuti dell'educazione interculturale

"Di fronte alle sfide poste dai nuovi processi di identificazione collettiva e di acculturazione individuale, il ruolo della scuola è quello di trasmettere le conoscenze e le capacità necessarie al bambino affinché egli possa aprirsi all'universale senza rinnegare le radici della propria identità". (A. Perotti)

È bene chiarire preliminarmente che non esiste un campo di applicazione specifico concepito a priori come interculturale: l'intercultura si nutre delle discipline e a sua volta le contamina.
Tuttavia alcuni temi, per il loro contenuto di universalità, si prestano maggiormente a costruire un percorso di riflessione e di esperienze in merito all'interculturalità. È in quest'ottica che sono stati selezionati i contenuti: temi che danno la possibilità agli insegnanti di progettare percorsi interdisciplinari, anche se nella maggior parte dei casi, coinvolgono maggiormente le discipline dei linguaggi e quelle dell'area cosiddetta antropologica.
Ci teniamo a sottolineare che ogni disciplina può essere presentata con un taglio interculturale se gli argomenti che vengono scelti sono trattati secondo metodologie e strategie proprie. La letteratura disponibile in questo ambito offre molti esempi di attività didattiche, in discipline diverse, proposte in questa chiave, un esempio per tutti sono i *Quaderni dell'interculturalità* il cui elenco dettagliato è disponibile in bibliografia.

2.1 Gli universalia

Gli universalia sono tutti quegli elementi che possono essere ricondotti ai bisogni comuni dell'uomo, temi universali che permettono l'interazione tra gli uomini e che in ogni cultura hanno trovato una specifica caratterizzazione. Ad esempio, l'uomo ha sempre cercato di trovare o di costruirsi un riparo e questa è certamente da considerarsi una necessità universale a ogni popolazione; ciò che diventa proprio della cultura di ogni civiltà, invece, è la risposta a tale necessità che si caratterizza in base all'ambiente di vita, alle conoscenze e alle scoperte, all'organizzazione sociale di quella stessa popolazione (grotte, palafitte, tende, igloo, grattacieli). Far partire un'attività dal bisogno dell'uomo di avere una casa è facilmente proponibile anche a sezioni di scuola dell'infanzia e diventa, per le tante possibilità di espansione di lavoro manuale ed espressivo, coinvolgente e realizzabile in laboratori.
Altra attività particolarmente interessante da proporre, più adatta al secondo ciclo della scuola elementare e alle medie, è la mappa degli *universalia*: individuare insieme ai

propri allievi quali possono essere questi elementi universali che superano i confini delle nazioni per poi ricercare quali sono le risposte culturali che le varie popolazioni hanno dato a tali bisogni.

All'interno di questo panorama assumono un particolare rilievo i diritti dell'uomo e dei bambini.

Studi recenti hanno confermato che ci sia negli uomini un'universalità anche nei processi di apprendimento della lettura e della scrittura, quale che sia la lingua-cultura di riferimento: pare che alla base ci siano delle attività operatorie della mente che dimostrano la similitudine delle elaborazioni cognitive[6]. Significa che entrano a far parte degli universalia anche le attività cognitive quali, ad esempio, l'analisi, la sintesi, la seriazione, la classificazione, la discriminazione; ecco che, allora, anche l'insegnante di lingua può trarre linfa da questa visione transculturale dell'apprendimento.

Appartiene all'universale anche il desiderio della narrazione: trattare la fiaba, il racconto, permettere momenti di scambio, di rappresentazione, costruzione di racconti di sé e della realtà, dell'immaginario e del fantastico; indagare personaggi, ambienti, generi narrativi, strutturazioni delle favole o delle fiabe; utilizzare la simbologia, i riti legati alla narrazione e così via, sono occasioni di crescita e di apertura mentale, di sviluppo di capacità di pensiero flessibile, di abilità di individuare nessi e relazioni, e, infine, di sviluppo della consapevolezza del carattere universale dell'umanità.

Importante è avere una costante attenzione alla dialettica tra universalismo e relativismo per non cadere nella trappola dell'utilizzo di parametri assolutistici.

2.2 La migrazione

Potremmo definire la migrazione l'argomento sintesi dell'educazione interculturale, il contenuto privilegiato.

La migrazione ora la vediamo solo come immigrazione, importante è invece recuperare quella parte di storia del nostro paese in cui la vivemmo come emigrazione. Secondo gli studi condotti dallo scienziato sociale Kingsley Davis, la tendenza all'emigrazione è riscontrabile ad ogni epoca e non c'è gruppo umano che non abbia conosciuto migrazioni. È l'assunzione della *stabilitas*, come valore storico ed evolutivo, che fa considerare la migrazione quasi come una malattia. Invece, proprio a rileggere la storia (dal popolamento dei continenti all'industrializzazione) ci si accorge di quanto sia caratterizzata da un continuo rapporto dialettico tra mobilità e stanzialità, tra migrazione e insediamento residenziale. Oggi tale dialettica si è fatta più serrata in conseguenza dei ritmi di trasformazione più incalzanti rispetto ai secoli passati. Il fatto è che, comunque, quanto sta accadendo oggi è ancora un fenomeno che coinvolge più continenti, è una migrazione globale internazionale, ma poiché ci ostiniamo a vederla esclusivamente con occhi europei (e talvolta solo italiani), la definiamo immigrazione extracomunitaria. Accanto allora ad una ricostruzione storica del fenomeno è anche necessario condurre un'attività di decostruzione della percezione nei confronti dell'immigrazione: le migrazioni vanno lette, studiate, in modo equilibrato, storicizzato, globale, inserendole come frutto non tanto di emergenza ed emotività, ma come condizione umana legata in modo interdipendente alla condizione del mondo.

Questi grandi spostamenti di popolazione sono il motivo di contatto ravvicinato tra identità individuali e collettive molto diverse e l'educazione interculturale si è configurata soprattutto per dare delle risposte ai nuovi bisogni educativi che si sono sviluppati in seguito a tale fenomeno. Proprio per la loro portata di respiro mondiale, conoscere in modo approfondito le migrazioni, come si sono sviluppate nel tempo e nello spazio, aiuta a inquadrare il tema in un orizzonte più vasto, a trovare analogie e corrispondenze, a capire i fatti anche da altri punti di vista.

È un tema che può coinvolgere tutte le discipline scolastiche:

- *la storia*, nel ricercare le origini di questo fenomeno e i movimenti migratori più significativi registrati nei secoli, le ragioni delle migrazioni e i fatti storici che hanno generato movimenti migratori, la lettura di documenti che ne raccontano i fatti e i sentimenti per adottare punti di vista diversi;
- *la geografia*, nel coinvolgimento di tanti paesi in questo fenomeno, nella ricerca delle motivazioni, che talvolta risiedono anche nelle difficili condizioni di vita in alcuni ambienti, nello studio dell'economia globale (interdipendenza nord/sud);
- *gli studi sociali o l'educazione civica*, nelle implicazioni di carattere sociale che le migrazioni portano, la conoscenza delle leggi che regolamentano i flussi migratori, la conoscenza delle organizzazioni che si occupano del fenomeno in tutti i suoi aspetti;
- *la matematica, le lingue, le scienze, la musica,* possono essere coinvolte dal punto di vista del viaggio e per il fatto che spesso le scoperte o le evoluzioni di alcune conoscenze sono conseguenze della migrazione di persone, parole, idee, della contaminazione generata dall'incontro di culture diverse.

Per un approfondimento specifico su come poter sviluppare percorsi disciplinari e interdisciplinari sull'argomento e su come rileggere le discipline alla luce della migrazione, rinviamo alla consultazione del testo *Le migrazioni* del CRES (cfr. riferimenti bibliografici).

Il viaggio è sicuramente la rappresentazione più efficace e concreta della migrazione, è un tema facilmente affrontabile anche con bambini della scuola dell'infanzia, è facilmente incarnabile nella narrazione, rapportabile ad ambienti fantastici e interpretabile dal punto di vista simbolico. Anche i temi della fiaba e della favola sono spesso caratterizzati dal viaggio: i personaggi, le funzioni, le trame, molto spesso sono simili grazie al fatto che i viaggiatori, narrando le storie durante i loro spostamenti, ne hanno permesso la circolazione in paesi diversi e la contaminazione reciproca (si veda, ad esempio, la fiaba di Cenerentola oppure l'influsso che i motivi orientali e arabo-islamici hanno avuto sulle letterature europee [7]). Gli allievi stranieri e le loro famiglie possono essere una fonte preziosa per il recupero di favole e fiabe e lavorare su un tale tema può essere un'ottima occasione di coinvolgimento, di apertura, di conoscenza e scambio interculturale.

2.3 I diritti umani

Negli anni '40 era frequente e diffuso in Occidente l'atteggiamento mentale di chi considerava le differenze culturali degli altri gruppi umani come una forma di devianza rispetto al proprio modello; gli antropologi in quegli anni sostenevano con forza, invece, il diritto di ogni uomo alla sua cultura. Claude Lévi-Strauss dichiara, all'Unesco a Parigi, che "la civiltà mondiale non può essere altro che la coalizione, su scala mondiale, di culture ognuna delle quali preservi la propria originalità" (Lévi-Strauss, 1967: 139). Da una parte gli antropologi rimarcavano la necessità di un riconoscimento di diritto a ogni cultura e dall'altra l'Occidente cercava di affermare il suo modello su tutti. In questo contesto fu redatta la Dichiarazione dei Diritti Umani del 1948. Noi, qui, per ristabilire un equilibrio, richiamiamo l'attenzione anche su altre Carte promulgate a partire dagli anni '80: la Carta Africana dei Diritti dell'Uomo e dei Popoli del 1981, la Dichiarazione Islamica Universale dei Diritti dell'Uomo dello stesso anno, la Dichiarazione dei Doveri Fondamentali dei Popoli degli Stati Asiatici, del 1983. Affrontare il tema dei Diritti è ben più complesso di quanto si possa immaginare[8] e riflette bene la realtà poliedrica che caratterizza il nostro tempo; non è facile pertanto impostare correttamente un percorso didattico sui diritti dell'uomo, anche se spesso lo si vede presentare ed esaurire in un paio di pagine dei libri di testo. Qui ci limitiamo a dare alcuni suggerimenti e spunti come contributo costruttivo alla presentazione di questo "contenuto" dell'educazione interculturale.

Un percorso sui diritti umani deve essere condotto in modo ermeneutico: la ricerca dei valori che sottostanno alle scelte di quali debbano essere i diritti universali che tutti dovrebbero rispettare, deve partire dal vissuto degli studenti, altrimenti si rischia di proclamare grandi verità che non sono supportate da una vera condivisione. È importante che sia dato spazio alla discussione in classe, che gli allievi dibattano i pro e i contro dei valori che possono essere ritenuti fondamentali per ogni uomo a prescindere dalla cultura di appartenenza e che da questa discussione scaturisca una carta dei diritti personalizzata. Perché partire da questo tipo di percorso e utilizzare queste modalità? Per non rischiare di fare come negli anni '40 quando la Commissione dell'ONU incaricata di redigere la Dichiarazione universale dei Diritti dell'Uomo, utilizzò come unico metro il punto di vista di una sola cultura, facendo riferimento a valori etici pensati ed elaborati da soggetti di uno stesso raggruppamento sociale. "L'universalità trova consistenza quindi solo nella pretesa di estendere questi diritti a tutto il resto del mondo; senza neppure prendersi cura di conoscere quali potessero essere i differenti punti di vista che, su di loro, le diverse culture potessero voler assumere e sostenere. Se la Commissione si fosse assunta il ruolo che storicamente le spettava – di mediazione tra le diversità nelle regole e nei valori, nei sistemi di credenze e negli stili di vita – avrebbe mantenuto fede ad una reale impostazione universalista che è tale se cerca di *assumere insieme la molteplicità nell'unità e l'unità nella molteplicità, testimoniando le differenze in prospettiva ed in orientamento*" (Damiano, 1998: 63).

Suggeriamo inoltre, di partire da una lettura che ponga come diritto tra i diritti quello che ciascun individuo ha di svilupparsi a partire da ciò che è, sulla base dei suoi bisogni e attraverso i suoi progetti, quando entriamo in contatto con un migrante ci

chiediamo da dove viene, ben più difficilmente dove sta andando e quindi quale sia il suo progetto di vita.
Sappiamo che il tema dei diritti dell'uomo è entrato ormai da tempo nei libri di testo: l'importante è affrontarlo sempre secondo la prospettiva interculturale, cioè non soffermandosi solo agli enunciati ma approfondendo punto per punto quanto dichiarato con l'apporto di esperienze diverse, testimonianze di vari paesi e scambio di opinioni in base a punti di vista diversi. Parimenti il discorso può essere ampliato e completato in riferimento agli organismi internazionali che si fanno garanti del rispetto dei diritti e che intervengono laddove si creino delle situazioni di negazione degli stessi[9].

2.4 L'identità

"I giovani immigrati sono figli del deserto, dietro di loro sembra che il vento abbia spazzato via ogni storia e la sabbia abbia nascosto ogni ricchezza". (Compagnoni-Pregreffi)

Francesca Gobbo (2000: 70) sostiene che "l'antropologia culturale ci ricorda che i significati e le forme esteriori significative non sono una sorta di abito che ci si toglie per riporlo quando è passato di moda, o scambiarlo con qualcosa di più attuale. Si tratta invece di elementi che danno sicurezza ai soggetti, ricchi di senso anche se quest'ultimo può talvolta apparire antiquato, e perfino inutilizzabile. Tutto ciò che impariamo (regole, norme, comportamenti) è pregno di valori, che ci orientano nella vita, e che già ai bambini è presentato in termini di desiderabilità sociale e culturale". L'identità è un percorso di crescita segnato culturalmente dagli eventi di vita e dalla ricerca di senso e si definisce in relazione ad un contesto-ambiente. Fin dalla nascita l'uomo-bambino cerca costantemente di definire se stesso in rapporto a tutto ciò che lo circonda, alle persone con cui si relaziona: profumi, odori, parole, sguardi, sorrisi, esperienze… che poi si fissano nella memoria. Senza memoria non c'è identità. L'identità, in virtù del cambiamento di ambienti ed esperienze di vita, è mutevole, dinamica. Ogni ambiente contribuisce al suo mutamento in modo più o meno incisivo. Un'esperienza fortemente incisiva in tal direzione è quella migratoria.
L'esperienza migratoria produce una destrutturazione della personalità sempre dolorosa quando non addirittura traumatica e la ricerca di una nuova identità avviene con fatica e non agevolmente. Sono state individuate delle fasi attraverso le quali avviene da parte dello straniero il processo di ricostruzione dell'identità.

- *Prima fase*: solo tentando di farsi simili agli altri (alla maggioranza), riuscendo a condividerne la lingua, i comportamenti, i valori si può stabilire una comunicazione; è la fase del cosiddetto **mimetismo**. In questi casi si assiste a episodi anche limite in cui allievi di colore si dipingono il viso di bianco, oppure altri cambiano il proprio nome con un nome italiano.
- *Seconda fase*: mano a mano che procede l'inserimento si acquisisce una nuova identità che non è la copia di quella del paese d'accoglienza ma neppure il simulacro di quella d'origine, è il momento in cui a scuola si sente dire dagli insegnanti "si è integrato bene", "non ha problemi di inserimento in classe", non presagendo che comunque si tratta di una fase di passaggio.

- *Terza fase*: la paura del **meticciato** spinge all'elogio delle differenze, si ha paura della perdita dell'identità nazionale e si rischia la chiusura e l'involuzione verso elementi della cultura d'origine esageratamente caratterizzanti, provocando un "effetto-distorsione": guardare alla realtà soltanto attraverso la lente delle differenze culturali. Si tratta del momento in cui l'allievo che avevamo considerato "integrato", magari al suo secondo anno di scuola in Italia, cambia atteggiamenti e comportamento e comincia a creare dei problemi di relazione e di gestione in classe.
È prima di arrivare a questa fase che si colloca l'educazione interculturale come pedagogia per superare le dicotomie e convergere sulla reciprocità dello scambio. Per aiutare il processo di ricostruzione dell'identità è necessario avere ben presente che ad incontrarsi a scuola non sono le culture diverse ma gli allievi "in carne e ossa", portatori di quelle culture.

- *Quarta fase:* l'**integrazione**, si ricostruisce la propria identità mantenendo in parte la cultura d'origine e prendendo da quella di arrivo ciò che serve per risolvere i problemi che la società (o la classe come gruppo più ristretto) nuova presenta. È il momento in cui possiamo realmente affermare che sia avvenuta l'integrazione, in cui l'allievo straniero è sereno e si offre allo scambio culturale attraverso una sua partecipazione attiva. L'identità si costruisce in relazione ad un contesto (ambiente). Per poter costruire la propria identità bisogna sentirsi parte del contesto, vivere relazioni: in questo senso la scuola si deve porre l'obiettivo di predisporre le condizioni più adatte perché ciascun allievo possa esprimere se stesso e crescere con gli altri. Si possono identificare tali condizioni nel favorire un clima di relazione positivo all'interno della classe, organizzare attività in cui esprimere se stessi (percorsi autobiografici), strutturare momenti di decisione collettiva tramite discussione e confronto su una questione "neutra", fare esperienze in cui l'allievo debba agire anche autonomamente per evitare l'omologazione nel gruppo.

Lo sfondo (vita scolastica) deve essere flessibile e l'insegnante deve rinunciare ad essere l'unico protagonista dell'attività scolastica per lasciare spazio agli allievi: da trasmettitore di conoscenze deve diventare facilitatore di apprendimento attraverso la progettazione di contesti piuttosto che l'organizzazione dei contenuti. Come? Indichiamo alcuni suggerimenti: sviluppare argomenti secondo mappe concettuali più che per evoluzione lineare, programmare ad inizio anno con la consapevolezza che il programma deve essere flessibile, così come l'organizzazione del tempo e delle attività, il percorso formativo deve essere costruito in ottica interdisciplinare.
La ricostruzione dell'identità può essere favorita anche da una certa concezione del tempo e dello spazio scuola: identità nello spazio attraverso la ristrutturazione dell'aula; identità nel tempo ripensando tutta l'organizzazione del tempo della scuola sulle esigenze degli allievi e non su quelle degli insegnanti! Gestione del tempo in libertà, stabilire delle routine o dei ritmi che diano punti di riferimento (un racconto letto a inizio giornata oppure il quarto d'ora di conversazione); identità attraverso un traghettatore: utilizzo di un personaggio o di una situazione che svolga la funzione di mediatore fra scuola e bambini.

2.5 Stereotipo e pregiudizio

"Lo scopo dell'educazione dovrebbe essere quello di rivedere le concezioni errate e gli stereotipi che, a quanto sembra, prendono corpo in tutto il mondo durante i primi dieci anni di vita. Ma nello stesso tempo l'educazione dovrebbe anche cercare di preservare le caratteristiche più notevoli della mente infantile: il suo amore per l'avventura, la sua generatività, la dovizia delle sue risorse e i suoi lampi di creatività e di flessibilità".
(H. Gardner)

La parola stereotipo[10] in sé non ha un significato negativo. Deriva dal greco "stereo", rigido, fisso, stabile, e "tipo", modello. Dunque un modello stabile, un riferimento fisso. Gardner nel suo "Educare al comprendere" si intrattiene molto sui concetti di simboli, copioni, prototipi e stereotipi in riferimento alle teorie della mente sviluppate dai bambini per comprendere la mente umana. Nello spiegare i processi psicologici che permettono ai bambini la comprensione del mondo, Gardner si riferisce al periodo simbolico come a quello in cui i bambini per comprendere hanno bisogno di costruirsi una serie di prototipi in base ai quali categorizzare la realtà per affinità o differenza. È quanto viene anche definito *labeling*, ovvero una sorta di etichettatura, di creazione di punti di riferimento di cui la mente ha bisogno per agganciarvi le percezioni del mondo. Le etichette possono diventare pregiudizi o stereotipi se non subiscono il processo di riclassificazione, di ridefinizione, ma si cristallizzano.

Allo stesso modo i prototipi gardneriani sono semplificazioni della realtà, diventano stereotipi nell'interpretazione della realtà più complessa. Possono essere positivi o neutri (la mamma affettuosa, il poliziotto protettivo, la maestra disegnata sempre in gonna), ma anche fuorvianti (tutti gli uomini nordafricani sono inclini alla violenza), stereotipi che si formano nella mente dei bambini sia in seguito alle esperienze di vita, sia in base a quanto culturalmente recepiscono, oppure a quanto percepiscono attraverso i mass media. Ciò che ha attirato il nostro interesse in merito è quanto Gardner afferma in seguito: "Com'è prevedibile, le informazioni che collimano con questi stereotipi vengono assimilate senza difficoltà; al contrario, quelle di segno opposto o non vengono notate o vengono negate anche a costo di disconoscere esplicitamente percezioni vere e proprie". Se questo è quanto accade nella mente del bambino, crediamo che l'assimilazione di stereotipi negativi o fuorvianti sia un ostacolo all'educazione interculturale molto difficile da rimuovere.

Come comportarsi allora nei confronti di questo ostacolo? Innanzitutto è necessario ammettere che lo stereotipo esiste (conoscere il "nemico" per combatterlo). Un passo ulteriore è dare un'identità allo stereotipo e quindi creare insieme agli allievi in classe una mappa degli stereotipi esistenti e di cui siamo coscienti. Una volta identificati cominciare il lungo cammino della decostruzione. Dall'attività di mappatura degli stereotipi potrebbe insorgere negli studenti l'idea che siamo solo noi a crearceli; possiamo recuperare dei materiali, delle fonti, in cui sono gli stranieri che parlano degli italiani in modo da relativizzare il processo, si scoprirà che la creazione dello stereotipo è un dato universale; informarsi, poi, su quali siano le teorie che spiegano la genesi dello stereotipo può risultare un utile approfondimento per circoscrivere maggiormente il problema; indagare su quali siano i luoghi che maggiormente fanno nascere lo stereotipo conferisce completezza al quadro; tutti gli elementi indagati aiutano a conoscere meglio l'ostacolo da rimuovere e spesso forniscono essi stessi la chiave per la rimozione: non ci si può certo aspettare di eliminare alla radice il problema, ma l'importante è fornire agli allievi gli strumenti adeguati per l'educazione alla capacità critica, in modo da evitare l'omologazione nell'assunzione degli stereotipi diffusi come categorie di percezione della realtà.

2.6 Informazione, media e multimedialità

È un dato di fatto che nella nostra società l'informazione che arriva alle nostre orecchie o ai nostri occhi sia regolata spesso da leggi che non hanno nulla a che fare con la correttezza e la trasparenza: interessi privati, orientamenti politici, bisogni pubblicitari, necessità economiche, sono fattori che incidono sulla trattazione dei dati e ne cambiano talvolta i connotati. Perché parlare di informazione in questo contesto? Perché spesso pregiudizi, stereotipi, opinioni vengono formati sulla base di informazioni che non sono controllate, sono scarsamente rigorose scientificamente e inducono a trarre conclusioni non personali ma di massa. In questo processo gli allievi delle nostre scuole sono soggetti deboli ancora più esposti al fenomeno. Ne troviamo una conferma ogni qualvolta li sentiamo riportare un'opinione o un giudizio che capiamo bene essere "farina di altri sacchi". Le influenze dei mass media, delle nuove tecnologie dell'informazione e della comunicazione agiscono sulla percezione collettiva che si ha dell'altro, sulla formazione di identità linguistiche e culturali, sulla formazione dell'immagine e della percezione dei gruppi etnici.

Un suggerimento che ci viene offerto da Antonio Perotti (1994: 79-80) è quello di educare a scuola al rapporto con i media, allo sviluppo del pensiero critico, alla capacità di discernimento di fronte ad una notizia data, a quello che viene definito "approccio investigativo" che permette di comprendere meglio i mass media. Ecco che allora inserire un percorso didattico sulla stampa, le televisioni, internet e i vari mezzi d'informazione diventa un contenuto importante a supporto dell'educazione interculturale, per educare gli studenti alla democrazia dell'informazione e a diventare un pubblico che non si lascia manipolare. Le tappe del percorso, secondo Perotti, potrebbero essere definite dalle seguenti domande: in che modo funzionano i mass media e nell'interesse di chi? Come danno il senso a quanto trasmettono? Che logica c'è dietro al loro apparato? In che modo rappresentano la realtà? Come vengono recepite dal pubblico le rappresentazioni che comunicano?

Inoltre il materiale che ci viene offerto dai mezzi di informazione si presta molto ad essere trattato con le metodologie della pedagogia interculturale, per esempio secondo la didattica dei punti di vista.

Riteniamo di dover inserire, a questo punto, qualche considerazione anche sul rapporto tra la multimedialità, le nuove tecnologie e l'educazione interculturale. La comunicazione telematica si presta a diventare un nuovo linguaggio interculturale che agevolmente può superare le barriere e i confini degli stati. L'uomo contemporaneo può essere rappresentato dalla metafora dell'ipertesto secondo la quale sparirebbe il concetto di sé come essere isolato e autonomo per fare spazio all'idea che "sono connesso, quindi esisto" (Tosolini-Trovato, 2001); ipertesto, dunque, come metafora dell'essere plurale, dell'*unitas multiplex*. Se Internet è il mezzo che ci permette di creare e sviluppare queste connessioni, e la rete favorisce le relazioni a distanza, facendoci percepire la globalità del mondo, è importante dare spazio a questo strumento nella vita scolastica.

Tuttavia l'educazione interculturale ci invita ad avere uno sguardo critico anche nei confronti delle nuove tecnologie e a considerarle sempre all'interno di un contesto significativo, dove a prevalere sia l'idea di relazione e di scambio, non di dominio e potere univoci. Favorire le intelligenze multiple, la transitività cognitiva, può essere un obiettivo raggiungibile anche con il supporto della multimedialità, purché si educhi ad un uso critico delle macchine evitando di diventarne fruitori da omologare.

Inoltre il tema del viaggio, della migrazione, può essere recuperata in questa dimensione moderna e tecnologica dell'uomo-Ulisse che invece di navigare per mare naviga in rete.

Infine, non si deve dimenticare che Internet e i sussidi multimediali e ipertestuali, hanno messo a disposizione di un vasto numero di persone un cospicuo insieme di informazioni, materiali, percorsi, sull'educazione interculturale, contribuendo così al suo sviluppo e alla sua diffusione[11].

3. I rischi, ovvero "i consigli della nonna"

Abbiamo tracciato una rilettura personalizzata di molti testi, punti di vista, sull'educazione interculturale, con un'attenzione particolare al collegamento con le istituzioni scolastiche. A questo punto, consapevoli di non aver certamente esaurito l'argomento (non è pensabile di poterlo fare), concludiamo il percorso con uno sguardo centrato sui rischi nei quali si può incorrere, anche in piena buona fede, quando si comincia ad occuparsi di educazione interculturale nella scuola. Li presentiamo per punti proprio come i "consigli della nonna" da tenere nel primo cassetto della cattedra.

- Ritenere di dover fare educazione interculturale solo in presenza di allievi stranieri in classe.
- Considerare di aver inserito l'educazione interculturale nel programma attraverso la presentazione della storia, della geografia, delle religioni e di alcuni tratti socio-culturali di paesi extra europei, con l'apporto di qualche canzone e di qualche danza.
- Considerare la capacità di adattamento dei bambini stranieri come un fenomeno naturale che favorisce l'integrazione spontanea.
- Creare la categoria "stranieri" dimenticando che essi sono diversi anche per condizioni e personalità, non solo perché provenienti da altri paesi. Questo rischio è stato definito da Francesco Susi *reductio ad unum*, ovvero, unificazione banalizzante.
- Insistere sulle differenze culturali trasformando gli allievi stranieri in ostaggi di una cultura etnica da preservare.
- Dare una rigida definizione delle differenze.
- Applicare un grado eccessivo di relativismo secondo il quale tutte le culture e tutte le conoscenze sono equivalenti.

- Utilizzare immagini che presentino solo alcuni aspetti delle altre realtà (povertà, miseria, fame, desolazione...) oppure che confermino stereotipi fuorvianti.
- Scegliere termini di descrizione della realtà altamente gerarchizzanti, ad esempio: paesi sottosviluppati, arretrati, non evoluti riferendosi ai paesi del Sud del mondo.
- L'estemporaneità e la superficialità secondo le quali si fa "l'ora di intercultura" settimanale attuando quella che in Inghilterra chiamano ironicamente la "pedagogia delle tre S"[12].
- Il dogmatismo intellettuale: non basta un vago atteggiamento aperto e tollerante, è necessario costruire e condividere un sistema di valori di riferimento che metta in grado di valutare la correttezza degli interventi educativi in ambito interculturale.
- Pensare di poter raggiungere gli obiettivi dell'educazione interculturale sulla base di un progetto annuale: il cammino di realizzazione dell'educazione interculturale è lento e irto di difficoltà perché opera necessariamente sul fondo, non sulla superficie, incide nelle convinzioni, nei valori, nella mentalità di ogni attore del progetto. Come poter pensare di ottenere un cambiamento così radicale in un anno? Quanti anni ci vorranno? Forse non saremo nemmeno noi a vederne in frutti... è meglio che ce ne facciamo una ragione!

Riferimenti bibliografici

In questa bibliografia abbiamo inserito volutamente solo i testi selezionati e direttamente consultati per l'elaborazione di questo capitolo, pertanto sono solo una scelta nella vasta letteratura disponibile sull'argomento.

AA. VV., *Quaderni dell'interculturalità*, Bologna, EMI: collana di monografie sia sulle discipline in ottica interculturale, sia di approccio generale; pubblicati a gennaio 2002 i seguenti titoli:

1. *Il mio zaino interculturale* (A. Nanni, S. Abbruciati)
2. *Didattica interculturale della geografia* (A. Pitaro)
3. *Didattica interculturale della storia* (A. Nanni, C. Economi)
4. *Didattica interculturale della religione* (Gruppo IRC, Diocesi di Latina)
5. *Didattica interculturale della lingua e della letteratura* (A. Fucecchi)
6. *L'educazione interculturale oggi in Italia* (A. Nanni)
7. *Didattica interculturale della musica* (M. Disoteo)
8. *"Noi" visti dagli altri, esercizi di decentramento narrativo* (G. Grillo)
9. *Fiabe e intercultura* (P. Gioda, C. Merana, M. Varano)
10. *L'educazione interculturale in Europa* (A. Surian)
11. *Il gioco nella didattica interculturale* (P. D'Andretta)
12. *Per capire l'interculturalità. Parole-chiave* (A. Nanni, S. Abbruciati)
13. *L'interculturalità nella scuola materna* (M. Di Capita)
14. *L'interculturalità nella scuola elementare* (A. Calzi)
15. *Al cinema con il mondo* (L. Ferracin, M. Porcelli)
16. *Didattica interculturale della matematica* (A. M. Cappelletti)
17. *Didattica interculturale delle scienze* (C. Baroncelli)
18. *Didattica interculturale della geometria* (A. M. Cappelletti)
19. *New Media, Internet e intercultura* (A. Tosolini, S. Trovato)
20. *I mediatori linguistici e culturali nella scuola* (G. Favaro)
21. *Decostruzione e intercultura* (A. Nanni)
22. *Didattica interculturale dell'arte* (G. Bevilacqua)

AA. VV., 2000, *Tessere di quotidianità interculturale,* Bologna, EMI.
BARRA D., BERETTA PODINI W. (a cura di), 1995, *Le migrazioni,* Roma, CRES, Edizioni Lavoro (con CD-ROM).
BORRUSO A., 2001, *Dall'India a Parigi, motivi orientali e arabo-islamici nelle letterature europee,* Milano, FrancoAngeli.
BRAZIER C., 2001, *Insegnare la storia, come se i poveri, le donne e i bambini contassero qualcosa,* Torino, Sonda.
COMPAGNONI E., PREGREFFI V., 2001, *Di tutti i colori,* Molfetta, edizioni La Meridiana.
CONTADINI M., BEVILACQUA G., 2000, *La sfida della mondialità e della interculturalità,* 82 schede per insegnanti, educatori, animatori, Torino, Elledici.
DAMIANO E. (a cura di), 1998, *Homo migrans, discipline e concetti per un curricolo di educazione interculturale a prova di scuola,* Milano, FrancoAngeli.
DEMETRIO D. (a cura di), 1997, *Nel tempo della pluralità, educazione interculturale in discussione e ricerca,* Firenze, La Nuova Italia.
DEMETRIO D., FAVARO G., 1992, *Immigrazione e pedagogia interculturale,* Firenze, La Nuova Italia.
FARELLO P., F. BIANCHI, 2001, *Laboratorio dell'autobiografia,* Trento, Erickson.
FAVARO G. (a cura di), 2000, *Alfabeti interculturali,* Milano, Guerini e Associati.
GARDNER H., 1987, *Formae mentis,* Milano, Feltrinelli.
GARDNER H., 1993, *Educare al comprendere,* Milano, Feltrinelli.
GIUSTI M., 1996, *Una scuola, tante culture,* Firenze, Patatrac.
GIUSTI M., 2001, *L'educazione interculturale nella scuola di base,* nuova edizione aggiornata, Firenze, La Nuova Italia.
GIUSTINELLI F., 1991, *Razzismo scuola società, Le origini dell'intolleranza e del pregiudizio,* Firenze, La Nuova Italia.
GOBBO F., 2000, *Educazione interculturale,* Roma, Carocci.
GROSSI L., R. ROSSI, 1997, *Lo straniero, letteratura e intercultura,* Roma, CRES, Edizioni Lavoro.
LÉVI-STRAUSS C., 1967, *Razza e storia e altri studi di antropologia,* Torino, Einaudi.
MORIN E., 2000, *Una testa ben fatta,* Milano, Raffaello Cortina Editore.
MORIN E., 1995, "Una politica per l'età planetaria", in *Pluriverso,* dicembre.
PEROTTI A., 1994, *La via obbligata dell'interculturalità,* Bologna, EMI.
SCLAVI M., 2000, *Arte di ascoltare e mondi possibili,* Milano, Le Vespe.
SUSI F., 1995, *L'interculturalità possibile,* Roma, Anicia.
TASSINARI G. (a cura di), 1992, *Scuola e società multiculturale, elementi di analisi multidisciplinare,* Firenze, La Nuova Italia.

1 Si intende qui utilizzare la formula "educazione interculturale" in riferimento alla filosofia di fondo, all'insieme di valori, mentre "pedagogia interculturale" come la traduzione dei principi e dei valori nella prassi, cioè come progetto intenzionale atto a produrre un cambiamento nelle scelte e negli indirizzi didattici nella scuola per raggiungere gli obiettivi che l'educazione interculturale si pone.
2 I riferimenti alla normativa sono disponibili in www.edscuola.it/archivio/stranorme.html
3 Secondo Duccio Demetrio quanto più evitiamo che le corrispondenze e le differenze cognitive si fossilizzino chiudendosi in sé stesse (autisticamente ripetendosi), tanto più prepareremo il terreno (le menti) al metodo e ai valori dell'interculturalità e cioè alla permeabilità nei confronti dei punti di vista, alla sintonizzazione con il pensiero formatosi in altri contesti e all'interazione strategica, vale a dire, un consociarsi per individuare forme superiori di comprensione del mondo.

4 Secondo Gardner gli studenti possiedono diversi tipi di menti, apprendono, ricordano, eseguono e comprendono in modi diversi. Egli ha postulato che tutti gli esseri umani sono capaci di almeno sette modi diversi di conoscere il mondo, le "sette intelligenze umane" che sono il linguaggio, l'analisi logico-matematica, la rappresentazione spaziale, il pensiero musicale, l'uso del corpo, la comprensione degli altri individui e la comprensione di noi stessi. A differenziare tra loro gli individui sono il vigore di queste sette intelligenze, il cosiddetto profilo delle intelligenze, e i modi in cui esse vengono chiamate in causa e combinate tra loro per portare a termine i vari compiti, risolvere i vari problemi e progredire nei vari campi.

5 L'allievo straniero che arriva a scuola si porta necessariamente un suo bagaglio di esperienze, di enciclopedia, di contesti significativi relativi alla scuola sia come risultato di un cammino di studente già iniziato, sia come riflesso culturale trasmesso dalla società e dalla famiglia d'origine, nel caso in cui non fosse ancora approdato all'universo scuola. A seconda del paese d'origine questo bagaglio sarà caratterizzato diversamente in modo più o meno distante rispetto alla realtà italiana. Possiamo immaginare che un allievo straniero europeo, per alcuni aspetti, possa condividere una certa visione del rapporto con la scuola con i suoi compagni italiani, molto più di quanto lo possa fare un allievo extraeuropeo originario di paesi in cui la cultura scolastica non ha assorbito (o ha preso le distanze dalle) influenze occidentali a causa, ad esempio, del colonialismo.
Come si presenta la nostra scuola agli occhi di un allievo cinese, arabo, indiano o bengalese? Diamo per scontato che la vedrà diversa già come edificio, proviamo a puntare l'obiettivo su alcuni aspetti interni e su questi interroghiamoci: il numero di adulti di riferimento; il numero e il genere dei compagni di classe; il tempo scuola; le discipline; l'indirizzo pedagogico; il rapporto con l'insegnante; il ruolo del discente; la mensa; le regole di comportamento.

6 Riportiamo quanto si trova in proposito nel testo di Demetrio e Favaro (1997: 14): "se infatti un bambino occidentale impara a sintetizzare i dati dell'esperienza sensibile organizzandoli in concetti (o astrazioni) giocando al nido con altri bambini, in connessione con lo sviluppo del linguaggio; un bambino africano acquisirà la stessa modalità cognitiva, servendosi di altri giochi, o mezzi, in un contesto educazionale di villaggio. Ciò che renderà differenti i loro atti cognitivi sintetizzatori saranno proprio i luoghi all'interno dei quali essi si educano alla padronanza di questa fondamentale capacità. Nel primo caso il luogo (protetto, speciale, programmato) indirizzerà il piccolo, gradatamente, verso quell'ottimizzazione operatoria che gli faciliterà, integrata ad altri atti cognitivi, l'apprendimento del leggere e scrivere; nel secondo, l'attività di sintesi verrà orientata all'acquisizione di altri compiti, maggiormente legati ai bisogni di sopravvivenza materiale in rapporto ad una cultura adulta, pratica e religiosa, di tutt'altra natura. La specializzazione di quest'atto cognitivo troverà, poi, una sua collocazione nelle diverse aree intellettive gardneriane."

7 A questo proposito si consiglia la lettura di *Dall'India a Parigi, motivi orientali e arabo-islamici nelle letterature europee* di A. Borruso, FrancoAngeli, Milano, 2001.

8 A tal proposito consigliamo la lettura del capitolo "I fondamenti dei Diritti dell'uomo e dei popoli tra antropologia politica e antropologia giuridica" di Gualtiero Harrison, (in Damiano, 1998). E per chi fosse maggiormente interessato ad approfondire l'approccio antropologico al tema dei Diritti Umani, consigliamo la lettura di tutta la prima sezione del libro.

9 Segnaliamo un sito che può fornire molto materiale sull'argomento: www.amnesty.it.

10 In genere lo stereotipo è la conoscenza che l'individuo immagina già di possedere, una sorta di falso concetto classificatorio a cui, di regola, è associata una forte inclinazione emozionale di simpatia o antipatia, approvazione o disapprovazione.
Il primo ad usare il termine stereotipo fu un giornalista dell'Herald Tribune, traendolo dall'arte tipografica, per indicare le idee preconcette che noi ci facciamo degli altri. A metà del secolo scorso uno psichiatra, Falret, aveva introdotto il termine stereotipia per caratterizzare la ripetizione di gesti o parole, uniforme, manierata, inutile, di certi malati schizofrenici.

11 Per avere un essenziale, ma ragionato, elenco di siti interculturali si veda il cap. 2, vol. 3 di questa opera e la voce "link" in www.unive.it/progettoalias; inoltre una più ampia bibliografia è reperibile in *L'educazione interculturale nella scuola di base* di M. Giusti, La Nuova Italia, Firenze, 2° ed. 2001.

12 In Gran Bretagna si intende con "pedagogia delle tre S" (Saris, Samosas e Steel band) le attività di intercultura superficiali, riferendosi con le tre parole alle vesti e alla gastronomia indiane e alla musica caraibica popolare.

COORDINATE

DIDATTICA LUDICA E ITALIANO LINGUA SECONDA

Fabio Caon, Sonia Rutka

| 3

Introduzione[1]

Lo scopo principale di questo contributo è, da un lato, quello di fornire alcune informazioni sulla metodologia ludica e, dall'altro, quello di proporre alcune attività didattiche a carattere ludico che possano essere utilizzate da insegnanti in classi plurilingue o in laboratori di italiano L2.

Ci limiteremo a rinviare ad altre letture per un approfondimento sul valore formativo del gioco e sulla sua fondamentale importanza nella strutturazione della personalità[2], mentre vorremmo concentrare la nostra attenzione sul significato e sulla valenza che esso assume nella didattica in generale, ma soprattutto nella didattica della lingua, poiché sappiamo bene che quando si parla di gioco *tout court*, è facile che nascano in alcuni insegnanti forme di diffidenza o, peggio, di rifiuto aprioristico, in quanto è ancora oggi molto diffusa l'idea che lo studio e l'impegno non possano essere confusi con il gioco, sinonimo di svago, di attività ricreativa e comunque di "non lavoro".

1. La metodologia ludica: alcuni riferimenti teorici

Affinché una proposta didattica risulti articolata e coerente, essa deve presupporre un solido impianto teorico e alcuni essenziali principi educativi di riferimento.
In questo caso, il nostro quadro di riferimento teorico è rappresentato dall'insieme di studi e ricerche conosciuti comunemente come didattica umanistico-affettiva[3].
Inoltre, riteniamo che la metodologia ludica trovi ampio riscontro anche nelle dichiarazioni internazionali per la tutela dei diritti del bambino e nelle direttive ministeriali per la scuola italiana: potremmo infatti citare
- la **Dichiarazione dei Diritti del Fanciullo** (ONU 1959) in cui al punto 7 si afferma che *"il fanciullo deve avere tutte le possibilità di dedicarsi a giochi e ad attività ricreative che devono essere orientati a fini educativi"*;
- **Orientamenti dell'attività educativa nelle scuole Materne Statali** - D.M 3.06.1991, II Art. 2- *in cui si sostiene che ... Nel gioco si imitano gli altri bambini e gli adulti, si assumono ruoli diversi, si sperimentano comportamenti ed emozioni, si fa un uso flessibile ed articolato dei linguaggi, si pongono a confronto desideri e realtà, immaginazione e dati di fatto, attese e possibilità effettive...*
- **i Nuovi Programmi per la Scuola Elementare** - DPR 12/2/1985 - in cui - a proposito della lingua straniera - *si dichiara che "sin dall'inizio (…) si organizzeranno giochi individuali e di gruppo per stimolare l'apprendimento naturale delle strutture fonologiche, lessicali, morfosintattiche".*

Non vorremmo però che l'utilizzo della parola "bambino" potesse trarre in inganno e far pensare che la modalità ludica possa essere impiegata solo con gli alunni della scuola dell'infanzia o elementare. Infatti, il potere di coinvolgimento sensomotorio, cognitivo e affettivo del bambino nel gioco e, di conseguenza, il valore profondamente motivante continua a sussistere anche negli adolescenti e negli adulti; basti pensare, per restare nel campo strettamente glottodidattico, all'ampio utilizzo di giochi (giochi grammaticali, role-play, ecc.) nei manuali per l'insegnamento della lingua straniera o seconda.

A nostro avviso, il problema che si dovrà porre un insegnante coscienzioso sarà quello di utilizzare la metodologia ludica in modo non casuale ma di tradurre le indicazioni didattiche teoriche in una coerente didassi quotidiana, prevedendo così attività ludiche in tutte le fasi dell'unità didattica[4] e non solo in alcune sporadiche occasioni; oltre a questa "sistematicità", egli dovrà prestare attenzione anche alle singole caratteristiche e alle specificità culturali degli alunni con cui interagisce (età anagrafica, scolarità pregressa, differenze culturali) adattando così le attività di volta in volta a seconda del contesto in cui si trova, in modo da non rischiare di rendere il lavoro esteticamente, contenutisticamente e cognitivamente "anacronistico" rispetto all'età ma anche agli obiettivi dei suoi discenti e quindi, in ogni caso, demotivante.

1.1 Alcune chiarificazioni preliminari

Innanzitutto, è nostro interesse sgombrare il campo da due possibili equivoci che possono sorgere quando si parla di metodologia ludica[5]:

1. la metodologia ludica non va confusa con semplice presentazione di giochi agli alunni; infatti, sebbene attraverso il gioco venga comunque veicolata lingua e quindi ci possa essere un apprendimento "spontaneo" di alcuni vocaboli o strutture, riteniamo che la metodologia ludica sia qualcosa di ben più complesso e coinvolgente sia per gli alunni che per il docente.
   Più precisamente, con questa espressione noi intendiamo una modalità di lavoro in cui l'insegnante

- prepari e strutturi attività sulla base di precise scelte didattiche, quali, ad esempio, gli obiettivi didattici che si prefigge, le fasi in cui si articoleranno le diverse attività, i tempi di ognuna di esse all'interno di una unità didattica, i materiali che utilizzerà (preparati *ad hoc* oppure reali, mono o multimediali)
- preveda attività sia comuni che differenziate a seconda delle specifiche competenze, delle singole abilità e delle dinamiche interpersonali interne al gruppo
- monitori e rilevi costantemente le difficoltà che emergono durante il lavoro in classe, i progressi o le eventuali fossilizzazioni di alcuni errori negli alunni, (prevedendo anche l'utilizzo di tecniche e strumenti propri della ricerca-azione[6]) e, sulla base di queste indicazioni, prepari nuovi materiali ed organizzi attività differenziate per il rinforzo o la compensazione di eventuali lacune
- utilizzi forme di valutazione che siano coerenti con la metodologia applicata o, almeno, cerchi di variarne le modalità (giochi di simulazione o performativi in cui sia richiesta la conoscenza di alcune informazioni, esercizi con vuoto di informazione, quando c'è il mediatore, test in lingua materna, ecc.) affinché la valutazione complessiva dell'alunno risulti più articolata e dettagliata.

La cornice in cui si inscrive l'insieme di queste attività didattiche (o comunque la maggior parte di esse) è appunto quella del gioco, ovvero di una dimensione che, da un lato richieda all'alunno conoscenze e competenze d'uso della lingua e, dall'altro, possa risultare non ansiogena e motivante[7] per l'allievo;
2. la metodologia ludica è **una** modalità di lavoro, non l'unica. Nulla vieta, infatti, che a questa si accompagnino (soprattutto nella scuola media inferiore e superiore), momenti più "formali" di spiegazione frontale o di sistematizzazione di alcune regole grammaticali, in un'ottica di metodologia "integrata" che impieghi diverse modalità di lavoro e dia modo agli allievi di esprimersi utilizzando differenti codici e diverse abilità. A nostro avviso, l'importante è che venga sempre considerata di primaria importanza la valenza affettiva del rapporto insegnante – alunno, intesa qui come disponibilità all'ascolto, rispetto dei ritmi e degli stili di apprendimento, attenzione alla persona nelle sue componenti psicologiche e culturali, volontà di entrare in uno stato di empatia con l'altro.

2. Gioco e metodologia ludica

Troppo spesso, l'uso del gioco nella didattica consiste semplicemente nel proporre giochi come intervallo tra un'attività "seria" e un'altra, per consentire un recupero di energie prima di tornare all'impegno dello studio.
La metodologia ludica, per contro, attribuisce al gioco valore strategico per promuovere lo sviluppo globale dell'allievo. Attraverso il gioco, infatti, si assumono e si rielaborano i dati della realtà, si espandono e si organizzano le conoscenze in reti concettuali sempre più complesse, in un continuum dinamico che vede l'allievo protagonista, intrinsecamente motivato, del suo percorso formativo.
Il gioco è, evidentemente, un'attività ludica, ma non è la sola possibile; è necessario piuttosto che ogni attività sia proposta in "forma ludica", il che significa offrire all'allievo opportunità di essere soggetto attivo, e non oggetto passivo, di formazione.
Per cercare di chiarire ulteriormente il concetto di gioco in un contesto di metodologia ludica, ricorriamo a due termini propri della tradizione didattica inglese: *play* e *game*.
Viene definito con il termine inglese *play* l'atteggiamento ludico di fondo che contraddistingue il bambino nel suo processo di scoperta del mondo. È l'atteggiamento che l'adulto percepisce come giocoso perché ne vede gli aspetti caratteristici di libertà, creatività, piacere, movimento, sperimentazione, manipolazione, del "fare cose" e "fare con le cose".
Si definisce invece con il termine *game* ogni gioco caratterizzato da regole.
Per il bambino il *play,* l'atteggiamento ludico di fondo, costituisce in realtà un autentico lavoro di scoperta, assimilazione e accomodamento (ristrutturazione cognitiva) del mondo circostante, (Piaget, 1972) con il pieno coinvolgimento di tutte le sue capacità senso-motorie, cognitive, affettive, linguistiche e sociali.
Partiremo da questi aspetti per cercare di definire i contorni di una didattica ludica della lingua specifica per bambini.

2.1 Glottodidattica ludica per bambini

Nei bambini più piccoli l'atteggiamento di gioco *play* è presente anche quando non si fanno giochi con regole e ciò rende evidente come questa sia la dimensione prevalente cui la metodologia ludica deve fare riferimento.
Non si tratta semplicemente di aggiungere giochi ad interventi didattici di tipo tradizionale, quanto piuttosto di pensare ad una didattica che sappia stimolare e coinvolgere globalmente gli alunni nella scoperta di una nuova realtà, costituita in questo caso dall'italiano lingua seconda, proponendo attività le cui modalità di svolgimento siano quelle abitualmente utilizzate dal bambino nel suo scoprire ed interiorizzare il mondo esterno.
La scuola deve favorire la fondamentale dimensione della relazione interpersonale, [*relazionalità*] (Freddi, 1990) dell'azione, dell'uso integrato di linguaggi verbali e non verbali come l'iconico, il gestuale, il corporeo, il musicale, ecc. [*semioticità*], (Freddi, 1990) sollecitando l'attivazione multisensoriale della mente [*bimodalità e direzionalità*][8] che si realizza nel gioco e che attraverso il gioco permette al bambino di acquisire la nuova lingua nel modo più naturale possibile e più vicino all'acquisizione delle lingua madre [*naturalità*] (Freddi, 1990).
Ecco allora che ai bambini sarà richiesto di ascoltare e parlare, di fare e giocare con la lingua, di manipolare, costruire, disegnare e dipingere, di imparare rime e filastrocche, di cantare e ballare, di raccontare, descrivere, immaginare, fantasticare, inventare, esprimere spontaneamente sentimenti ed emozioni, mimare e drammatizzare [*espressività*] (Freddi, 1990).
Si tratta in definitiva di creare ambienti ludici, in cui il bambino abbia l'illusione di essere libero di giocare davvero, anche quando l'attività è stata scelta e strutturata dall'insegnante.
Creare ambienti ludici o almeno ludiformi, significa creare contesti conosciuti e amati dai bambini, non ansiogeni, altamente motivanti e stimolanti le relazioni interpersonali e la scoperta dell'ambiente circostante, e quindi favorevoli al generarsi di una lingua autentica, significativa, spontanea, perché utilizzata per uno scopo reale che è semplicemente quello di interagire e di giocare [*autenticità e pragmaticità*] (Freddi, 1990)
Significa però anche progettare percorsi formativi sapendo dare valenza ludica ad attività che non sono giochi in senso stretto, ma che possono essere percepite dai bambini come tali e non come imposizioni o condizionamenti esterni.
Ci riferiamo ai giochi, o meglio, a tutte quelle attività giocose e strutturate che mirano all'insegnamento programmato della lingua e che concorrono a sostenere e alimentare la motivazione intrinseca degli allievi e a gratificarli nel momento stesso in cui le attività si sviluppano.
Vorremmo sottolineare ancora l'importanza fondamentale dell'attività ludica per creare relazioni interpersonali e il nostro pensiero va necessariamente ai bambini stranieri. Pensiamo che accogliere e integrare un bambino significhi offrirgli ambienti rassicuranti, accoglienti, ad alta valenza affettiva, in cui poter fare assieme ai nuovi compagni, con piacere e naturalezza, ciò che ha con probabilità già fatto con altri compagni nel suo paese d'origine.

Significa anche permettergli di agire e interagire con i suoi pari, di essere soggetto responsabile della relazione, di soddisfare i suoi bisogni immediati, predisponendo ambienti ludici come occasione di incontro, di reciproca conoscenza, di comunicazione, di scambio, di confronto e di condivisione.
Ambienti in cui possa usare la lingua in modo autentico, con scopi chiari che diventano sostanza dell'interazione, e possa esprimere spontaneamente se stesso, le sue intenzioni, le emozioni, i sentimenti, i sogni e le nostalgie.
L'esperienza ludica, nell'accezione ampia e totalizzante che ne abbiamo data, sembra essere la modalità privilegiata attraverso la quale tutto questo si realizza.
Solo in un'atmosfera di ludicità, "con tutto il suo significato vitale e con tutto il suo potenziale educativo e istruttivo" l'incontro con la nuova lingua può rivelarsi un'esperienza gioiosa e piena, in cui l'acquisizione "... propria della lingua materna si ripete anche nella seconda lingua" (Freddi 1990).

2.2 Metodologia ludica nella Scuola Media e Superiore

Non vi è dubbio che l'esperienza ludica, così totalizzante nell'infanzia, mantenga il suo valore durante tutto l'arco dell'esistenza umana, giustificando l'applicazione della metodologia ludica, con gli adattamenti del caso, a tutte le età.
Anche per i ragazzi più grandi, infatti, e perfino nell'educazione degli adulti, la dimensione ludica dell'insegnamento non è meno importante, ed è motivata primariamente da ragioni di tipo psicologico, poiché è evidente che una condizione di piacere sia da preferirsi ad uno stato di disinteresse, o peggio, di frustrazione.
La motivazione basata sul piacere mantiene inalterata la sua valenza, anche quando la progressiva maturazione degli individui porta a considerare come significativi altri tipi di motivazione, come, ad esempio, quella basata sul dovere o sul bisogno di imparare la lingua per integrarsi nella società del nuovo paese[9].
Altri aspetti, oltre a questo, di carattere per così dire generale, assumono rilevanza per i ragazzi più grandi e dunque possono rappresentare validi stimoli motivazionali, fondamentali per un impegno proficuo e, di conseguenza, per un lavoro efficace.
Infatti, non solo il piacere e il divertimento rappresentano fattori motivazionali di grande rilievo, ma anche il riconoscimento e il rispetto delle regole, l'elaborazione di strategie e di nuovi sistemi di regole, la ricerca di soluzione ai più diversi problemi, la pianificazione di azioni, la scoperta di nuove combinazioni.
A questi elementi si aggiungano la sfida verso se stessi, prima ancora che verso gli altri, il mettersi alla prova per misurarsi e superare i propri limiti, ma anche la scoperta e l'interiorizzazione del valore della relazione interpersonale, della cooperazione, della collaborazione e del sostegno reciproco per raggiungere gli obiettivi prefissati.
Le conseguenze sulle scelte didattiche sono evidenti perché proprio su tutti questi aspetti devono puntare gli insegnanti delle Medie e Superiori, studiando situazioni stimolanti e nel contempo sfidanti, ma affrontabili con soddisfazione e divertimento nel piccolo gruppo o nella classe, dove l'allievo straniero trovi nei compagni stimolo, sostegno e disponibilità.

Se poi si volesse aggiungere un'ulteriore chiave di lettura, questa volta di tipo metaforico, si potrebbe dire che nel gioco della vita, molte sono le regole con cui essa è giocata e che questi molteplici sistemi di regole: di comunicare, di vivere, di comportarsi, ecc., costituiscono l'essenza delle differenze culturali.

Il gioco può allora assumere un valore simbolico, diventare strumento di scoperta della varietà delle differenze tra i popoli e le culture, condurre ad una riflessione - guidata dall'insegnante - sulle ricchezze di queste diversità e contribuire così alla "costruzione" di un atteggiamento non solo di rispetto, ma anche di curiosità e di disponibilità verso "l'altro".

In questo senso potremmo allora leggere il gioco come una tappa importante di quel percorso di educazione interculturale che dovrebbe essere esteso non solo a tutte le discipline, ma anche a tutta la scuola.

È il caso di sottolineare l'enorme valenza educativa che questa chiave di lettura può assumere, quando un allievo straniero si inserisce in un contesto culturale sconosciuto, tra compagni per i quali è lui stesso uno sconosciuto.

2.2.1 Il gioco e la lingua delle discipline scolastiche

Facendo seguito a quanto espresso nel paragrafo precedente, ci sembra fondamentale riflettere sul valore strategico del gioco nella fase delicata dell'acquisizione della lingua per lo studio delle discipline scolastiche che presuppone il possesso di concetti e dei termini settoriali per esprimerli.

Sono note le tecniche di semplificazione dei materiali scritti e le strategie messe in atto dagli insegnanti per rendere quanto più fruibili possibile i libri su cui i ragazzi devono studiare, ma conosciamo anche le enormi difficoltà che gli allievi stranieri incontrano nel passaggio dalla lingua concreta della prima comunicazione, fortemente contestualizzata, alla lingua concettuale, astratta, dei saperi codificati.

Riteniamo che nel secondo ciclo della scuola elementare, nella scuola media e superiore, attività ludiche e giochi possano mediare e facilitare l'acquisizione di concetti - o la loro ripresa, nel caso siano già posseduti il L1 - e della lingua per esprimerli.

2.2.2 Attività di simulazione e storia

A puro titolo esemplificativo e senza l'ambizione di esaurire un argomento che merita spazi più adeguati, vorremmo sottolineare l'importanza delle attività di simulazione, di cui più avanti ci daranno altre chiavi di interpretazione, per la comprensione di eventi storici.

Il bambino straniero che debba studiare un brano di storia, pur semplificato, deve ricavare al suo interno informazioni, reti di relazioni temporali, causali, logiche, concetti e astrazioni.

Se la sequenzialità e la complessità strutturale del testo risultano di difficile comprensione per molti bambini italofoni, è facilmente immaginabile quale ostacolo rappresentino per un allievo straniero.

Non vogliamo certamente dire che non si debbano accostare gli allievi al testo scritto, ma pensiamo che questa fase, per diventare davvero significativa, debba essere successiva ad un'esperienza diretta, concreta.

In questo, a nostro avviso, consiste il valore strategico della simulazione perché permette il passaggio graduale dalla didattica esperienziale della scuola laboratorio del "fare per apprendere", ai saperi codificati, decontestualizzati, astratti, delle discipline scolastiche.

La simulazione di un evento storico presuppone la creazione di un contesto in cui si richiede agli allievi di mettersi nei panni di un personaggio - ma un singolo può rappresentare un intero popolo, o una nazione o una classe sociale, ecc. - di agire e di interagire veicolando con la lingua, la gestualità, l'espressività del volto e della voce, il significato di situazioni, di reti di relazioni, ma anche di concetti che possono essere rappresentati con uso di oggetti simbolici (un libro, o qualsiasi altro oggetto reperibile in classe, consegnato dal console romano all'imperatore può rappresentare un paese conquistato da aggiungere all'impero)[10].

La simulazione, che si svolge concretamente utilizzando il linguaggio sincronico dell'azione scenica, facilita la comprensione dell'evento in tutta la sua complessità, e, attraverso l'uso in contesto della lingua settoriale, offre agli allievi stranieri la possibilità di comprendere e di esprimersi in modo attivo e partecipato.

È evidente che se la simulazione per gli allievi italofoni può essere un roleplay su semplice canovaccio, o comunque un'attività dove viene lasciato un certo spazio alla creatività individuale, per l'allievo straniero consisterà in un'attività molto guidata, dove la lingua sarà calibrata sulle sue reali capacità con qualche ulteriore stimolo atto ad ampliare conoscenze linguistiche e concettuali.

Sarà questo il primo passo cui farà seguito, con la necessaria gradualità, lo sviluppo delle abilità di studio ed il conseguente passaggio dalla concretezza dell'azione all'astrazione del pensiero, dalla contestualizzazione scenica alla decontestualizzazione del libro di testo.

È del tutto evidente il significato profondo e totalizzante che un'esperienza di simulazione può assumere, poiché sono investiti, come abbiamo visto, aspetti logici, cognitivi, relazionali, emotivo–affettivi.

Proprio per questi motivi e soprattutto tenendo in considerazione la fascia di età cui facciamo riferimento, (preadolescenza, adolescenza) è compito degli insegnanti motivare e preparare gli allievi a vivere la simulazione in modo stimolante, divertente e, per quanto possibile liberatorio, evitando che si creino filtri affettivi legati all'ansia di esporsi al giudizio di compagni e insegnante, che potrebbero pregiudicare ogni effetto positivo dell'attività sull'acquisizione linguistica e concettuale.

2.2.3 Giochi su percorso e discipline scolastiche

Qualche breve cenno vorremmo dedicare anche al valore didattico e formativo dei giochi su percorso, come il *Gioco dell'Oca* e la *Caccia al Tesoro*, analizzati, nel repertorio a seguire, (v. paragrafo 9.1) prevalentemente in riferimento all'acquisizione della lingua della comunicazione.

Ne anticipiamo alcuni aspetti, per sottolinearne la grande flessibilità ad essere utilizzati come contesto per l'acquisizione di nozioni concettuali e della lingua per lo studio della geografia e delle scienze, ma la creatività degli insegnanti non tralascerà di esplorare altre possibilità che possono spaziare dalla storia, alla matematica, all'educazione civica, all'area dei valori, ecc.

La *Caccia al Tesoro*, gioco metacognitivo per eccellenza, è utilizzabile non solo per l'orientamento nello spazio scolastico interno ed esterno, ma per la possibilità di dare sequenze di istruzioni consistenti in reti di problemi da risolvere.

Le istruzioni possono consistere anche in testi regolativi che portano a tesori costituiti da immagini o oggetti accompagnati da brevi descrizioni, o ancora in sequenze di domande aperte o chiuse relative alle diverse discipline, a cui rispondere per poter avanzare nel percorso (Caccia al Tesoro nelle Regioni italiane, negli Stati europei, nei diversi continenti; nel regno delle piante, degli animali, del corpo umano, ecc.) riconducendo le scoperte, ad esempio, a cartelloni costruiti sulla base dei tesori ritrovati o a carte geografiche su cui localizzare elementi fisici e politici, a grafici, ecc..

Vorremmo ricordare anche la grande flessibilità del *Gioco dell'Oca* che può essere progettato e giocato, casella dopo casella, sulle stesse tematiche evidenziate per la *Caccia al Tesoro*, come momento di verifica di un percorso di studio già effettuato.

La costruzione del gioco da parte di gruppi di allievi che cooperano per la sua realizzazione, rappresenta evidentemente, il livello più alto, superiore a quello del gioco giocato, perché diventa momento rilevante sia per le operazioni logiche che sottendono il processo di invenzione, selezione delle possibilità, progettazione, sia per la rete di relazioni cognitive, sociali, comunicative che l'attività favorisce.

2.3 I giochi per apprendere la lingua

A scuola si possono proporre vari tipi di giochi, da quelli tradizionali giocati liberamente all'aria aperta o in palestra con o senza attrezzi, alle conte, rime, filastrocche, ai girotondi, ai giochi da tavolo, di carte, di memoria, di simulazione, finalizzati al raggiungimento degli obiettivi più diversi: di piacere, divertimento e movimento, ma anche culturali, linguistici, cognitivi e relazionali.

In un contesto così ampio rientrano a pieno titolo anche le attività giocose, strutturate, ad alta valenza didattica, specificamente finalizzate a far acquisire, esercitare, fissare ed usare creativamente la lingua in contesti significativi.

Si tratta di vere tecniche glottodidattiche[11] che vengono ampiamente impiegate dagli insegnanti di lingua straniera soprattutto nella scuola elementare, ma è utile ricordare anche l'utilizzo di attività più complesse, quali, ad esempio, quelle di simulazione - role play, dialoghi guidati, drammatizzazione - da parte di insegnanti della scuola Media e Superiore.

Tutte queste attività, pur avendo un evidente scopo didattico, sono caratterizzate da piacere e divertimento, per cui finiscono per essere chiamate "giochi" (in realtà lo sono e fanno riferimento alla categoria dei giochi linguistici) perché mantengono caratteristiche che vengono vissute come "giocose" da parte dei bambini; infatti:

- non sono ansiogene perché sono percepite come divertenti, stimolanti e realizzabili
- danno l'illusione di gioco liberamente scelto anche se sono proposte dall'insegnante
- consentono l'utilizzo di materiali tipici dei giochi: dadi, carte, gettoni, mappe, schemi, griglie, percorsi, oggetti vari
- danno la possibilità di muoversi, di fare, ma anche di cantare, di memorizzare rime e filastrocche, di assumere ruoli diversi, di drammatizzare, di risolvere problemi, di giocare con la lingua, di ampliarne il lessico, di esercitarla e usarla per comunicare in modo autentico, significativo e creativo nei più diversi contesti
- permettono la conoscenza, il rispetto e l'applicazione di regole, dalle più semplici alle più articolate
- prevedono l'organizzazione della classe in coppie, gruppi, squadre
- possono prevedere la presenza del fattore sfida, (soprattutto verso se stessi e i propri limiti) di cooperazione, ma anche di competizione, di vincita e di perdita serene e rispettose dell'"avversario".

2.4 Gioco e competizione

Premesso che la nostra formazione ci porta a privilegiare situazioni e giochi di tipo cooperativo, in cui la competizione è primariamente vissuta verso se stessi, verso il superamento dei propri limiti, configurandosi quindi come un cammino di crescita individuale e di sviluppo di corrette relazioni interpersonali, non possiamo trascurare di affrontare in questa sede anche l'aspetto della competizione verso gli altri.
Se da un lato siamo profondamente convinti che la competizione non vada incoraggiata, dall'altro riteniamo importante insegnare a gestirla, a governarla, considerandola un'importante occasione per educare all'autocontrollo, al rispetto dell'avversario e alla sportività.

2.4.1 Insegnare a gestire la competizione

È utile ricordare che, se la competizione può essere altamente motivante per alcuni bambini, essa può risultare ansiogena e frustrante per altri, poiché ha di per sé aspetti di durezza evidenti: è la situazione "dell'uno contro tutti".
Un modo per renderla accettabile può essere quello di cercare di evitare di mettere il singolo contro il singolo, preferendo contrapporre il gruppo al gruppo o la squadra alla squadra, tenendo comunque presente che anche in questa forma la contrapposizione permane e si possono scatenare dinamiche di aggressività rivolte sia all'esterno che all'interno del gruppo.
Il primo livello di intervento è perciò da attuarsi all'interno del gruppo affinché si sviluppino coesione, senso di appartenenza e di identità, ma anche acquisizione dei concetti di "sconfitta" serena e di "vittoria" rispettosa dell'avversario.
Non sono abilità da dare per scontate, fanno parte infatti di quelle competenze sociali che dovrebbero essere insegnante in un contesto cooperativo, quale è il gruppo strutturato per ruoli e compiti.

La capacità di relazionarsi in modo positivo con gli altri, consiste prima di tutto nell'avere il concetto, l'idea, di cosa significhino rispetto, accettazione, disponibilità a rimettersi in gioco, ma il possesso di un'idea astratta non è però ancora sufficiente perché si sia in grado di tradurla in comportamenti conseguenti.

Apriamo una breve parentesi per ribadire che se questi atteggiamenti sono importanti in una qualsiasi situazione scolastica, diventano assolutamente fondamentali in una situazione multiculturale, dove l'educazione interculturale deve essere una delle scelte di fondo della scuola.

Tornando ai limiti dell'idea astratta, si pone la necessità di farne esperienza diretta nei diversi contesti che le situazioni scolastiche possono offrire - pensiamo anche ai giochi cooperativi e ai giochi di simulazione per educare all'accettazione, al rispetto dell'altro, ecc. - e, successivamente, avviare processi di riflessione, perché si costruisca gradualmente in ogni alunno la consapevolezza della necessità di assumere atteggiamenti e comportamenti adeguati.

Solo così il gruppo ed ogni individuo che lo compone, saranno pronti a stabilire corrette relazioni interpersonali e anche ad affrontare in modo maturo situazioni implicanti competizione.

Fatta questa precisazione, sappiamo bene come essa sia una molla motivazionale potente e come i ragazzi stranieri, soprattutto quelli provenienti da alcune culture, siano spesso molto più abituati alla competizione dei nuovi compagni con i quali si trovano ad interagire.

Via libera quindi, anche se con moderazione ed equilibrio, ai giochi competitivi, con l'attenzione a non creare situazioni di ansia e umiliazione da una parte e di aggressività e prepotenza dall'altra.

Come sempre, a fare la differenza sono la sensibilità dell'insegnante e la sua capacità di conduzione della classe.

3. Metodologia ludica e organizzazione del lavoro

Una delle specificità nel lavoro con alunni non italofoni è la differenza nelle singole abilità e competenze. In questo caso, infatti, oltre alle comuni diversità nei ritmi e negli stili d'apprendimento, vi sono anche delle particolari differenze dovute alla cultura d'origine, al grado di scolarizzazione nel paese di provenienza, al tipo di scuola frequentata, alla "distanza" della lingua natale rispetto all'Italiano (è molto probabile, ad esempio, che un alunno cinese abbia molte più difficoltà nell'apprendere la nostra lingua rispetto ad un suo compagno sudamericano di area ispanofona o lusofona).

Vorremmo dunque proporre una possibile organizzazione del lavoro, valida soprattutto nei casi di laboratorio di Italiano L2, da sperimentare con gli alunni non italofoni.

- Si presenta uno stimolo rivolto a tutto il gruppo: ad esempio un gioco, o una filastrocca o, per gli alunni più grandi, l'organizzazione di una visita d'istruzione.
- Si impostano quindi delle attività comuni: ascolto, ripetizione della canzone, indagine sulla presenza del gioco nelle diverse culture, confronto d'opinioni per capire quale potrebbe essere una meta piacevole per la visita.

- A seguito di questo primo lavoro "comune", si organizzano dei gruppi di lavoro (divisi, secondo la specificità della realtà scolastica, in gruppi d'età, di "livello", di lingua d'origine) che sviluppino una particolare attività didattica pensata. Nel caso del gioco, ad esempio, un gruppo potrà raccogliere e disegnare su un foglio i materiali occorrenti per preparare il gioco, un altro potrà occuparsi della scrittura delle regole, un altro potrà inventariare e trascrivere o registrare alcune "conte" o filastrocche utilizzate nei vari paesi per decidere il turno di gioco e così via. L'importante, è sempre bene ricordarlo, è che il tipo di lavoro assegnato dovrà essere basato sulle competenze degli alunni.
- Si possono poi prevedere anche dei momenti di scambio delle informazioni acquisite, in modo da sviluppare la comunicazione orale e far condividere il lavoro di ogni gruppo alla classe.
- Una volta concluse queste attività differenziate, si può tornare ad un lavoro collettivo - ad es. una partita al gioco che si è costruito - in modo che gli alunni possano, da un lato dare un senso al loro lavoro godendosi liberamente il loro gioco, rilassandosi e rimotivandosi per un lavoro successivo, dall'altro reimpiegare in un contesto vero e con scopi reali, la lingua appresa. È ovvio che questo momento libero e destrutturato (l'unica condizione che deve porre l'insegnante è che gli alunni parlino italiano durante il gioco), è comunque un'ottima occasione per verificare l'apprendimento di vocaboli e strutture, la capacità di relazionarsi, la correttezza formale dei suoi alunni.

Queste occasioni di monitoraggio periodico dei progressi, delle difficoltà relazionali o linguistiche e delle fossilizzazioni, possono essere sistematizzate grazie al semplice impiego, ad esempio, di un diario o di una scheda d'osservazione[12] su cui vengano annotati tutti gli elementi utili ad avere una "cartella" personale aggiornata di ogni alunno.

4. Dalla teoria alla pratica: breve repertorio di attività didattiche a carattere ludico

Il breve repertorio che qui di seguito proponiamo nasce dall'esperienza diretta e dunque rappresenta il frutto migliore del nostro lavoro. Però, quello che ci preme innanzitutto comunicare è che, per quante soddisfazioni ci abbia dato, questo frutto non è maturo oggi e mai lo sarà.
Siamo infatti fermamente convinti che ogni lavoro sia continuamente perfettibile e, soprattutto, che non vi possa essere un'offerta didattica sempre valida per tutti, che abbia sempre e comunque "successo" con gli alunni.
Questo lavoro è il risultato dei nostri tentativi e dei nostri errori, esaminati continuamente in un atteggiamento autoriflessivo e autocritico, ed ora formalizzati in questo contributo.
Crediamo, infatti, che una delle qualità più importanti per un docente sia quella di sapersi mettere in discussione sempre, di saper adattare il materiale che utilizza o che

prepara con la coscienza che, cambiando gli alunni, cambia anche il "mondo" a cui si parla e con cui ci si deve mettere in relazione dialettica.
Dunque questo repertorio rappresenta un insieme di spunti operativi che devono essere *adattati* dagli insegnanti sulla base della realtà specifica della loro classe, del loro laboratorio o delle loro attività rivolte ai singoli studenti e non certo *adottati* acriticamente come "panacea" dei problemi didattici dell'italiano L2.
L'ampio numero di "varianti" proposte, da un lato vuole testimoniare la grande flessibilità della forma ludica che può soddisfare - mantenendo intatta la motivazione degli alunni - diversi obiettivi didattici ed educativi, dall'altro vuole invitare i docenti a porsi con un atteggiamento "creativo" di fronte al nostro lavoro, partendo da esso per personalizzarlo, affinarlo e migliorarlo costantemente alla luce, appunto, dei tentativi e della riflessione costante sulla propria azione didattica.

4.1 Repertorio delle attività ludiche

Avvertenza:
Le informazioni che forniamo all'inizio delle varie attività hanno, ovviamente, una semplice funzione indicativa e non esauriscono il valore del gioco.
In esso, infatti, vengono sollecitate diverse abilità e competenze (relazionarsi, rispettare alcune regole sociali e proprie del gioco, interpretare correttamente i messaggi di un'altra persona e comportarsi di conseguenza...) che rendono questa modalità di apprendimento molto profonda e complessa pur nella sua spontaneità e semplicità.
Ci siamo premurati di inserirle poiché vorremmo offrire soprattutto un possibile modello applicativo della didattica ludica; un modello che parta da obiettivi linguistici, culturali o interculturali da raggiungere, da competenze da sviluppare o da abilità da rinforzare e che, nella cornice gradevole del gioco, risulti comunque una precisa e "rigorosa" attività strutturata.
Ritornando infine sulla distinzione operata in precedenza tra *game* e *play* (cfr. paragrafo 1.3), precisiamo che le attività ludiche da noi proposte si possono presentare agli alunni come dei veri e propri giochi linguistici (*game*) in quanto ne hanno le caratteristiche fondamentali: rispondono a regole precise e hanno uno scopo ben definito.

5. Giochi di memoria

I giochi di memoria, fra i quali rientrano *Memory*, *Kim's Game*, di cui daremo la descrizione in seguito, gli indovinelli, la memorizzazione di filastrocche, conte, canzoni, ecc. possono essere efficacemente utilizzati per esercitare memoria visiva e verbale, ma anche per apprendere, esercitare, ampliare, fissare: lessico, strutture fonologiche e morfosintattiche.
Il gioco che presentiamo in numerose varianti, per dimostrarne la flessibilità, è il classico *Memory*, che ogni insegnante è in grado di costruire con grande facilità, possibilmente con l'aiuto degli studenti, facendo riferimento di volta in volta, ai diversi obiettivi programmati.

5.1 Trova la coppia (Memory)

- Età: 6-14
- Obiettivi generali:
  1. linguistico: esercizio e fissazione di lessico e strutture
  2. cognitivo: esercizio e potenziamento mnemonico
- tempo di gioco effettivo: 15-20 min.

Esercizio Base: **Associazione di immagini**

- abilità: produzione orale
- materiali: almeno 8 coppie di cartellini (il numero è indicativo) con immagini appartenenti ad un campo lessicale ad es. parti del corpo, numeri, oggetti della classe, animali, ecc.
- n° giocatori: da 2 a 5
- preparazione del gioco:
  1. schierare i 16 cartellini coperti
  2. stabilire con una conta il turno di gioco
  3. ogni alunno deve scoprire 2 carte in successione, nominando l'oggetto rappresentato con l'intento di formare una coppia di carte uguali
  4. l'alunno che riesce a formare una coppia ha la possibilità di fare un altro tentativo, fino ad un massimo di 3 successi consecutivi
  5. vince l'alunno che forma il n° maggiore di coppie.

Variante 1: **Associazione parola-immagine**
- abilità: produzione orale e comprensione della lingua scritta (lettura)
- materiali: 8 coppie di cartellini. In ogni coppia un cartellino porta l'immagine e l'altro la parola corrispondente.

Variante 2: **Associazione di parole**
- abilità: lettura
- materiali: 8 coppie di cartellini. In ogni coppia i 2 cartellini riportano soltanto la parola scritta.

Variante 3: **Associazione maiuscolo – minuscolo...**
- abilità: lettura e discriminazione stampato maiuscolo - minuscolo / minuscolo - corsivo / maiuscolo – corsivo
- materiali: 8 coppie di cartellini. In ogni coppia, un cartellino porta la parola in stampato maiuscolo e l'altro la stessa parola in stampato minuscolo o in corsivo.

Variante 4: **Associazione sostantivi-aggettivi...**
- abilità: lettura e associazione sostantivi - aggettivi / sostantivi – verbi
- materiali: 8 coppie di cartellini. In ogni coppia i 2 cartellini riportano soltanto la parola scritta.

Esempio di coppie sostantivo – aggettivo

Lungo	Feroce	Alto	Grosso	Enorme	Veloce	Piccolo	Lento
Serpente	Leone	Giraffa	Ippopotamo	Balena	Ghepardo	Topo	Tartaruga

Avvertenza:

In questa variante del gioco, è utile che l'insegnante si accerti preliminarmente che siano capite e "condivise" le associazioni proposte.
Ricordiamoci che con gli alunni stranieri nessun fattore culturale deve essere dato per scontato, basti pensare alla visione del drago che può avere un alunno italiano e uno cinese.
Nel caso vi fossero discordanze, l'occasione potrebbe essere valida per l'impostazione di un lavoro a carattere interculturale, ad esempio analizzando le caratteristiche di alcuni animali nell'immaginario di diverse culture.

Esempio di coppie sostantivo – verbo

Vola	Nuota	Striscia	Salta	Corre velocemente	Cammina e nuota	Scava	Si arrampica
Il Passero	Il Delfino	Il Serpente	Il Canguro	Il Ghepardo	Il Coccodrillo	La Talpa	Lo Scoiattolo

Suggerimenti per possibili espansioni didattiche:
Attività linguistiche:
- i gradi dell'aggettivo
- seriazione di alcuni aggettivi (piccolo, grande, enorme)
- i verbi di movimento.

Attività culturali e interculturali:
- gli animali nel mondo: rapporto uomo – animale nelle diverse culture
- proverbi e modi di dire concernenti gli animali nelle diverse culture. L'insegnante presenta dei modi di dire italiani - o dei proverbi - nei quali siano presenti animali: "furbo come una volpe", "lento come una tartaruga" ecc. oppure presenta dei modi di dire che hanno un corrispettivo in un'altra lingua (italiano: si muove come un elefante in un negozio di cristalli, inglese: Si muove come un toro in un negozio di porcellane). Stimola poi gli alunni a portare esempi relativi alla loro cultura per rilevare somiglianze e differenze.

A queste prime varianti se ne possono aggiungere altre il cui obiettivo sia anche l'introduzione ad alcuni elementi utili per la lingua dello studio.

Variante 5: **Acquisizione del concetto di "specie"**
- abilità: lettura, produzione orale, classificazione
- materiali: 6 coppie di cartellini. In ogni coppia un cartellino riporta il nome di una specie e l'altro un animale che vi appartenga

Mammiferi	Uccelli	Pesci	Rettili	Anfibi	Insetti
Cane	Pappagallo	Squalo	Cobra	Rana	Farfalla

Suggerimento per possibili espansioni didattiche:
- materiali: 6 coppie di cartellini: 2 pesci, 2 mammiferi, ecc.
  1 tabella delle specie in cui vengono scritti i nomi delle specie animali
- Gli allievi giocano con 12 cartellini e devono formare coppie trovando due mammiferi, due pesci, ecc; li devono quindi nominare, dire a quale specie appartengono e inserirli nella tabella delle specie costruita a parte dall'insegnante.

Anche in questo caso, l'insegnante deve accertarsi preliminarmente che gli animali siano conosciuti.

TABELLA DELLE SPECIE

Mammiferi	Uccelli	Pesci	Rettili	Anfibi	Insetti

ESEMPIO DI CARTELLINI

Cane	Pappagallo	Squalo	Cobra	Rana	Farfalla
Gatto	Rondine	Pesce spada	Boa	Rospo	Ape

Variante 6: **Associazione articolo determinativo-sostantivo**
- abilità: lettura, produzione orale, discriminazione maschile/femminile singolare, uso appropriato degli articoli determinativi *il/la*
- materiali: 6 coppie di cartellini con nomi di oggetti di genere maschile e femminile riferibili a diversi campi lessicali
- 1 tabella degli articoli
- Gli allievi giocano con 12 cartellini (o multipli) e devono formare coppie di cartellini individuando correttamente l'articolo a cui riferirli (es. banco - gesso da inserire vicino a IL).

IL	gesso	banco	cestino	quaderno
LA	sedia	lavagna	penna	matita
L'	astuccio	armadio	orologio	alunno
LO	zaino	scatolone	spago	straccio

Suggerimenti:
Per evitare un numero eccessivo di difficoltà sarebbe opportuno, a nostro avviso, introdurre solo in un secondo momento gli articoli *l'* e *lo*.
Si può costruire la stessa attività per distinguere anche i plurali e anche per introdurre l'articolo indeterminativo.

Tra i giochi di memoria ricordiamo un gioco dall'origine letteraria, che bene si presta ad essere giocato in classe di lingua:

5.2 Kim's Game

Il gioco prende il nome dal ragazzo anglo-indiano, Kim, (protagonista dell'omonimo romanzo di Rudyard Kipling), assunto come spia dal servizio segreto britannico, la cui capacità di osservazione viene esercitata e perfezionata da un colonnello inglese che gli fa vedere degli oggetti posti su un vassoio.
Dopo alcuni minuti di osservazione gli oggetti vengono coperti e Kim deve ricordarli, descriverli e darne la posizione.
È evidente come il gioco si presti ad essere giocato in classe con materiali reali o con semplici illustrazioni riferibili ai più diversi contesti e campi lessicali, rendendo possibile la pratica di nozioni di quantità, qualità, forma, colore, dimensione, materiali, luogo, unitamente alle strutture c'è/ ci sono; c'era/ c'erano.

Altri giochi di memoria di facile realizzazione in classe e adatte a far ripetere ed esercitare in modo efficace, ma giocoso la lingua (drills ripetitivi) sono le classiche:

5.3 Catene

Un esempio di catena, presa su modello di un noto gioco inglese *My aunt went to market and bought*, potrebbe essere la seguente:

1° studente: "Vado al mercato e compro *mele*
2° studente: "Vado al mercato e compro *mele e pere*
3° studente: "Vado al mercato e compro *mele, pere e banane*
4° ecc.

Lo studente che non ricorda la catena precedente viene eliminato o salta un turno di gioco, ma è opportuno che almeno per le prime volte si giochi con il supporto di carte- immagine, almeno fino a che la memorizzazione dei sostantivi non sia abbastanza sicura.
Il gioco si presta inoltre ai più diversi adattamenti, cambiando ad esempio:
- Tempo verbale: Sono andato/andrò al mercato e ho comprato/comprerò…
- Persona del verbo: La mamma/Noi/Tu…
- Contesto: Nel parco ho incontrato… ; In cartella metto… ; Ho sete e vorrei bere… , Ho fame e voglio mangiare …; Per fare un'insalata mista ho bisogno di …; In cucina/camera/salotto vedo …; ecc.

6. Giochi Comunicativi

I giochi comunicativi si basano sul principio dell'*information gap*, sul "vuoto" di informazione che rende necessaria la comunicazione per poterlo colmare.
In un gioco comunicativo ogni allievo dovrebbe fare riferimento a tutto il bagaglio linguistico acquisito utilizzandolo in libertà per portare a termine il suo compito in modo efficace.
Le esemplificazioni date di seguito possono essere giocate a diversi livelli di competenza linguistica, con un numero limitato o più ampio di lessico, strutture, nozioni concettuali.

Le funzione linguistica prevalentemente impiegata in questi giochi è quella referenziale. I giochi comunicativi basati sul vuoto di informazione sono estremamente flessibili e possono fare riferimento ai più diversi contesti, come sfondo di attività comunicative che prevedono l'impiego di molteplici campi lessicali.

Pensiamo ad esempio alla borsa della spesa da riempire di cibi, alla lista di un ristorante da confrontare o completare, allo zoo con gabbie di animali da collocare in luoghi diversi, alla strada da riempire con negozi, edifici o mezzi di trasporto, ecc.

- Età: 6-18
- Obiettivi generali:
  1. linguistico: ascoltare, comprendere, parlare
  2. comunicativo: dare e ricevere informazioni
  3. socializzante: promuovere interazione / cooperazione tra alunni
- tempo di gioco effettivo: 15-20 min.

Esercizio Base: **Completare un disegno sulla base di informazioni ricevute**
- abilità: comprensione / produzione orale: descrizione
- materiali: un foglio A4 diviso in 2 cartelle - A e B - (la cartella A e la cartella B contengono gli stessi disegni, ma con particolari differenti)
- n° giocatori: gioco a coppie o a piccoli gruppi (ogni gruppo condivide una cartella)
- preparazione del gioco:
  ogni giocatore (o gruppo) A riceve una copia dello stesso disegno a cui mancano però parti diverse rispetto a quella del giocatore B. Scopo del gioco è ottenere dall'altro giocatore informazioni per completare il proprio disegno. Esempio:

CARTELLA A

Disegno di un armadio che contiene tre libri	Disegno di un astuccio vuoto
Disegno di uno scatolone che contiene una palla, tre gomme e due penne	Disegno di una cartella vuota

CARTELLA B

Disegno di un armadio vuoto	Disegno di un astuccio che contiene un temperino, due matite, tre righelli
Disegno di uno scatolone vuoto	Disegno di una cartella che contiene due quaderni e un libro

Ogni giocatore descrive oralmente il proprio disegno e disegna nella sua cartella le parti che gli vengono comunicate dall'altro giocatore. Esempio: il giocatore A dice "nel mio armadio ci sono tre libri". Il giocatore B ascolta e disegna.
Il giocatore B dice "nel mio astuccio ci sono un temperino, due matite e tre righelli". Il giocatore A ascolta e disegna.

Avvertenza: In questo esempio, dove la struttura è puramente indicativa, si è fatto riferimento alle nozioni di quantità e di possesso, ma potrebbero essere introdotte altre nozioni concettuali quali il colore, la dimensione, e anche la posizione se per esempio l'armadio avesse più scaffalature dove riporre i libri o se l'astuccio fosse diviso in scomparti.

Anche nei tre esempi sotto elencati abbiamo "isolato" le strutture e le nozioni concettuali in modo forzoso, per evidenziarle, ma nulla vieta che nella libertà comunicativa i bambini le utilizzino insieme e nel modo più autentico, compatibilmente alla loro conoscenza della lingua.

Variante 1:
- anziché descrivere gli alunni si fanno reciprocamente domande (es. A: "cosa c'è nel tuo astuccio?" B: "c'è…", "ci sono…")
- funzione comunicativa: chiedere, rispondere
- strutture linguistiche: cosa c'è? c'è, ci sono.

Variante 2:
- funzione comunicativa: chiedere, rispondere, elencare (nozione di quantità)
- strutture linguistiche: hai dei / delle..? Sì / No
- gli alunni si fanno reciprocamente domande utilizzando un'altra struttura: "hai dei libri nella tua cartella?" - "sì, uno".

Possibile espansione didattica: con allievi che, per età e competenza, siano in grado di operare riflessioni metalinguistiche si potrà introdurre l'uso delle particelle *ci, ne* (es. A: "quanti libri ci sono nella tua cartella?" B: "Ce n'è uno". Oppure A: "quanti libri hai nella tua cartella?" B: "Ne ho uno". O ancora A: "ho dei libri in armadio" B: "Quanti ne hai?" A: "ne ho tre").

Variante 3:
utilizzando la struttura proposta nell'esempio base, introdurre alcune preposizioni (sotto/sopra, davanti/ dietro, dentro/fuori, a destra di/ a sinistra di). Esempio:

CARTELLA A

Disegno di un banco con sopra una gomma e sotto uno straccio	Disegno di un armadio vuoto
Disegno di una lavagna con a destra un cestino e a sinistra una carta geografica	Disegno di uno scatolone

CARTELLA B

Disegno di un banco	Disegno di un armadio con dentro tre libri
Disegno di una lavagna	Disegno di uno scatolone con dentro una palla e fuori un astuccio

- *Come si gioca:*
- ogni giocatore descrive il suo disegno utilizzando le preposizioni, l'altro sulla base delle informazioni ricevute disegna.
  Alla fine del gioco i due alunni (o i due gruppi) controllano la correttezza dei disegni finali.
- funzione comunicativa: chiedere, rispondere.
- strutture linguistiche: uso di alcune preposizioni.

Variante 4: **Arredare una stanza**
Questa variante del gioco esemplifica la libertà di riutilizzo di lessico e strutture acquisiti, poiché ogni alunno è libero di "arredare" l'interno di una stanza ed il compagno deve ricostruirla in base alle informazioni ottenute.

- materiali: foglio A4 diviso in due parti uguali A e B, in ognuna delle quali vi è il disegno di una stanza vuota con una porta e 1 / 2 finestre. Disegni o ritagli di oggetti e/o mobili: tavolo, sedia, tappeto, libreria, poltrona, lampada, orologio...
- Come si gioca: Il giocatore A dispone i ritagli all'interno della stanza. Il giocatore B dovrà costruire la stanza allo stesso modo in base alle informazioni ricevute.
- Modalità 1.: A descrive e B ascolta e dispone, es. A: Il tavolo è al centro della stanza, la poltrona è a destra del tavolo, la sedia è sotto la finestra e a destra della libreria, la libreria è tra le finestre, l'orologio è a sinistra della porta, ecc.
- Modalità 2.: B chiede: "Dov'è la libreria?" "Dov'è il tavolo?" A risponde. In questo modo entrambi i giocatori interagiscono. Quando tutti i pezzi sono stati sistemati ed è stato effettuato il controllo osservando le due stanze, gli alunni si scambiano i ruoli.

Attività interculturale:
La casa nelle diverse culture: grande significato può assumere l'analisi dei modi di abitare nelle diverse culture per la valenza emotivo - affettiva legata al significato di casa intesa come luogo degli affetti. Prima di avviare questo percorso è però necessario verificare che il parlare della propria casa non sia per l'allievo straniero motivo di disagio o dolore.
Come sempre deve essere valutato dall'insegnante il momento più opportuno che, a nostro parere, coincide solo con il momento in cui spontaneamente il bambino decide di aprirsi e di comunicare qualcosa che lo riguarda. A quel punto si può avviare un'analisi contrastiva sulla casa, utilizzando disegni, foto, immagini, video, integrati da testi appartenenti alle diverse tipologie: fumetti, didascalie, descrizioni, poesie, racconti...

Diamo di seguito altri due esempi di giochi comunicativi, che per la loro flessibilità si prestano ad adattamenti non solo in relazione alla lingua, ma anche all'analisi degli aspetti culturali e interculturali.
Pensiamo alla costruzione di cartelloni su festività, modi di abitare, mangiare, istruirsi, vivere la città, vestirsi, giocare, ecc.

6.1 Giochi di costruzione

Anche i giochi di costruzione di un oggetto, cartellone, libro ecc. sulla base di istruzioni ricevute da un compagno o dall'insegnante sulla base di richieste, o comunque di interazione dialogica spontanea, si configurano come giochi comunicativi e possono avere molteplici forme.
In questo caso ci sarà un impiego della funzione regolativa accanto a quella referenziale. Fermi restando gli obiettivi linguistici già evidenziati per gli altri giochi, qui si chiede

agli studenti una dimensione maggiormente manipolativa, e quindi percepita come ludica, di ritaglio, incollaggio, di illustrazioni/foto di oggetti, animali, case, mobili, abiti, personaggi, cibi, forme geometriche, ecc. per costruire cartelloni grandi e piccoli sulle tematiche o sugli ambienti oggetto d'analisi.

Ciò che rende il gioco comunicativo è comunque l'interazione tra i parlanti, perché se questa mancasse il gioco sarebbe un'attività di ascolto-esecuzione, utile a verificare la comprensione della lingua orale.

6.2 Scopri la differenza

Il gioco, basato sul vuoto d'informazione, viene eseguito da coppie di studenti che hanno due disegni quasi uguali, fatta eccezione per un certo numero di particolari, e devono descriversi a vicenda il proprio disegno o fare domande per cercare di scoprire dove sono le differenze.

La coppia che per prima individua tutte le differenze è la vincitrice.

Espansione didattica:
Scoprire le differenze e le somiglianze tra le diverse culture a confronto, sulla base di descrizioni di foto, di oggetti, materiali, ecc. interagendo all'interno di coppie o piccoli gruppi e riportando poi l'esperienza al gruppo classe.

7. Giochi di esercizio

Tra i giochi di esercizio per l'apprendimento della lingua ricordiamo le *catene*, di cui si dà un esempio nei giochi di memoria, costruite anche su istruzione-esecuzione, domanda-risposta, parte di frase-completamento, ecc.

Le catene prevedono un'attività di ripetizione bene accettata dai bambini più piccoli, ma non dai ragazzi più grandi, per cui sarà necessario, ad esempio, introdurre l'elemento sfida per motivarli, dando un tempo per l'esecuzione della catena o facendo gareggiare due squadre.

Anche la contestualizzazione dell'attività, come nell'esempio a seguire, è di importanza fondamentale per l'identificazione dello scopo per cui si usa la lingua e rendere quindi l'attività significativa e motivante.

7.1 Questionario – Intervista

Il questionario - o meglio - l'intervista, diventa gioco nel momento in cui si fa assumere agli alunni un altro ruolo, ad esempio quello del reporter, che fa sondaggi per il suo "giornale." In questo caso, diventa da un lato, un esempio classico del gioco di finzione, del "calarsi nei panni di un altro", situazione amata dai bambini e che da sola giustifica il modo gioioso in cui una stessa struttura, ad esempio una domanda, viene ripetuta un numero elevato di volte senza che subentri demotivazione o addirittura noia. Dall'altro lato, si tratta evidentemente di un esercizio di fissazione, (*drill*) inserito però in un contesto

motivante che "giustifica" l'uso della lingua e non si limita a ripeterla per ottenere un automatismo.
Quando si lavora con allievi stranieri, è però importante accertarsi in anticipo che un certo modello proposto, in questo caso quello del giornalista, sia conosciuto e accettato. Se così non fosse, sarebbe indispensabile trovare altre strategie atte a rendere il gioco significativo e piacevole in stretta relazione alla cultura e alla conoscenza del mondo di ogni studente.

- Età: 6-14 e oltre
- Obiettivi generali:
    1. linguistico: esercitare e fissare lessico e strutture
    2. comunicativo: chiedere, rispondere, descrivere
    3. socializzante: interagire con diversi soggetti
- tempo di gioco effettivo: 10 min.

Esercizio base: **Intervista**
- abilità: comprensione e produzione orale
- materiali: una griglia per il questionario
- funzione comunicativa: chiedere, rispondere, descrivere
- strutture linguistiche: sei capace di (giocare a)...?/ Ti piace il/la...?
- È capace di.../ sa... / a X piace...
- preparazione del gioco:
  ogni alunno intervista da 3 a 5 compagni e trascrive le loro risposte nella griglia.
- Tematica della griglia: sport (ovviamente l'insegnante può scegliere tra diverse proposte a seconda delle esigenze: cibi, programmi televisivi, attività del tempo libero, materie scolastiche, giochi.... Esempio di griglia:

Nome alunno	Giocare a calcio	Giocare a basket	Giocare a pallavolo	Nuotare	Giocare a tennis	Giocare a rugby	Giocare a baseball	Pattinare	Sciare
X	sì	no	sì	sì	no	no	no	sì	no
Y	sì	sì	sì	no	no	no	no	no	no

Alla fine dell'intervista, l'alunno può dire ad alta voce o scrivere il risultato. Es.
1: X sa giocare a calcio, a pallavolo; sa nuotare e pattinare ma non sa giocare a basket, a tennis, a...
oppure
2: A Y piace giocare a calcio, a basket e a pallavolo. A Y non piace nuotare, ...

Possibili espansioni didattiche:
Agli alunni la cui competenza linguistica consente di svolgere attività più libere e più aperte, si può proporre un'attività di reimpiego e ampliamento delle strutture.
Es: a X piace giocare a calcio perché...

Oppure si possono proporre attività che si svolgano fuori dalla classe (es. in altre classi o in altre scuole) e che prevedano l'utilizzo di supporti quali il registratore audio o la videocamera.
Es. di attività da svolgere a coppie: un alunno intervista liberamente un compagno di scuola e compila la sua griglia, (in questo caso l'attività diventa veramente comunicativa) e contemporaneamente l'altro compagno registra la conversazione.
Questa peraltro può essere un'occasione per utilizzare forme quali: "Puoi ripetere?", "Scusa, non ho capito", "Come?", "Cosa?".
In sede di controllo della correttezza delle griglie, un'altra coppia di alunni ascolta la registrazione e verifica che i dati corrispondano.
Altra attività proponibile è la costruzione di un grafico riassuntivo delle risposte ottenute, partendo da un semplice grafico a blocchi fino ad arrivare al calcolo delle percentuali.
In questo modo l'attività può anche essere utile per l'introduzione di termini e concetti afferenti, ad esempio alla matematica e alla geometria (es. linea, quadrato, rettangolo, dividere, moltiplicare, corrispondere, …).

Tra i giochi di esercizio ricordiamo inoltre le combinazioni-ricombinazioni-completamenti di spezzoni di frasi/testi/storie/descrizioni/dialoghi:

7.2 Incastro - Accoppiamento (*Jigsaw*)

Alla base delle attività di incastro e accoppiamento che bene si prestano ad essere presentate in forma ludica, sta l'idea di separare elementi in due o più parti, perché poi siano riuniti a ricomporre il tutto.
Queste attività, atte a verificare sia la comprensione della lingua scritta che la riflessione sulla lingua, possono essere proposte in forma ludica ricorrendo al sistema della ricerca del compagno che ha la parte complementare, ad esempio:

- Parola e relativa immagine
- Parole e campo lessicale di riferimento (classificazione)
- Aggettivo e il suo opposto
- Domanda e risposta
- Frase e situazione comunicativa

Oltre a queste esemplificazioni che si riferiscono a due parti complementari, è possibile prevedere, all'interno di un piccolo gruppo o coppia, attività di ricostruzione di singole parole: da anagrammi, da spezzoni di parola, o da insiemi di lettere in ordine sparso; di frasi, di un testo diviso in sequenze, o ancora attività di completamento di una storia, dell'abbinamento di immagini ai relativi fumetti, di ordinamento o di completamento delle battute di un dialogo, ecc.
Per rendere motivante l'attività si possono fornire cartellini e immagini già pronti da rimescolare e sistemare, o semplicemente chiedere di tracciare frecce colorate per collegare le parti o di inserire numeri per determinare l'ordine delle sequenze e gli abbinamenti.

In questo caso l'aspetto ludico potrebbe essere accentuato dalla cooperazione all'interno del gruppo e dalla competizione con gli altri gruppi.

È evidente che tutte le attività di incastro e abbinamento si prestano anche ad essere utilizzate per la riflessione sulla lingua, tenendo bene presente che la regola dovrà essere scoperta dall'allievo attraverso processi induttivi, offrendogli la possibilità di manipolare concretamente la lingua, di giocare e di risolvere problemi con la lingua e non attraverso batterie di esercizi noiosi e demotivanti.

8. Giochi ad indovinare

I giochi ad indovinare sono sempre ben accetti dagli allievi, che li trovano divertenti perché vedono messa alla prova la loro capacità di intuire, immaginare, di dedurre e inferire, ma anche per la presenza del fattore sfida, del confronto con i compagni, del fatto che la vittoria comporta la possibilità di proporre a propria volta indovinelli agli altri.

In questi giochi la lingua è usata in modo autentico in quanto serve a portare a termine il gioco stesso.

Esistono numerosi tipi di giochi ad indovinare; i più semplici, sono quelli in cui l'insegnante o l'alunno dice:

- "Vedo qualcosa che comincia per A / B / V …" (in classe)
- "È marrone, è grande, è di legno, contiene…" (in classe)
- "È dolce, rosso, succoso… (riferendosi a qualcosa di non immediatamente visibile, ma evocabile con il pensiero e riferito a dirette esperienze del bambino e che gli alunni singolarmente o a coppie tentano di indovinare).

Ci sono poi quelli più complessi che richiedono la capacità di formulare domande pertinenti e di operare logicamente tenendo presenti più informazioni contemporaneamente. Gli esempi che seguono sono proposti per fasce di età molto ampie perché gli argomenti rivestono interesse e rilevanza per alunni molto giovani, ma anche per allievi più grandi. Ovviamente la lingua da utilizzare sarà commisurata alle capacità e alle esperienze di ciascuno.

Si potrà esercitare un numero minimo e controllato di strutture e di elementi lessicali per i principianti, oppure utilizzando liberamente tutta la propria capacità comunicativa per i livelli più avanzati.

8.1 Indovina chi/cosa. Indovina l'animale misterioso

- Età: 6 – 14 e oltre
- Obiettivi generali:
  1. linguistico: ascoltare e comprendere, porre semplici domande con un numero controllato di strutture (livello principianti), porre liberamente domande usando la lingua dello studio della geografia e delle scienze (livello avanzato)
  2. comunicativi: chiedere, dare e ricevere informazioni
  3. cognitivo: elaborare diverse informazioni, operare deduzioni logiche
  4. socializzante: interagire, cooperare (se il gioco viene strutturato per gruppi)

Esercizio base
- Abilità: comprensione e produzione della lingua orale
- Materiali: nessuno
- N° giocatori: qualsiasi
- Come si gioca:

Un alunno pensa ad un animale scelto tra tutti quelli conosciuti, gli altri, a turno singolarmente o in gruppo, fanno domande per indovinare l'animale misterioso.
Ognuno è libero di fare qualunque domanda utilizzando lessico e strutture già acquisiti:
È alto/ basso grande/piccolo…? Vola, striscia, nuota, si arrampica…? Cosa mangia? / Mangia erba, carne, frutti…? Vive nel mare, fiume, lago, bosco, deserto...? Dove vive? / Vive in Africa, Asia,…? È feroce, mite, velenoso…? Quante zampe ha? / Ha 2 / 4 / 6 / 8 zampe? Non ha zampe? Ha orecchie grandi / piccole? Ha denti / pelo / squame / piume…? ecc.
Lo stesso gioco si può fare con oggetti della classe o della casa, con mezzi di trasporto,…

Variante 1: **Identikit**
- Abilità: Ascolto e comprensione/ lettura intensiva/ produzione orale
- Lessico delle parti del corpo, dell'abbigliamento
- Come si gioca:

Si mettono di fronte agli allievi illustrazioni di 4 / 5 personaggi con caratteristiche fisiche e di abbigliamento che differiscono per alcuni particolari, con lo scopo di individuare il personaggio misterioso.
L'obiettivo può essere quello dell'ascolto intensivo o della lettura intensiva a seconda che la descrizione sia fatta dall'insegnante o da un alunno oppure venga fornito un testo scritto.
Altra possibilità è quella di porre domande, come nell'esercizio precedente.

Variante 2: **Indovina il personaggio famoso**
Stesso gioco con descrizioni dettagliate del volto dei personaggi famosi (reali o appartenenti alla finzione) preferiti dagli studenti: calciatori, cantanti, attori, personaggi dei film di animazione… Per fare questo gioco gli allievi vengono sollecitati prima a cercare immagini in giornali, giornalini o riviste specializzate e questo costituisce di per sé un elemento fondamentale di motivazione. Per gli allievi stranieri maschi, provenienti soprattutto dai paesi balcanici e dal Sudamerica, si è visto - ad esempio - come i calciatori siano uno stimolo molto forte per svolgere bene questa attività. Anche in questo caso, esposti 4 / 5 volti di personaggi, gli alunni attraverso domande indovinano il personaggio "pensato" da altri.

Variante 3: **Indovina il compagno**
In questa variante viene richiesto di indovinare, ponendo domande appropriate, il nome dell'alunno a cui l'insegnante ha pensato.

Variante 4: **Faccia a strisce**
(per i più piccoli) Far disegnare 16 strisce di cm12 x 3 con capelli, occhi, orecchie e naso, bocca di diverse misure e colori (4 per tipo).
Come si gioca:
- Modalità 1: Ascolto intensivo e composizione dei volti descritti dall'insegnante o da un alunno disponendo le strisce sul banco o sulla lavagna fissandole con prodotti adesivi appositi.
- Modalità 2: L'insegnante o l'alunno costruisce un volto e gli altri devono tentare di costruirlo uguale ponendo domande: È biondo? Ha i capelli neri? Di che colore sono gli occhi? Ha gli occhi verdi? Ha il naso grande? Com'è la bocca? Grande, piccola, rosa, rossa?...

Il gioco si può fare ovviamente anche con strisce o ritagli di foto abbastanza grandi prese da giornali o poster. Un'altra variante è quella di usare i ritagli per comporre personaggi di pura fantasia (anche per allievi più grandi).

Variante 5: **Il mostro**
Il disegno o la costruzione di un mostro sulla base di istruzioni date dall'insegnante è una delle cose più gradite agli alunni, che vengono impegnati ancora una volta in attività di ascolto intensivo mirato all'azione del disegnare o del ricomporre.
Anche in questo caso la lingua può essere molto semplice e riferita ad un numero controllato di strutture, o molto più libera a seconda del livello di competenza linguistica.
Sarà interessante poi mostrare e confrontare tutti i mostri per vedere le differenze interpretative di ognuno ed usare la lingua orale per descriverle.
L'attività, come è stata descritta, non è tecnicamente un gioco ad indovinare, ma può diventarlo se ogni studente disegna liberamente e segretamente un suo mostro che viene esposto assieme ad altri (4/5 al massimo) e i compagni attraverso domande all'interessato cercano di individuare quale mostro abbia disegnato.
Poiché la *variante 5: Il mostro* nella sua prima parte si configura come un'attività di *transcodificazione*, detta anche dettato di immagini o dettato Picasso, per comodità espositiva, inseriamo in questa sezione qualche nota esplicativa su questa tecnica che prevede il passaggio da un codice ad un altro codice, ad esempio da linguistico a grafico-iconico.
Nell'esempio descritto, la fonte del testo parlato è l'insegnante, ma potrebbe essere anche una registrazione o un compagno, nel caso di lavoro a coppie o a gruppi.
La risposta può essere grafica, come abbiamo visto, o centrata su altri aspetti pragmatici quali il mimare, il tagliare e incollare illustrazioni per farne ad esempio un collage, l'eseguire una serie di istruzioni, ecc.
La correzione può essere fatta a coppie di alunni che confrontano i loro disegni rilevando eventuali differenze che possono, all'occorrenza, essere descritte anche oralmente.
La transcodificazione è una tecnica adatta a guidare e verificare la comprensione e quindi si presta ad essere utilizzata fin dai primi livelli di conoscenza linguistica, perché non richiede produzione scritta da parte dello studente.

8.2 Mestieri Muti

- Età: 10 – 14
- Obiettivi generali:
  1. comunicativi: veicolare gesti ed espressioni facciali e corporee
  2. socializzante: acquisire scioltezza corporea nei rapporti con gli altri
- Come si gioca: un alunno pensa ad un mestiere (infermiera, taxista, poliziotto…) e mima i gesti che lo caratterizzano. I compagni devono cercare di indovinare. Questo gioco, che in questa versione non richiede produzione linguistica (se non per l'elencazione di possibili mestieri), può diventare, in un secondo tempo, un'occasione per l'allievo straniero per raccontare spontaneamente alcuni aspetti del proprio vissuto e della propria cultura d'origine e questo può preludere a espansioni didattiche di carattere interculturale, fra le quali:
  1. ricerca sui mestieri praticati nei paesi d'origine degli allievi stranieri
  2. ricerca sui mestieri di oggi e di ieri sia a livello locale che relativo ai paesi di provenienza degli alunni stranieri.

8.3 Il gioco dei mestieri

Si differenzia dal precedente perché il mestiere deve essere indovinato sulla base di un numero definito di domande. Il gioco tradizionale ne prevede 20, ma ovviamente la regola può essere cambiata.
Il gioco può essere giocato con le stesse modalità che abbiamo proposto per "Indovina l'animale misterioso" e seguenti, configurandosi sia come gioco aperto, e quindi con un uso libero della lingua, sia come pratica di strutture e funzioni prescelte dall'insegnante.
L'aspetto interessante di questo tipo di giochi è il fatto di introdurre il vuoto di informazione, il "vuoto" di informazione, che rende anche il *drill* stimolante e ludico.

8.4 Indovinelli linguistici

Gli indovinelli, spesso costruiti con un uso raffinato della lingua che può presentare doppi sensi o metafore, possono essere di grande stimolo per tutti gli alunni.
È evidente come tutto questo possa essere proposto all'allievo straniero solo se la sua padronanza linguistica gli consente di capire un'attività di questo tipo e di apprezzarla.
Più facili e utili possono risultare semplici indovinelli che si basano più che altro su definizioni e descrizioni di oggetti, persone, animali, ambienti, quasi come nei cruciverba. La lingua anche in questo caso deve essere graduata sulla base del livello di competenza linguistica e della conoscenza del mondo dell'alunno; in caso contrario, infatti, non ci sarebbe comprensione e ciò pregiudicherebbe il significato stesso del gioco. Non daremo esempi di indovinelli, perché pensiamo che si debbano stimolare

i compagni di classe italofoni, sulla base di esempi dati dall'insegnante, ad inventarli per l'allievo straniero e per loro stessi!

9. Giochi su schema

Si definiscono giochi su schema tutti quelli che "si basano su una griglia grafica in cui compaiono numeri, lettere oppure figure" (Balboni, 1998: 155). Qui faremo riferimento ad alcuni tra i più noti e adattabili ad essere giocati a livelli di competenza linguistica molto diversa.

I giochi su schema risultano molto graditi a grandi e piccoli, ma il loro utilizzo nella didattica della lingua è rilevante anche perché alcuni dei materiali si prestano ad essere costruiti direttamente dagli studenti, aspetto che conferisce al gioco stesso un valore aggiunto di affettività, di responsabilità individuale nel portare a termine il lavoro, di collaborazione con i compagni, di uso autentico della lingua.

9.1 Il Gioco Dell'Oca

Tutti conoscono il Gioco dell'Oca attuato sui più diversi tipi di percorso; quello che proponiamo in questa sede, però, si pone in un'ottica particolare, ossia quella della verifica.

In un approccio di tipo ludico, la verifica deve essere necessariamente coerente con il metodo, ed in questa prospettiva il Gioco dell'Oca può diventare un'ottima occasione di revisione e monitoraggio di una o più unità di lavoro.

Il gioco che seguirà presuppone la costruzione del materiale da parte di insegnante e alunni perché si tratta di un gioco mirato che necessita di materiali mirati.

Il percorso potrà essere tracciato su cartoncino abbastanza ampio (piano di un banco) o su fogli A3, a seconda della diversa organizzazione del gioco (piccolo gruppo o coppia), e comprenderà un numero di caselle vuote variabile da 15 a 30 (e oltre).

A parte infatti si faranno costruire carte con immagini, istruzioni, domande… che rimescolate verranno inserite nelle caselle vuote costituendo, di volta in volta, percorsi diversi che potranno essere integrati dalle nuove acquisizioni e arricchiti nel corso dell'anno scolastico.

Sarà l'insegnante a selezionare per qualità e quantità gli elementi lessicali e le strutture da inserire, rendendo il gioco adatto alla situazione contingente e alle necessità degli alunni stranieri.

- Età: 6-14
- Obiettivi generali:
  1. linguistici: leggere, comprendere, eseguire, rispondere, nominare, recitare, cantare
  2. socializzanti: interagire fra pari, confrontarsi
  3. cognitivi: memorizzare, risolvere problemi
  4. cinestetici: muoversi, agire, sulla base di istruzioni: T.P.R. (*Total Physical Response*)[13]
- Tempo di gioco effettivo: 20 minuti

Esercizio base
- Abilità: comprendere, parlare, leggere (scrivere: nella fase di preparazione del gioco)
- Materiali: un cartellone del percorso, dadi, segnaposto
- N° giocatori: 2 / 5
- Come si gioca: i segnaposto sono schierati alla partenza, gli alunni a turno tirano il dado e si spostano lungo il percorso, quando arrivano ad una casella li aspetta un compito, per esempio:
  1. eseguire istruzioni: fai tre salti, apri la porta, sali sulla sedia e batti le mani… partendo da istruzioni semplici fino ad arrivare a sequenze di azioni (T.P.R.)
  2. fare domande sulla base di un'indicazione: es. Chiedi al compagno il suo indirizzo… (Qual è il tuo indirizzo? / In che via abiti?)
  3. rispondere a domande: come ti chiami, in che mese sei nato, quanti anni hai, di che colore è la tua bandiera…
  4. nominare: mesi, giorni della settimana, stagioni, numeri, colori, parti del corpo, cibi preferiti, oggetti…
  5. ripetere una conta, una filastrocca, una canzone, l'alfabeto…
  6. numerare, eseguire operazioni oralmente, risolvere semplici problemi…

L'insegnante stabilisce, e lo comunica agli studenti, quali penalità dare a una prestazione con qualche errore, si può fare ad esempio come nel classico Gioco dell'Oca con: "salta un turno", o "indietro di 3" o "torna a…"
L'alunno che per primo arriva al traguardo è il vincitore.
Il Gioco dell'Oca per la sua grande flessibilità, si presta ad essere utilizzato didatticamente in un'ampia gamma di contesti e nel contempo rappresenta, come abbiamo già ricordato, un'occasione per far costruire direttamente agli allievi i diversi percorsi su cui poi giocheranno.
Si pensi ad esempio, per esercitare la lingua dello studio, alla predisposizione di percorsi tematici che possono spaziare dalla geografia, alla storia, alle scienze, alla matematica, con la soluzione di problemi o con l'esecuzione di operazioni, ecc.
C'è da aggiungere che il gioco è bene accettato anche dai ragazzi più grandi perché, se da una parte il suo carattere aleatorio lascia un po' al caso la vincita finale, dall'altra gli aspetti di sfida verso se stessi, rappresentati dai problemi da risolvere, casella dopo casella, costituiscono un forte stimolo motivazionale.

Variante 1: **Snakes and Ladders**
- Età: 6 / 9 anni
- Abilità: acquisizione, rinforzo lessicale (lingua orale)
- Materiali: dadi e segnaposto
- Come si gioca: nel percorso, un rettangolo diviso in 49 quadrati cm 3 x 3 (foglio A4), si inseriscono immagini relative ai campi lessicali da esercitare, ma anche 4 scale e 4 serpenti all'interno di serie di caselle vuote disposte in verticale o diagonale. Le scale fanno salire verso il traguardo senza dover percorrere lo schema numero per numero, i serpenti mangiano chi cade in una casella da loro attraversata e fanno tornare indietro alla punta della coda. Questa che proponiamo, è in realtà una versione adattata del noto gioco inglese, in cui tradizionalmente le caselle sono 100 e in cui ogni giocatore ad

ogni lancio di dado deve assommare ad alta voce il numero della casella al punteggio del dado.
Altri giochi su schema, che si basano sull'utilizzo di una griglia grafica, sono:

Bingo
Una specie di tombola con immagini o parole, usata per esercitare e per verificare la comprensione della lingua orale (lessico tematico), scritta (lettura di parole), come pure la produzione orale, se uno studente è chiamato a dare gli input linguistici ai suoi compagni. È uno dei giochi in cui è opportuno far costruire i materiali dagli allievi, non solo perché questi si "caricano" di valenze affettive, ma anche perché il momento della scelta delle immagini da inserire in ogni casella e la condivisione coi compagni del gruppo, rappresenta un'occasione di confronto e di relazione in un contesto in cui la lingua è autentica.

Battaglia Navale
Nelle diverse versioni che vedono, oltre al classico binomio di numeri-lettere, o di lettere-lettere, per individuare il punto da colpire, binomi diversi, quali giorni della settimana-materie scolastiche, nomi dei mesi-numeri dei giorni, cibi-bevande, oppure l'inserimento nello schema di "navi-parola" costituite da nomi, aggettivi, forme verbali, ecc.
La nostra proposta è quella di aggiungere un ulteriore aspetto: quello della previsione della parola-nave da affondare.
Se dopo alcuni "colpi" uno dei due avversari vuole tentare di indovinare la parola attaccata, può fare un solo tentativo di indovinarla.
Se la indovina affonderà subito la nave avversaria e avrà diritto ad un ulteriore "colpo", in caso contrario, il gioco continuerà come usualmente.

Caccia Al Tesoro
Su mappa o carta geografica, con spostamenti, sulla base di istruzioni o indizi scritti o orali, all'interno di una mappa inserita in un piano cartesiano. Si veda l'esempio dato di seguito: variante 4. della Caccia al Tesoro.

Tria o Filetto
Gioco a coppie in cui ogni giocatore sceglie un simbolo costituito da una croce (X) o da uno zero (O). I giocatori, a turno, cercano di formare una terna con il loro simbolo in orizzontale, verticale o obliquo, inserendolo in uno schema quadrato diviso in nove caselle.
Nella *Tria* lo schema può essere costituito da 9 frasi con vuoti interni da riempire, 9 frasi da ordinare, 9 domande chiuse o aperte a cui rispondere, ecc.:
- Ogni giocatore sceglie una casella-frase e dà la sua soluzione.
- Se questa è corretta, potrà inserire nello schema il suo simbolo.
- Se la risposta è sbagliata, il turno passa all'avversario che sarà libero di tentare di trovare la soluzione alla stessa frase o ad un'altra.
  Vince chi per primo forma una terna (*tria*).

La *Tria* si presta ad essere giocata a diversi livelli di difficoltà linguistica ed è adatta anche agli allievi più grandi, perché presuppone il duplice aspetto di sfida verso se stessi e verso l'avversario. Il gioco, tradizionalmente giocato in coppia, può essere proposto anche a piccoli gruppi (2/3 persone), con l'obiettivo che ogni tentativo di soluzione sia frutto di collaborazione.

Cruciverba
Veri e propri a struttura quadrilatera, in genere piuttosto complessi per la molteplicità di incroci che presuppongono, e crucintarsi, in cui le parole si incrociano solo in una o due lettere. Questi ultimi sono facili da costruire per gli insegnanti e molto bene accettati dagli allievi, per i quali diventano non solo un esercizio per lo sviluppo della correttezza ortografica, ma anche l'opportunità di richiamare alla memoria, nel caso siano costruiti su un unico argomento, campi lessicali (sport, cibi, materie scolastiche…), nozioni concettuali, (numero, quantità, qualità, luogo, tempo…), elementi grammaticali (preposizioni, avverbi, aggettivi…).
Gli inserimenti nello schema possono essere legati alla definizione, alla descrizione metalinguistica, o semplicemente ad immagini (elementi lessicali).
Per approfondimenti sul cruciverba si rimanda a Balboni (1998).

9.2 Caccia Al Tesoro

L'inserimento della Caccia al Tesoro tra i giochi su schema è senza dubbio arbitraria, anche se una delle varianti che proporremo, (variante 4) rientra in questa categoria di giochi. Considerando che ogni classificazione, quando si parla di giochi, è comunque una semplificazione, motiviamo questo inserimento, da un lato con la comodità espositiva, dall'altro con l'idea che si tratti pur sempre di un gioco a percorso.
La Caccia al Tesoro è uno dei giochi più apprezzati dagli allievi perché implica movimento, cooperazione/competizione, ma soprattutto divertimento. La Caccia al Tesoro è però molto più di questo, perché implica una problematizzazione della realtà che si esplicita in una rete di problemi da risolvere applicando strategie di comprensione ed elaborazione delle informazioni, di selezione delle ipotesi, di intuizione, di scoperta, di verifica in itinere della correttezza del proprio percorso in coerenza con le istruzioni ricevute, di successo, ma anche di insuccesso (cfr. paragrafo 2.2.3).
La Caccia al Tesoro si può organizzare in ogni spazio, chiuso e aperto, della scuola e le esemplificazioni del gioco che seguiranno fanno riferimento ad entrambe queste possibilità.

Variante 1: **Caccia Al Tesoro** (in cortile)
- Età: 6 – 14
- Obiettivi generali:
    1. linguistico: lettura intensiva di istruzioni contenenti la lingua utile all'orientamento, (nozioni di luogo)
    2. socializzante: cooperazione, se il gioco viene organizzato in coppie o piccoli gruppi
    3. cognitivo: elaborazione di informazioni, selezione di ipotesi, soluzione di problemi, verifica e autovalutazione della performance, orientamento
- Tempo di gioco effettivo: variabile.

Esercizio Base:
- Materiali: Foglietti con le istruzioni, "tesoro"
- N° di giocatori: vario

- Come si gioca:
1. l'insegnante nasconde nel cortile della scuola alcuni bigliettini contenenti istruzioni.
2. Gli allievi, poi, vengono invitati a cercare i bigliettini nella successione indicata dalla lettura dei singoli messaggi contenuti in ciascuno.
3. Scopo del gioco è quello di portare gli alunni a trovare il tesoro.

Variante 2: **Caccia Al Tesoro** (in classe)
- Abilità: lettura intensiva
- Gioco individuale, a coppie o in piccoli gruppi

Dopo aver letto i bigliettini di istruzioni che indirizzano in luoghi diversi dell'aula, (sullo scaffale più basso della libreria, sotto il vocabolario, dietro la carta geografica dell'Europa…) gli alunni giungono infine al tesoro che può essere costituito da una carta / immagine di persona, animale, ambiente, oggetto… e da due descrizioni che differiscono per pochi particolari. Solo dopo una lettura intensiva dei due testi si potrà abbinare l'immagine alla giusta descrizione e portare il "tesoro" ritrovato all'insegnante.
Per rendere il gioco una vera e propria gara l'insegnante può tenere una tabella dei tempi e stabilire la classifica.

Variante 3: **Caccia Al Tesoro** (in classe)
- Abilità: lettura intensiva

Alle quattro pareti vengono appese 4/5 carte illustrate di persone, animali, oggetti, ambienti, paesaggi,… Agli alunni vengono distribuiti i corrispondenti testi descrittivi (1 a testa) e loro compito è quello di trovare la giusta carta da abbinare nel minor tempo possibile.

Variante 4: **Caccia Al Tesoro con uso di mappe** (gioco su schema)
La caccia al tesoro può essere giocata su una mappa preparata dagli alunni, costituita da una tabella quadrettata in cui si disegna, ad esempio, un'isola con un fiume, una palude, una grotta, un bosco, una collina… Stabilito il punto di partenza, in seguito a istruzioni orali date dall'insegnante o da un compagno, ci si sposta verso il tesoro che chi dà le istruzioni avrà di volta in volta deciso dove porre. Es. di istruzioni: 3 quadri a nord, 6 a ovest, 2 a sud, 1 a est… oppure: 3 quadri a destra, 4 a sinistra, 2 in alto, 3 in basso, 4 in diagonale…
La costruzione della tabella è un'ottima occasione di uso della microlingua della matematica e della geometria, mentre il disegno dell'isola può ampliare o consolidare il lessico della lingua della geografia: ambienti, elementi del paesaggio, punti cardinali…

Possibile espansione didattica:
In presenza di alunni stranieri che accettino di parlare del proprio paese d'origine si può proporre una mappa in cui essi stessi suggeriscano cosa inserire (bambino nord africano: deserto, dune, oasi, carovana…).
Ogni alunno disegna spontaneamente la sua mappa e poi l'insegnante espone i disegni per stimolare gli alunni a confrontare le diverse morfologie dei territori (con l'utilizzo, dunque, della microlingua della geografia) ed eventuali elementi di tipo culturale.

Variante 5: *Altri tipi di percorsi: mappe città / scuola…*
• Lessico della città e delle direzioni
• Come si gioca: si costruisce un reticolo di strade inserendo edifici e strutture (il parco, la chiesa, il cinema, la scuola, il supermercato, lo stadio, la piscina, l'albergo…).
I bambini devono indovinare - sulla base di informazioni orali o scritte - dove si trova la banca che contiene il tesoro. Es: dato il punto di partenza si danno istruzioni del tipo: Vai dritto, prima del semaforo gira a destra, percorri via Garibaldi, passata la scuola gira a sinistra, supera il parco…

Possibili espansioni didattiche:
Animazione di fine d'anno nel cortile della scuola. Come momento di animazione e festa finale (che comunque garantisce una verifica dei percorsi d'apprendimento degli alunni stranieri) si può proporre, tra le altre attività, anche una caccia al tesoro individuale, organizzata e monitorata dall'insegnante che partecipa con gli alunni alla gara. La sua presenza, da una parte ha una funzione rassicurante per l'alunno che potrebbe non capire alcune istruzioni, dall'altra permette di valutare costantemente il livello di comprensione delle consegne.
Un'altra favorevole occasione per utilizzare e reimpiegare in modo creativo la lingua italiana, potrebbe essere la *progettazione di una "gita"* in cui l'insegnante e gli alunni (divisi in gruppi di lavoro) cooperino per la stesura del "programma della giornata". Pensiamo, infatti, a quanti campi lessicali (luoghi della città, mezzi di trasporto…), concetti (scansione temporale, spostamento geografico), elementi lessicali o strutture linguistiche (partenza, rientro, orario, puntualità, si parte alle ore, si farà un pranzo al sacco…), competenze nell'uso di strumenti (cartine e mappe, orari dei pulmann…) funzioni comunicative (chiedere informazioni, ringraziare…), possibilità di svolgere attività concrete e non semplicemente simulate (telefonare per prenotare biglietti o per avere informazioni) comprende la semplice organizzazione di una piccola visita nel territorio.
L'esperienza di progettazione, che dovrà concludersi con la gita reale (per ovvie ragioni motivazionali) può essere molto proficua per un ripasso di termini e concetti presentati, per un ampliamento - contestualizzato - degli stessi e per una verifica delle abilità acquisite dagli alunni.
Anche in questo caso, l'importante è che l'insegnante pianifichi, organizzi e suddivida il lavoro avendo cura di tarare il tipo di attività adatta al livello di competenze dei diversi gruppi o dei singoli e che faciliti costantemente il lavoro (ad esempio simulando sempre le situazioni "ansiogene" - la telefonata all'ufficio informazioni - ed essendo presente durante la telefonata).

10. Conte, filastrocche e canzoni

10.1 Le conte

Strettamente collegato ai giochi da cortile, vi è un evento comunicativo che può essere motivante per gli allievi della scuola elementare, sia come proposta linguistica che come analisi interculturale: la "conta" o "tocco" che è il modo in cui i bambini regolano il gioco, stabilendo in modo accettato da tutto il gruppo chi "sta sotto" (v. nascondino, acchiapparsi, ecc.).

Imparare ad usare conte diverse nel momento del gioco, significa offrire all'allievo straniero un contesto autentico e significativo di apprendimento linguistico, un'occasione di integrazione nel gruppo, di esercizio di pronuncia, ritmo e intonazione della lingua italiana.

Ma ancor più interessante è scoprire che in una conta c'è il gioco vero con la lingua: la rima, l'assonanza, la metafora, il nonsense, l'uso di parole straniere e del dialetto locale e anche di parole non accettate in altri contesti.

Si potrà quindi lavorare sulla funzione poetico immaginativa, non solo guidando i bambini alla scoperta giocosa di tutti questi aspetti, ma stimolandoli ad usare creativamente la lingua immaginando altre situazioni, inventando altre storie.

Anche per le conte può essere proposto un percorso didattico, simile per struttura a quello già esemplificato per il gioco, che a nostro avviso può risultare molto motivante ed essere percepito come ludico, se i bambini vengono fatti lavorare a gruppi per la raccolta e classificazione delle conte, per la costruzione di cartelloni o libri delle conte, per l'invenzione e illustrazione delle storie collegate ai testi delle conte.

Esempio di percorso:
- Raccolta e classificazione delle conte sulla base di criteri concordati con i bambini, per esempio:
  - hanno la rima
  - contengono numeri/colori/nomi di animali/……..
  - contengono parole inventate
  - hanno senso/non hanno senso

- Analisi della situazione comunicativa: chi /dove /quando /come /perché si fanno le conte

- Invenzione di nuove conte partendo: dal verso di una conta conosciuta/ da parole senza senso/da una rima….

- Invenzione di una storia collettiva partendo da una conta. Es: L'uccellin che vien dal mare…. C'era una volta un uccellino che…..

- Costruzione di cartelloni, libri di classe/ individuali…

- L'allievo straniero insegna ai compagni le sue conte e queste conte vengono abitualmente usate nel gioco insieme a quelle italiane, creando non solo una reciprocità nel dare e offrire "esempi di lingua", ma fornendo un'ulteriore occasione di analisi culturale e interculturale.

Esistono paesi come l'Italia in cui le conte sono sia ad esclusione, nel qual caso si utilizza la formula "fuori", sia dirette, per cui il primo su cui termina la conta è colui che "sta sotto". Ci sono altri paesi invece, come la Gran Bretagna, dove i "dips" sono sempre ad esclusione. Questo aspetto che attiene alla regola della conta è sicuramente un aspetto di tipo culturale da approfondire con l'allievo straniero e su cui riflettere con tutti gli alunni. Le conte infatti, come le filastrocche e le canzoni tradizionali, possono essere un veicolo di cultura locale e nazionale, non solo per la lingua che esprimono, ma anche per i diversi contesti e modalità con cui si esplicitano.

10.2 Le filastrocche

Le filastrocche vengono utilizzate per insegnare ai bambini più piccoli in modo ritmato e "musicale" cose semplici come i giorni, i mesi, i nomi delle dita, solo per fare qualche esempio.
Spesso accompagnano e sottolineano azioni collegate a giochi con la palla, con la corda e di destrezza con le mani, e per queste ragioni sono in genere più amate e usate dalle bambine.
Oltre a presentare, come le conte, rime e assonanze, le filastrocche hanno la caratteristica di essere dette con ritmo sostenuto, collegato alla velocità del gioco e oltre a rinforzare la memoria hanno anch'esse il vantaggio di esercitare pronuncia, ritmo e intonazione della lingua. Da sottolineare inoltre la loro utilità sul piano della riflessione culturale, che può diventare riflessione interculturale con l'apporto di esperienza delle alunne e degli alunni stranieri (si veda il percorso conte).

10.3 Le canzoni

Adatte a grandi e piccoli, sono significative non solamente in quanto veicolo di cultura, ma anche per altre motivazioni che esulano dagli aspetti meramente linguistici e culturali.
L'elemento caratterizzante i canti è dato dalla coralità dell'esecuzione, momento amato da piccoli e grandi in quanto non ansiogeno, molto spesso liberatorio e altamente socializzante.
L'esperienza di canto sembra infatti facilitare la comunicazione, ed è un momento di conoscenza reciproca perché anche gli studenti stranieri cantando le proprie canzoni, le fanno conoscere ai compagni italofoni e ne trasmettono il significato non solo letterale e culturale, ma primariamente emotivo e affettivo.
Tornando agli aspetti linguistici coinvolti nell'utilizzo di canzoni per l'insegnamento dell'italiano come lingua straniera o seconda, è utile sottolineare che il cantare impone una velocità che spesso viene evitata nel normale parlato e che ritornelli ripetuti fungono da esercizi di fissazione di lessico e strutture.
Le canzoni sono solitamente molto motivanti anche per gli allievi più grandi e un'ottima occasione per l'insegnante di introdurre ai più esperti il testo poetico, dal momento che esistono brani molto apprezzati dai ragazzi che presentano una buona qualità letteraria su cui lavorare e far riflettere (Balboni 1998).

11. Giochi di movimento e sport

L'attività ludico-sportiva (ci riferiamo con quest'espressione sia a giochi di movimento quali *palla prigioniera, strega comanda color, campana o mondo,* sia ad attività sportive quali calcio, basket, pallavolo, atletica), che i ragazzi praticano durante le ore di educazione fisica, può rappresentare una validissima occasione per la progettazione di attività linguistiche e culturali rivolte anche ad allievi stranieri.
Oltre all'ovvia importanza della pratica sportiva per lo sviluppo psico-fisico dell'allievo, è importante sottolineare come questa possa diventare anche un momento fondamentale di socializzazione sia con i compagni della classe sia con allievi stranieri di altre classi. Pensiamo infatti alla possibilità di introdurre attività ludico-sportive in un laboratorio di italiano L2: gli alunni, sotto la guida dell'insegnante, sono in una continua "immersione" linguistica in italiano, producono e recepiscono lingua in un contesto significativo e con uno scopo immediato e reale, la lingua diviene il mezzo per il raggiungimento di uno scopo (la vittoria) e quindi la motivazione è sicuramente alta per l'apprendimento di lessico, strutture, regole di gioco (che, ricordiamolo, sono anche regole culturali).
Rispettando l'impostazione principalmente operativa di questo modulo, proponiamo come possibile esempio il gioco del calcio, ricordando ancora una volta che queste nostre indicazioni devono essere considerate come degli spunti di lavoro che gli insegnanti dovranno poi selezionare, magari migliorare, o comunque adattare alla loro situazione specifica e che non devono essere prese come percorsi rigidi (e infallibili) di didattica dell'italiano L2.

11.1. Il Calcio

È indubbia la diffusione e la fama mondiale di questo sport e quindi il suo possibile valore di attività altamente motivante.
Per dimostrare come, in un lavoro con gli alunni stranieri, sia fondamentale tarare il tipo di intervento principalmente sulle caratteristiche, sugli interessi e sul vissuto personale e culturale dell'alunno, ci sembra utile far riflettere su questo punto: in Brasile, ad esempio, il gioco del calcio non è solo diffusissimo come pratica sportiva, ma è anche un fenomeno sociale (tifo, "culto" dei giocatori e delle squadre, una visione del calcio come occasione di riscatto sociale) mentre in Cina, ad esempio, seppur praticato, esso non ha questa rilevanza sociale. Dunque, con i limiti di un discorso generale, è probabile che ad un alunno brasiliano sia possibile proporre anche un lavoro di analisi storica del calcio, una ricerca più approfondita, mentre con un alunno cinese si possa puntare maggiormente l'attenzione su attività che magari coinvolgano l'uso della lingua nel gioco, più che l'approfondimento culturale e storico di questo sport.

Organizzazione di attività:
Partendo da una semplice partita giocata spontaneamente dai ragazzi, il docente può riprendere dei termini utilizzati - cominciando dai più generici per arrivare a quelli più specifici e coloriti (campo, terra, erba, fango/ centro, linea, area, riga/ testa, mani, ginoc-

chio, petto/ tirare, correre, colpire/ arbitro, attaccante, difensore, portiere/ fallo, tiro, passaggio/ palo, rete, traversa/ piroetta, rovesciata, mezza rovesciata, doppio passo, dribbling/ fenomeno, rasoiata, miracolo, numero) - e partendo da questi, proporre delle attività di:

- suddivisione in campi lessicali
- ampliamento del vocabolario
- riconoscimento dell'uso di vocaboli in diversi contesti (utile per una possibile introduzione alla lingua delle discipline)
- stesura delle regole del calcio
- attività di collegamento gesto-parola
- attività espressive ("racconto una partita che mi è piaciuta", scrittura di un articolo di giornale su un giocatore o su una partita, "intervista al campione", radiocronaca di azioni salienti di un incontro…)

Le attività che si possono pensare sono moltissime e assai diversificate per quanto concerne le abilità linguistiche che si possono coinvolgere, l'importante è che l'insegnante strutturi e proponga il lavoro tenendo conto della competenza dei suoi allievi, in modo da non proporre attività troppo complesse linguisticamente (demotivanti "per eccesso") o troppo riduttive per le capacità dell'allievo (demotivanti "per difetto").
Oltre a queste attività prettamente linguistiche si possono poi far correlare dei lavori di tipo culturale, interculturale e interdisciplinare, come ad esempio:

sul piano culturale:
- il calcio nel mio paese d'origine
- la mia squadra preferita
- il mio giocatore preferito
- che ruolo mi piace nel calcio (e perché)
- perché (non) mi piace il calcio

sul piano interculturale:
- il gioco del calcio nel mondo
- dove giocavo a calcio (in un contesto di laboratorio plurilingue)

sul piano interdisciplinare:
- la storia del calcio (storia)
- dove giocavo a calcio (geografia)
- le squadre e gli stadi del mio paese d'origine (geografia)
- il campo da calcio: dimensioni e misure regolamentari (matematica e geometria)

Infine si possono progettare delle attività conclusive che tengano alta la motivazione durante il percorso didattico con gli allievi e che diano un senso di "colonnità" al lavoro svolto:

- costruiamo un campo da calcio
- visita per vedere gli allenamenti di una squadra di calcio (i professionisti si allenano la mattina e dunque l'esperienza è realizzabile anche in orario scolastico)
- incontro-intervista con un giocatore di calcio professionista
- partita contro un altro laboratorio (o un'altra classe)
- torneo di calcio a fine anno

11.2 Giochi di movimento in classe

Molto si è detto sulla necessità di costruire ambienti ludici in cui lo studente possa scoprire la nuova realtà linguistica e culturale, nel modo più naturale possibile, in un contesto non ansiogeno, dove la dimensione del fare e del coinvolgimento globale della personalità siano alla base del suo processo di acquisizione linguistica.
L'utilizzo di linguaggi non verbali, accanto alla lingua verbale, passa necessariamente anche attraverso i giochi di movimento che possono trovare molti modi per esplicitarsi anche nella quotidianità della classe e del laboratorio linguistico, concorrendo in modo significativo all'acquisizione linguistica.
Diamo di seguito qualche breve nota informativa sul T.P.R., metodologia dalla quale discendono molteplici attività che implicano il coinvolgimento motorio dell'allievo.

11.2.1 T.P.R.

- **T.P.R.** Il *Total Physical Response* è una metodologia elaborata dallo psicologo americano J. Asher negli anni '60 e perfezionata nel decennio successivo. Le attività di TPR si basano sul concetto che ad un input linguistico fornito dall'insegnante (o da altra fonte) il bambino debba rispondere attraverso risposte non verbali. Non essendoci obbligo di produrre lingua (attività ansiogena), le attività di TPR possono essere proposte fin dalle prime fasi dell'apprendimento linguistico, per lo sviluppo delle capacità di comprensione, nel rispetto della fase silenziosa (fase in cui il bambino ascolta ripetutamente prima di poter produrre lingua). L'input dell'insegnante può consistere in un semplice ordine o istruzione del tipo "apri la cartella," a sequenze di istruzioni più o meno lunghe e complesse. Il metodo risulta particolarmente utile se si pensa che parte della lingua della routine scolastica quotidiana si esplicita in imperativi, per cui il contesto in cui avvengono la comunicazione e la risposta fisica è autentico. Tra i giochi che si basano su questo principio ne ricorderemo un paio di molto noti, particolarmente adatti ai più piccoli.
- Il gioco inglese chiamato *Simon says*, prevede che gli ordini dell'insegnante si eseguano solo se sono preceduti da una qualsiasi formula convenuta o semplicemente da: **"Simone dice"**. L'errore costa l'eliminazione, ma il gioco è molto amato dai bambini e consente all'insegnante di dare input linguistici molto diversificati.
- **Stop alla musica**: I bambini si muovono/ ballano liberamente nella classe mentre ascoltano un brano musicale. Allo stop della musica si danno istruzioni che i bambini devono eseguire e che possono implicare i più diversi campi semantici (parti del corpo, oggetti di arredamento...), nozioni concettuali (numero, qualità, luogo, ecc.), ecc.
Segue qualche esempio di gioco di movimento, adatto, con gli adattamenti opportuni, sia ai bambini delle elementari, che ai ragazzi più grandi.
- **Trova il compagno**: Sotto questo nome vanno tutti i giochi in cui gli studenti si spostano in classe/laboratorio alla ricerca del compagno con cui abbinarsi, sulla base di input linguistici, prevalentemente scritti su bigliettini, da leggere o ripetere ad ogni compagno che si incontra (attività di incastro/accoppiamento con utilizzo della lingua orale o scritta) al fine di collegare:

1. domanda/e / risposta/e
2. immagine /parola
3. aggettivo/opposto
4. spezzoni di parole/frasi...

In questo tipo di gioco (di esercizio) l'abbinamento del movimento, all'interno della classe/laboratorio, alla lettura del messaggio o alla produzione orale controllata, costituisce un notevole input motivazionale aggiuntivo e consente la relazionalità tra molti bambini.

La verifica da parte dell'insegnante della lingua letta o prodotta, può essere fatta alla fine del gioco, controllando tutti insieme se le coppie si sono formate in modo corretto.

- **Caccia al tesoro**: La scoperta e il dominio dello spazio, attraverso il movimento e l'azione sulla base di istruzioni scritte o orali, aggiunge alla Caccia al Tesoro un'ulteriore valenza rispetto alle molte (cognitiva, metacognitiva, ecc.) che già abbiamo indicato nella parte dedicata a questo gioco.
- **Gioco dei mimi**: v. Mestieri muti e le molteplici attività / situazioni/ oggetti/personaggi/ animali ecc., che possono essere mimate in giochi ad indovinare.

12. Giochi simbolici

La metodologia ludica prevede anche l'utilizzo di giochi simbolici come le animazioni, le attività di simulazione più o meno guidata e le drammatizzazioni con eventuale impiego di maschere, burattini e travestimenti.

La preparazione stessa di un'attività di questo tipo ha grande rilevanza dal punto di vista didattico perché all'allievo straniero e ai suoi coetanei viene richiesto di "fare cose", ad esempio costruire e dipingere uno scenario o disegnare e ritagliare maschere o ancora ricercare stracci e oggetti vari per il travestimento e per l'esecuzione del gioco. È un momento molto importante dal punto di vista linguistico, perché la lingua usata da insegnante e compagni e veicolata attraverso gesti, sequenze di azioni, intonazione della voce, espressività dei volti, è autentica, usata in quel determinati contesti e necessaria ad ottenere gli scopi che si prefigge, ad esempio, fra i tanti, quello di regolare i comportamenti: prendi, disegna, taglia, incolla...

12.1 Simulazione

È lecito chiedersi se e come attività di simulazione fatte in classe abbiano utilità per bambini che hanno urgente necessità di comprendere e di comunicare con la nuova lingua in contesti assolutamente reali, quelli della quotidianità che va anche oltre la scuola. Se per lo studente che impara una lingua straniera per un numero ridotto di ore settimanali in un contesto che parla un'altra lingua, la simulazione, il role-play, (per approfondimenti si rimanda a Balboni, 1998) il gioco dell'assumere vesti diverse dalle proprie, la finzione insomma, si giustifica perché una delle regole del gioco è proprio quella di "parlare la lingua straniera", altra è la condizione in cui vivono gli allievi stranieri.

Il contesto in cui vivono parla italiano, l'input quotidiano è portato al livello massimo, anche se non si può dare certamente per scontato che una volta usciti dalla scuola abbiano molte occasioni di venire a contatto con la nuova lingua.
Molto spesso infatti, soprattutto nei primi tempi, si rifugiano in famiglia dove è ovvio che si continui a parlare la lingua d'origine, e non hanno altre possibilità, oltre alla scuola, di socializzare e di comunicare in italiano.
Fatta questa premessa, resta da chiedersi quali simulazioni possano essere significative e utili a fornire esercizio su una lingua che serva agli allievi per scopi reali, autentici, da usare fuori e che permetta loro di affrontare l'emergenza comunicativa.
Una delle situazioni in cui realisticamente hanno necessità di usare lingua in modo autentico è quella del comprare qualcosa per sé o per la loro famiglia. In quest'ottica, in cui la simulazione si giustifica in quanto propedeutica ad un uso pragmatico della lingua, possiamo proporre il gioco della "bottega".

- *Il gioco della bottega*
- Età: 10-14 e oltre
- Obiettivi generali:
1. linguistici: acquisizione del lessico specifico: cibi, bevande, cancelleria, abiti, … chiedere quantità di merci diverse, eventuali misure e prezzi
2. comunicativi: usare formule di acquisto, di richiesta di prezzi, di cortesia
3. cognitivi: usare il sistema di pesi, misure, quantità, e il nuovo sistema monetario

- abilità: parlare, comprendere, interagire, usare formule di richiesta, cortesia, saluti
- materiali: *realia*, giocattoli del gioco della bottega per i più piccoli, carte simboliche per i più grandi
- tempo di gioco: 15 / 20 minuti.

Appare subito evidente come un'attività di simulazione di questo tipo possa essere disegnata per i più diversi livelli di competenza linguistico – comunicativa.
Se per gli allievi di primo livello l'acquisizione del lessico minimo, di semplici formule di acquisto come "mi dà…" o "posso avere…", "quanto costa?" e "grazie" sono da ritenersi sufficienti, per gli allievi che affrontano già la lingua dello studio è necessaria, ad esempio, la collaborazione con l'insegnante di matematica per l'acquisizione della microlingua relativa ai sistemi di quantità, pesi e misure e per quello monetario.
Altri esempi di simulazione potrebbero prevedere la richiesta delle più varie informazioni per raggiungere un certo luogo, in città, al parco, in stazione, ecc.
Per l'uso della simulazione per l'acquisizione della lingua dello studio si rimanda al paragrafo 2.2.1.

12.2 Drammatizzazione

La drammatizzazione non è di per sé un'attività comunicativa, "si tratta infatti di una forma di simulazione che non concede alcuna libertà, trattandosi di recitare" un copione memorizzato o letto (Balboni, 1998).

Non c'è dubbio però che chiedendo di interpretare un testo e non di produrlo, questo risulti comunque utile nel veicolare lessico, strutture, ma anche espressioni idiomatiche, in un contesto, quello teatrale, solitamente molto amato dagli allievi più giovani, perché permette loro di usare non solo la lingua verbale, ma anche la gestualità, l'espressività del volto, l'intonazione della voce per sottolineare aspetti del carattere del personaggio, sentimenti ed emozioni.

Gli aspetti prosodici e fonetici della lingua quindi, ma anche la caratterizzazione dei vari personaggi in base ai ruoli che rivestono nella situazione, possono essere focalizzati dagli studenti, facendo della drammatizzazione un'attività rilevante anche quando non intervengono direttamente nella creazione del testo.

In questo secondo caso, se la drammatizzazione cioè si fa su un testo elaborato dai bambini partendo da un altro testo, ad esempio una fiaba, un racconto ecc., analizzandolo, dividendolo in sequenze, modificandolo, introducendo battute di un dialogo, caratterizzando i personaggi, è evidente quale contributo una simile attività possa dare all'educazione linguistica generale.

C'è poi, come si diceva nell'introduzione, l'uso autentico della lingua collegato all'aspetto del fare, del costruire maschere, scenari o semplici simboli caratterizzanti i diversi personaggi, senza dovere necessariamente arrivare alla confezione di veri e propri costumi che potrebbe essere dispendiosa in termini di tempo.

12.2.1 Che cosa drammatizzare

Si possono drammatizzare racconti, storie, da quelle tradizionali a quelle inventate dagli alunni, brevi o lunghe, quadri di vita quotidiana nel momento in cui si vogliano mettere a confronto situazioni culturalmente differenti, giochi delle diverse culture comprensivi di regole e della lingua del gioco, ecc.

Spetta ad ogni insegnante decidere con attenzione e sensibilità cosa è più adatto alla sua classe e all'alunno straniero, una volta verificato che c'è desiderio e disponibilità alla partecipazione attiva.

In questo senso, risulta perciò indispensabile un momento di riflessione comune al fine di responsabilizzare e rendere coscienti gli allievi sui contenuti e sugli scopi dell'attività.

È bene ricordare, infatti, che se da una parte la drammatizzazione si configura come attività non ansiogena perché non chiede produzione autonoma precoce, dall'altra può risultare poco accettabile, soprattutto dai ragazzi più grandi, per problemi di immagine, di percezione di sé, di autostima.

Non si darà perciò un esempio di un percorso di drammatizzazione, ma solo un suggerimento su un raccordo di tipo interculturale.

L'*immaginario* dei popoli è uno degli argomenti più affascinanti che si possano affrontare in classe per la ricchezza culturale che viene veicolata dalla sua esplorazione.

Consultare i mediatori linguistici e culturali presenti nel territorio per conoscere fiabe e relativi personaggi, tipici del paese d'origine dell'alunno straniero, significa costruire un ponte importante e significativo, un'occasione di arricchimento reciproco che può trovare, in un momento successivo, un modo adeguato di espressione anche nel coinvolgimento della drammatizzazione.

13. Giochi da cortile (tradizionali)

È sorprendente notare come in diverse nazioni, geograficamente e culturalmente lontane, vi siano dei giochi che presentano, seppur con qualche differenza, una struttura assai simile: è il caso, ad esempio, di giochi come *Nascondino, Acchiapparsi, Campana, Mosca cieca, Bandiera o Fazzoletto.*
Queste similarità (ma anche queste differenze) possono diventare uno stimolo molto interessante per la proposta di attività linguistiche ed interculturali.
Dunque, far giocare gli allievi stranieri con i compagni, in cortile o in palestra, a giochi che conoscono bene o che possono anche non conoscere affatto, significa comunque inserirli in un contesto significativo in cui usare la nuova lingua.
Giocando, infatti, sentono i loro compagni parlare, gridare parole convenzionali come "tana" o "mea" o " prendimi"… e li vedono correre, nascondersi, prendersi, secondo le regole richieste dal gioco. Così, giocando, imparano a loro volta quei gesti e quella lingua nel modo più autentico perché quella lingua "serve" per il gioco, per portarlo a termine, non ci sono situazioni fittizie o simulazioni.
Ci vorrà del tempo prima che possano descrivere, seppure in termini essenziali, un gioco e dirne chiaramente le regole, ma questo è un altro obiettivo, peraltro altrettanto valido per gli alunni italiani, che sempre più spesso sembrano essere in difficoltà quando si tratta di descrivere con chiarezza e mettere in sequenza temporale, ad esempio, le azioni di un gioco.

Espansione didattica:
Predisposizione di un percorso linguistico – culturale / interculturale sui giochi che possa diventare un'occasione per attività motivanti per tutti gli alunni, progettate a diversi livelli di competenza.
I diversi giochi e gli eventuali oggetti / giocattoli, le regole, la lingua usata per giocare, possono essere discussi, confrontati, condivisi, scritti, disegnati o tabulati.
In un contesto così diversificato anche all'allievo straniero può essere assegnato il compito più adatto al suo livello, mettendolo nella condizione di sentirsi a proprio agio e di dare il suo contributo al lavoro della classe.

- Età: 6 – 14
- Obiettivi generali:
    1. linguistico: acquisizione della lingua del gioco: le istruzioni, la descrizione dei giochi e delle fasi del gioco, la lingua per giocare
    2. comunicativo: uso in contesto della lingua e dei gesti dei diversi giochi
    3. socializzante: interagire, conoscersi reciprocamente
    4. cognitivo: classificare, analizzare, confrontare, sequenziare, memorizzare
    5. interculturale: conoscere e analizzare giochi, regole ed esecuzioni di gioco appartenenti alle diverse culture a confronto per rilevarne somiglianze e differenze.

Descrizione del percorso:
- Elicitazione di tutti i giochi praticati all'aperto o al chiuso, attivando la motivazione a riflettere sui propri giochi
- Elencazione scritta di tutti i giochi

- Classificazione dei giochi secondo categorie suggerite dagli alunni e discusse in classe
- Preparazione di cartelloni di classificazione: es. giochi di movimento, all'aperto, al chiuso, da tavolo, di indovinare, dei più piccoli, di maschi, di femmine, con le carte, con la palla…
- Disegni di giochi e oggetti dei giochi, compresi i giocattoli
- Attività linguistiche orali e scritte: dove / quando / con chi / perché/ si gioca (in generale)
- Come si gioca: eventuali oggetti e regole del gioco (dopo la scelta di un gioco in particolare)
- Sequenze grafico - iconiche e linguistiche relative al gioco prescelto (in base alle competenze di ognuno)
- La lingua del gioco: parole / frasi chiave, istruzioni, regole
- La lingua della descrizione del gioco, delle sue fasi…

Questo percorso, la cui ricchezza sul piano linguistico è indubbia, offre opportunità ulteriori nel caso in cui l'allievo straniero abbia la volontà e la capacità di raccontare il suo vissuto in relazione ai giochi del suo paese d'origine.
Sarà possibile infatti stimolare:
- un'analisi interculturale sul modo di giocare nelle diverse culture, da cui emergeranno sicuramente somiglianze e differenze su cui far riflettere gli alunni per farli uscire dal loro etnocentrismo e allargare i loro orizzonti conoscitivi e culturali
- la costruzione di cartelloni in cui si evidenziano somiglianze e differenze relative ad un certo gioco per mezzo di disegni, illustrazioni prese da giornali, giornalini, ecc., didascalie, fumetti, testi descrittivi.

Riferimenti bibliografici

BALBONI P. E., 1998, *Tecniche didattiche per l'educazione linguistica*, Torino, UTET Libreria.
BALBONI P. E., 2000, "Per una didattica umanistico-affettiva dell'italiano", in AA.VV., *La formazione di base del docente di Italiano per stranieri*, Roma, Bonacci.
BRUNER J.S., JOLLY A., DA SILVA S., 1981, *Il gioco*, Roma, Armando.
COONAN C., 2000, *La ricerca-azione*, Venezia, Libreria Edizione Cafoscarina.
DANESI M., 1988, *Neurolinguistica e glottodidattica*, Padova, Liviana.
FAVARO G., (a cura di) 1999, *Imparare l'italiano, imparare in italiano*, Milano, Guerini.
FREDDI G., 1990, *Azione, gioco, lingua. Fondamenti di una glottodidattica per bambini*, Padova, Liviana.
FREDDI G., 1993, *Glottodidattica, problemi e tecniche*, Ottawa, Canadian Society for Italian Studies.
KAISER A., 1995, *Genius ludi: il gioco nella formazione umana*, Roma, Armando.
LUISE M. C., 2000, "Metodologia glottodidattica per bambini," in AA.VV., *ALIAS*, Teorema Libri.
PIAGET J., 1972, *La formazione del simbolo nel bambino*, Firenze, La Nuova Italia.
PIAGET J., 1974, *Lo sviluppo mentale del bambino*, Torino, Einaudi.
PORCELLI G., 1994, *Principi di glottodidattica*, Brescia, Editrice La Scuola.
WINNICOTT D. W. 1974, *Gioco e realtà*, Armando, Roma.

---

1 Il saggio è stato concepito unitariamente dai due autori. Nella stesura Fabio Caon ha curato i paragrafi 1-3-4-5-11 e Sonia Rutka ha curato i paragrafi 2-6-7-8-9-10-12-13.
2 Si vedano i saggi di Bruner, Kaiser, Piaget e Winnicot citati in bibliografia.
3 Informazioni sull'approccio umanistico-affettivo si possono reperire in diversi testi di glottodidattica, citiamo ad esempio: P. E. Balboni, in AA. VV. 2000, e G. Porcelli (1994: cap. VI).
4 Per un approfondimento delle fasi dell'unità didattica, cfr. G. Freddi (1993: 59-71).
5 Per ulteriori approfondimenti, cfr. C. Luise, "Metodologia glottodidattica per bambini", in AA.VV. (2000: 73-90).
6 Cfr. C. Coonan (2000), e, sempre di Coonan, nel vol. 3, di questa opera.
7 Sulla motivazione basata sul piacere, cfr. P. E. Balboni (1994: 78-79).
8 Per approfondire le implicazioni glottodidattiche dei due termini si veda: Danesi M. (1988).
9 Cfr. Balboni (1994: 75-79).
10 Cfr. D'Urso Ligresti, Famighietti Secchi, 2000, *Apprendere per gioco e valutare. Fondamenti di didattica ludica*, Edizioni Simone, pp. 117-121.
11 Per un'ampia panoramica sulle varie tecniche glottodidattiche, cfr. P.E. Balboni (1998).
12 Cfr. C. Coonan vol. 3 in questa opera.
13 Per ulteriori approfondimenti, cfr. AA.VV. 1999, pp. 96-97, pp. 139-156.

COORDINATE

L'ITALIANO PER LO STUDIO E PER IL SUCCESSO SCOLASTICO: LA SEMPLIFICAZIONE DEI TESTI

Maria Cecilia Luise

Introduzione

La presenza di allievi stranieri non italofoni nella scuola italiana è sempre più massiccia: i numeri relativi all'anno scolastico 2001/2002 sono ormai superiori alle centoquarantamila presenze[1], con un incremento continuo.

Oggi però non è più sentita solo l'esigenza di affrontare un percorso per inserire questi allievi nel contesto italiano, per favorire l'acquisizione in un tempo il più breve possibile degli strumenti linguistici e culturali che permettano loro di interagire con l'ambiente che li circonda, di farsi capire e di capire gli altri.

Sono infatti sempre più numerosi gli allievi che hanno ormai superato questa prima fase, spesso sentita e gestita come "emergenza", della prima alfabetizzazione in italiano, dell'acquisizione della lingua della prima comunicazione, sono sempre più gli stranieri che frequentano le scuole italiane da più anni e che sono ormai una presenza stabile nelle classi.

Ecco allora che, oltre la lingua della prima comunicazione, oltre l'aspetto espressivo e interattivo della lingua quotidiana, oggi bisogna chiedersi come aiutare questi allievi ad introdursi come parte integrante nella scuola, come fare in modo che possano seguire le lezioni scolastiche, studiare, leggere i libri di testo, sviluppare le loro capacità cognitive superiori, in nome di un'integrazione che permetta davvero a tutti, italiani o stranieri, di avere gli stessi strumenti culturali e concettuali per farsi strada nella vita in modo autonomo e consapevole.

Di seguito cercheremo quindi di vedere quali sono le modalità che possono assumere la scuola e i docenti quando affrontano con allievi stranieri la cosiddetta lingua dello studio, la lingua astratta e decontestualizzata delle materie e dei libri di testo, soffermandoci solo al livello della lingua, senza addentrarci nei contenuti delle materie, nell'organizzazione concettuale delle discipline.

È un settore ancora in piena evoluzione, è difficile trovare certezze o strade già segnate, sperimentate e conosciute da percorrere senza ripensamenti: crediamo però che un bagaglio condiviso di punti di riferimento, di riflessioni e di nozioni concettuali possa aiutare nella ricerca comune di strategie da sperimentare.

Il materiale che segue va ad integrarsi con i contenuti del saggio di Roberta Grassi "Compiti dell'insegnante disciplinare di classi plurilingue: la facilitazione dei testi scritti", contenuto in questo stesso volume, nel quale si affronta l'argomento della lingua dello studio dal punto di vista delle tecniche di facilitazione della comprensione dei testi scritti.

1. La scuola e gli allievi stranieri

Un allievo straniero che arriva nella scuola italiana ha bisogno innanzitutto di impossessarsi della lingua della prima comunicazione, della lingua che gli permette di esprimersi e di interagire con gli altri: è un percorso non certo facile, ma per il quale molte scuole si stanno attrezzando con laboratori linguistici per allievi stranieri, interventi individualizzati, protocolli di accoglienza, presenza di mediatori linguistici e culturali.
È una fase nella quale la priorità è per gli strumenti di comunicazione, nella quale tutti gli insegnanti di classe sono chiamati a dare un contributo per il raggiungimento di un obiettivo prettamente linguistico, al di là della specifica materia che ognuno di loro insegna.
La scelta organizzativa che dovrebbe essere fatta dalla scuola in questa fase dovrebbe prevedere
- delle ore di insegnamento individualizzato o a piccoli gruppi di stranieri, in una situazione di laboratorio linguistico affidato ad insegnanti con specifiche competenze,
- un altro gruppo di ore di scuola nelle quali l'allievo straniero è inserito nella sua classe, con i suoi compagni italiani, con i quali può cominciare a socializzare; la scelta delle materie da far frequentare all'allievo straniero non deve dipendere dal "peso" delle diverse discipline nel curricolo scolastico, ma dalla maggiore facilità di accesso per lo straniero: in linea generale, anche se tutte le materie scolastiche possono essere organizzate attraverso metodologie facilitanti, ecco che andranno favorite tutte le discipline che riguardano la lingua e i linguaggi (lingua italiana, ma anche educazione musicale, all'immagine, fisica), le materie con un forte legame con la pratica, con la dimensione operativa (laboratori di attività manuali, esperimenti di scienze), le materie nelle quali l'allievo può avere già delle competenze, o che può iniziare a studiare insieme ai suoi compagni italiani, partendo dallo stesso livello di conoscenza (lingue straniere).

Attraverso un simile percorso l'allievo straniero può imparare la lingua italiana per la comunicazione, in una situazione nella quale è esposto alla lingua naturale dell'ambiente che lo circonda e viene guidato ad approfondimenti e riflessioni su quello che sta imparando[2].
Spesso, però, superata questa fase, la scuola giudica l'allievo straniero ormai alfabetizzato, e lo inserisce senza ulteriori sostegni nelle normali attività di classe, lo mette di fronte al carico cognitivo e linguistico delle materie scolastiche, senza rendersi conto che questo costituisce un ostacolo ancora insormontabile.

2. Coordinate di base

Riguardo alla scolarizzazione di allievi stranieri con madrelingua diversa da quella dominante nella scuola, c'è un ricco dibattito che si sta svolgendo da più decenni, e che si è incentrato su alcuni temi principali[3]:
- il rapporto tra ruolo della scuola e ruolo della società nell'integrazione linguistica e culturale degli stranieri;
- i possibili interventi politici e scolastici per favorire l'integrazione degli stranieri;
- le caratteristiche e le conseguenze cognitive del bilinguismo.

Ancora negli anni '60, il bilinguismo precoce era visto come causa di problemi nello sviluppo cognitivo, di ritardo linguistico e di insuccesso scolastico, fattori dimostrati dai risultati dei test di intelligenza e di valutazione dello sviluppo linguistico somministrati a studenti stranieri con madrelingua diversa da quella dominante nei paesi di accoglienza.

La soluzione adottata nella maggior parte dei casi è stata quindi l'adozione di politiche sociali e scolastiche volte a far avvenire il più presto possibile l'assimilazione degli stranieri nella lingua e nella cultura dominanti.

Ma, dalla fine degli anni '70, di fronte agli scarsi risultati di questa politica linguistica, la voce di numerosi linguisti, pedagogisti, psicologi, sociolinguisti, insegnanti, si è levata per confutare queste teorie, sia contestando l'uso dei tradizionali strumenti di misurazione dell'intelligenza e dello sviluppo linguistico, sia studiando e dando nuovi contenuti e prospettive al concetto di bilinguismo.

In particolare molti studi hanno rilevato che:
- esiste un bilinguismo detto "sottrattivo", quando lo sviluppo della lingua seconda avviene a scapito della madrelingua, denigrata e ritenuta poco prestigiosa, e un bilinguismo "additivo" quando lo sviluppo della lingua seconda procede accanto a quello della lingua materna, senza cancellarla o ritenerla inferiore, creando così una vera personalità bilingue, ricca e armonica;
- esiste un forte legame tra sviluppo della lingua materna e sviluppo cognitivo;
- saper parlare una lingua con buona pronuncia e fluenza non significa automaticamente saperla usare come strumento cognitivo.

Non possiamo certo soffermarci in questa sede su tutte le sfaccettature di un dibattito articolato e ancora in corso, ma nei paragrafi seguenti approfondiremo il contributo di uno studioso canadese, Jim Cummins, che ha tratto delle conclusioni molto interessanti sul rapporto tra sviluppo linguistico e successo scolastico.

2.1 La lezione di Cummins: BICS e CALP

Le esperienze di integrazione linguistica di allievi stranieri in diversi paesi hanno dimostrato fin dagli anni '70 un problema di fondo ricorrente: la conoscenza della lingua seconda d'uso quotidiano non garantisce il successo scolastico.

Cummins, importante studioso canadese che si è occupato a lungo di insegnamento di lingue seconde, fornisce alcune coordinate, alcune nozioni di base dalle quali si può partire per riflettere sull'insegnamento dell'italiano come lingua seconda nella scuola. Cummins fa un'importante distinzione: identifica due grandi ostacoli linguistici, due grandi obiettivi che uno straniero deve raggiungere nel suo percorso scolastico per raggiungere il successo, per uscire dalla scuola con gli stessi strumenti concettuali degli allievi italofoni, che chiama BICS[4] e CALP[5].

Dalle numerosissime ricerche sul campo analizzate da Cummins, si è visto che, per acquisire le prime sono necessari in media circa due anni di studio e di esposizione alla lingua: le BICS servono principalmente ad interagire con gli altri nelle situazioni di vita quotidiana, sono strettamente legate al contesto e poco esigenti dal punto di vista cognitivo.

Ma la scuola, con le sue proposte didattiche astratte e slegate dal contesto e con i processi linguistici e cognitivi complessi che vuole sviluppare, per raggiungere il successo richiede principalmente di padroneggiare le seconde, indipendenti dal contesto ed esigenti dal punto di vista cognitivo, che sono alla base dello studio e dei concetti.
Il problema è che per acquisire le CALP si richiede uno studio ben più lungo, fino a cinque anni: un allievo che interagisce senza problemi ed esitazioni con compagni ed insegnanti non è necessariamente in grado di usare la lingua seconda per svolgere compiti cognitivi complessi, non è necessariamente capace di studiare, di comprendere le lezioni scolastiche, di leggere i libri di testo.
La distinzione di Cummins è forse un po' troppo rigida, ma è fondamentale per evidenziare alcuni punti importanti:

- molte volte gli insegnanti sono convinti, a torto, che un allievo straniero che ha raggiunto il livello linguistico BICS, che è in grado di sostenere conversazioni faccia a faccia, sia pronto per affrontare senza ulteriori sostegni compiti linguistici intellettualmente impegnativi, di tipo cognitivo-accademico
- lo sviluppo del linguaggio e lo sviluppo cognitivo sono strettamente legati[6]: il possesso delle basi concettuali, gli strumenti cognitivi che un allievo deve avere per affrontare le materie scolastiche dipendono anche dallo sviluppo del linguaggio, in lingua materna e in lingua seconda
- per far apprendere agli studenti stranieri i contenuti disciplinari bisogna prima aver lavorato a fondo sulla lingua necessaria per comprenderli e acquisirli.

2.2 La lezione di Cummins: lo scenario

Lo stesso Cummins ha cercato di superare la rigida dicotomia tra BICS e CALP elaborando un altro strumento concettuale che può aiutare chi deve non solo insegnare una lingua seconda, ma anche insegnare a studiare in lingua seconda.
Egli ha cercato di individuare quali sono gli elementi che rendono problematici i compiti comunicativi a livello CALP, e quali sono i contesti d'uso delle abilità comunicative a livello BICS e a livello CALP.
La padronanza linguistica, in lingua materna come in lingua seconda, viene concettualizzata da Cummins in due continua (Figura 1), rappresentati da due assi che si intersecano; il primo continuum, posto sull'asse orizzontale, indica quanto la comunicazione è legata al contesto, quanto la comprensione e la comunicazione sono favorite dalla negoziazione dei significati e da elementi legati al contesto; Cummins fa degli esempi di comportamenti comunicativi che si dispongono da un estremo all'altro del continuum: fare una chiacchierata o una discussione con un amico, scrivere una lettera ad un conoscente, scrivere o leggere un articolo accademico.
Ad un estremo stanno i comportamenti comunicativi tipici della vita quotidiana, mentre molta della comunicazione che avviene a scuola si avvicina all'estremo opposto.
Il secondo continuum, posto sull'asse verticale, si riferisce invece al grado di coinvolgimento cognitivo richiesto nella comunicazione: da un estremo all'altro avviene il passaggio da comportamenti automatizzati e acquisiti, a comportamenti che richiedono

un coinvolgimento cognitivo attivo e lo sfruttamento di tutte le risorse linguistiche a disposizione.
Con l'aumentare della competenza comunicativa[7], specifici compiti linguistici si spostano lungo il continuum verso l'alto; anche qui Cummins fa degli esempi: imparare e controllare gli aspetti fonologici della madrelingua è un compito che richiede un alto coinvolgimento cognitivo per un bambino di due o tre anni, per poi automatizzarsi con il tempo e quindi risultare cognitivamente poco impegnativo.

Figura 1

LO SCENARIO DI CUMMINS

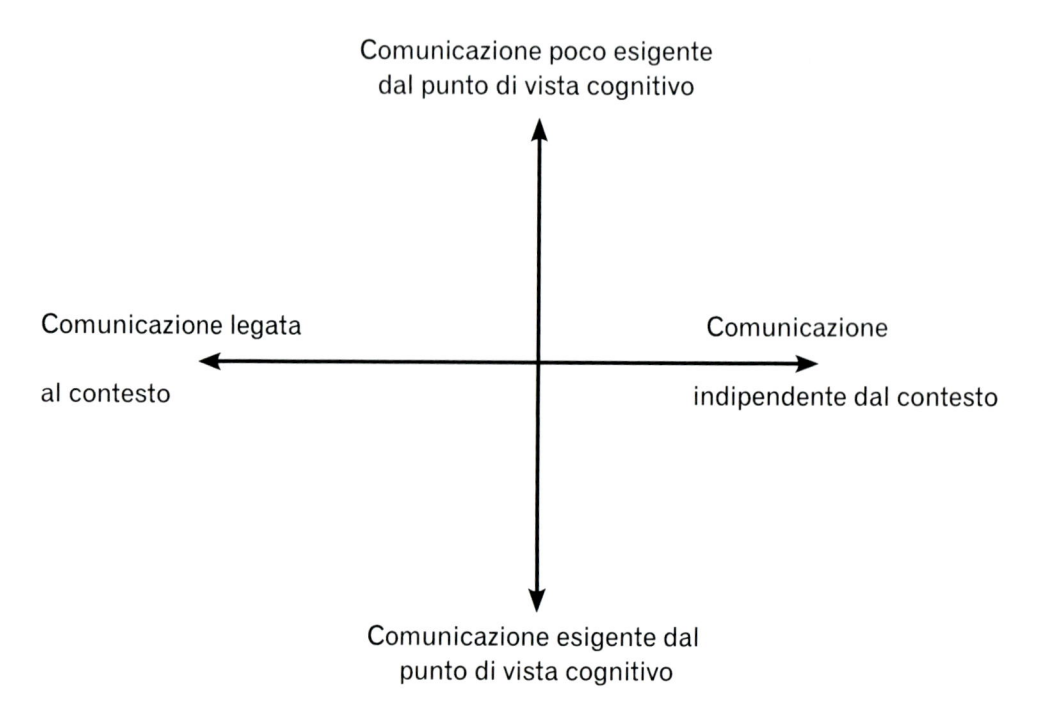

```
                 Comunicazione poco esigente
                 dal punto di vista cognitivo
                              ▲
                              │
Comunicazione legata          │          Comunicazione
◄─────────────────────────────┼─────────────────────────────►
al contesto                   │          indipendente dal contesto
                              │
                              ▼
                 Comunicazione esigente dal
                 punto di vista cognitivo
```

2.2.1 Lo scenario nella didattica della lingua seconda

Il modello di Cummins può servire per evidenziare alcune direttrici, alcuni principi che possono guidare l'intervento didattico con allievi stranieri nella scuola.
Innanzitutto, può sembrare ovvio, ma vale la pena di sottolinearlo, questo modello ci dice che un compito comunicativo non è facile o difficile in sé, ma lo è in funzione del livello di competenza comunicativa che possiede il parlante: compiti facili per un allievo madrelingua possono essere insormontabili per un coetaneo straniero.
Ancora, l'insegnante ha un ruolo chiave nel promuovere un tipo di comunicazione che sia legata al contesto, al fine di favorire la comprensione degli allievi stranieri, e nel tenere sotto controllo il carico cognitivo richiesto dai contenuti veicolati dalla comunicazione.

Infine, l'incrocio dei due assi che rappresentano i due continua evidenziano quattro quadranti (Figura 2) all'interno dei quali possono essere inserite le attività linguistiche e comunicative: all'interno di questo scenario, uno sviluppo armonico della competenza comunicativa si raggiunge attraverso un percorso ben preciso: dal quadrante A, quindi da attività ed esperienze linguistiche e comunicative poco esigenti dal punto di vista cognitivo e strettamente legate al contesto, al quadrante B, dove trovano posto attività più impegnative cognitivamente, ma ancora legate al contesto, per arrivare al quadrante D, alle attività slegate dal contesto e cognitivamente impegnative.

Riportando questo percorso alla scuola e agli allievi stranieri, ciò significa che il primo passo da fare riguarda lo sviluppo della lingua della prima comunicazione, delle interazioni quotidiane, per sviluppare le abilità a livello BICS, attraverso attività che si pongono nel primo quadrante; i passi successivi, per avvicinare prima e inserire poi l'allievo nelle attività scolastiche, cognitivamente impegnative, prevedono un uso della lingua che favorisca attività ancora molto legate al contesto (quadrante B), per poi staccarsi progressivamente dalle facilitazioni date dal contesto e avvicinarsi al vero e proprio livello CALP, il livello delle proposte scolastiche e delle attività di studio.

Resta fuori da questo percorso il quadrante C: in esso trovano posto infatti attività slegate dal contesto ma poco esigenti dal punto di vista cognitivo: in genere sono attività meccaniche dove la comprensione dei significati ha un ruolo marginale, come per esempio esercizi per la fissazione della pronuncia, attività quindi che possono trovare posto in un insegnamento di italiano lingua seconda, a patto che non costituiscano una parte consistente del lavoro e che siano rese motivanti.

Figura 2

LO SCENARIO DI CUMMINS

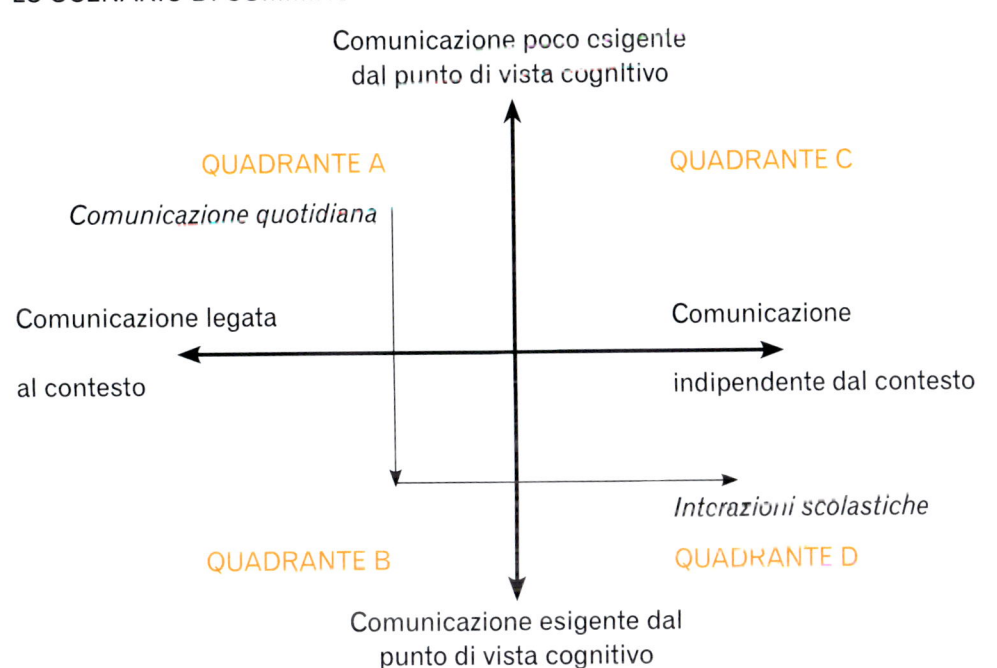

Comunicazione poco esigente dal punto di vista cognitivo

QUADRANTE A — *Comunicazione quotidiana*

QUADRANTE C

Comunicazione legata al contesto ←→ Comunicazione indipendente dal contesto

Interazioni scolastiche

QUADRANTE B

QUADRANTE D

Comunicazione esigente dal punto di vista cognitivo

Applicare questo modello all'insegnamento dell'italiano come lingua seconda nella scuola significa:

- programmare un sillabo di italiano con la chiara consapevolezza di quale lingua e quali modalità di presentazione della stessa possono essere inserite nei quadranti A, B, D;
- preoccuparsi di ordinare le proposte didattiche da fare agli studenti stranieri in modo da rispettare il percorso evidenziato nello scenario di Cummins;
- adattare le attività scolastiche necessariamente poste nel quadrante D, affinché siano accessibili ad allievi stranieri che non sono ancora in grado di staccarsi dal contesto;
- essere consapevoli del ruolo e del peso che hanno nel percorso glottodidattico che la scuola propone agli allievi stranieri attività didattiche che possono essere inserite nel quadrante C.

2.3 La lingua della scuola

La scuola italiana è abituata a rapportarsi con allievi italiani, che arrivano già con una competenza comunicativa di base che permette loro di comprendere e usare la lingua nelle normali situazioni quotidiane; da questa base gli insegnanti partono per introdurre gradualmente la lingua astratta, i linguaggi tipici delle discipline, i termini specifici e specialistici, i testi argomentativi, espositivi, metalinguistici.

La presenza di allievi stranieri, che non hanno una competenza di base in italiano, che devono percorrere in tempi il più brevi possibile le tappe di acquisizione della lingua italiana per comunicare, che sono invece competenti in una lingua spesso sconosciuta alla scuola, fa sì che si debba rivedere attraverso i loro occhi la lingua italiana che si usa normalmente in classe e le abilità cognitive e linguistiche che costituiscono il prerequisito per il successo scolastico.

La lingua che si usa a scuola per trasmettere i contenuti disciplinari, i concetti che governano le materie scolastiche, può essere avvicinata al concetto di microlingua[8]: se oggi sempre di più si dice che lo studente di storia, di geografia, di matematica deve conoscere e saper usare gli strumenti e il linguaggio propri dello storico, del geografo, del matematico, si vede come questa definizione può adattarsi alla lingua della scuola. Più in particolare, possiamo dire che la lingua della scuola è una microlingua a basso grado di difficoltà, a livello di divulgazione, livello che si alza con il procedere degli studi.

Al di là degli aspetti tecnici e teorici legati al concetto di microlingua, qui si vogliono sottolineare due aspetti:

1. un aspetto sociolinguistico: la microlingua è anche uno strumento di riconoscimento sociale: viene riconosciuto come membro di una comunità, e quindi può avere successo sia nella comunità scolastica sia in un'eventuale comunità professionale, chi sa usare la microlingua propria di quell'ambiente: ecco allora che un percorso che miri a dare agli allievi stranieri gli stessi strumenti concettuali e disciplinari degli allievi italofoni, dovrà avere come obiettivo la comprensione e la produzione dei linguaggi "esperti" propri delle materie scolastiche. Questo significa che nello spiegare ad un allievo straniero la geometria si potrà e si dovrà passare attraverso

semplificazioni quali "il lato più lungo del triangolo", ma per arrivare a dare a questo concetto il nome specifico di "ipotenusa".
2. Un aspetto linguistico: le microlingue hanno precise caratteristiche non solo lessicali, ma anche sintattiche, testuali, extralinguistiche e comunicative, che vanno rese oggetto di specifiche riflessioni da parte dell'insegnante e di specifici percorsi didattici per l'allievo straniero, questo non solo per garantirgli, come abbiamo già ribadito, la possibilità di autorealizzarsi nella scuola e nella vita, ma anche perché le caratteristiche della microlingua propria di ogni disciplina definiscono e rendono evidenti le relazioni tra le conoscenze, le connessioni tra i concetti propri di quell'ambito, permettono di accedere alla strutturazione della materia in oggetto.

2.4 Il rapporto tra L1 e L2

Abbiamo già citato la nozione di bilinguismo additivo come fonte di arricchimento della personalità del parlante: numerosi studi hanno ormai dimostrato che un parlante bilingue riceve da questa sua condizione vantaggi cognitivi, metalinguistici, comunicativi[9].

Partendo dalla nozione di semilinguismo, elaborata negli anni '70 da Skutnabb-Kangas e Toukomaa[10], la ricerca ha comunque continuato a verificare gli effetti negativi di un certo tipo di scolarizzazione di allievi potenzialmente bilingui, e a stabilire una relazione tra l'insuccesso scolastico degli studenti di diversa madrelingua e un insufficiente sviluppo della lingua materna; di fronte ai risultati contrastanti di alcune ricerche in merito, Cummins ha elaborato due ipotesi che potessero spiegare il complesso legame tra sviluppo della lingua materna e della lingua seconda, e tra padronanza linguistica e abilità cognitive: *l'ipotesi del livello soglia* e *l'ipotesi dell'interdipendenza*, i cui assunti di base sono strettamente legati e le cui conseguenze hanno importanti ricadute sul percorso scolastico degli allievi stranieri.

L'ipotesi soglia vuole spiegare il perché di risultati contrastanti in merito al raggiungimento del successo scolastico di allievi non madrelingua: Cummins ipotizza che esista un livello soglia di competenza comunicativa in entrambe le lingue di un bilingue che permette lo sviluppo delle abilità cognitive superiori.

Esiste quindi un livello di padronanza che va raggiunto sia in L1 che in L2 per permettere ai bilingui di massimizzare gli stimoli cognitivi e linguistici che ricevono dall'ambiente e dalla scuola; al contrario, uno studente straniero al quale è stato permesso di raggiungere solo un basso livello di alfabetizzazione in una delle due lingue, vede diminuire la sua capacità di ottenere risultati soddisfacenti dall'istruzione: uno sviluppo costante di entrambe le lingue è dunque alla base della crescita linguistica e cognitiva.

L'ipotesi dell'interdipendenza presuppone invece che, data una sufficiente competenza in entrambe le lingue (livello soglia), ciò che viene appreso attraverso una lingua è trasferibile nell'altra lingua.

Questa ipotesi contrasta la visione, condivisa da molti, della padronanza linguistica dei bilingui vista come la coesistenza di due meccanismi separati, nei quali l'aumento della competenza in una lingua fa diminuire la competenza dell'altra lingua.

Cummins visualizza questo principio nell'immagine del doppio iceberg (Figura 3): sono gli aspetti di superficie delle due lingue ad essere differenziati, ma ad entrambe le lingue sono comuni gli aspetti più profondi, legati allo sviluppo cognitivo e al successo scolastico, che possono essere travasati da una lingua all'altra, conservati in un magazzino comune che le fa funzionare tutte e due.

Se però una delle due lingue non è sviluppata fino al livello soglia, e ad un parlante straniero viene chiesto di utilizzarla in compiti cognitivamente impegnativi, le competenze immagazzinate a livello profondo non possono essere attivate, e quindi il compito diviene un ostacolo insormontabile: torna qui la distinzione tra BICS e CALP.

L'importante conclusione che si può trarre dalle ricerche e dalle speculazioni di Cummins, e di tutti coloro che hanno lavorato in questi ultimi decenni sulle sue teorie, è che non è la condizione di bilinguismo a costituire un vantaggio in sé, ma determinati rapporti tra la competenza in lingua materna e quella in lingua seconda.

Figura 3

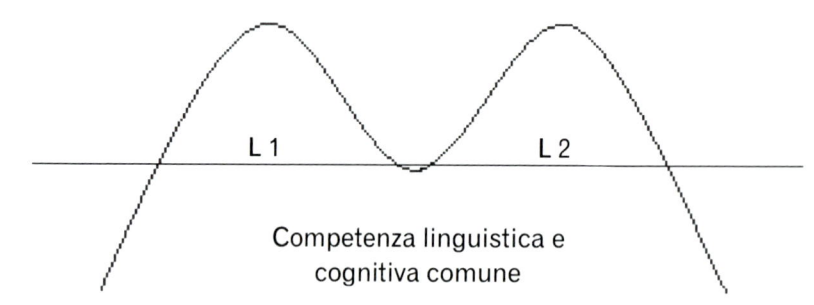

L 1 — L 2

Competenza linguistica e cognitiva comune

3. Coordinate operative

Nei precedenti paragrafi abbiamo delineato alcune coordinate generali e teoriche relative all'inserimento degli allievi stranieri nello studio delle discipline scolastiche, indagando il concetto di bilinguismo, il rapporto tra L1 e L2, gli ostacoli linguistici e comunicativi che un allievo straniero deve superare per poter affrontare i contenuti disciplinari proposti dalla scuola, alcune caratteristiche della lingua della scuola.

Nei paragrafi che seguono si cercherà invece di rivolgersi alla dimensione più operativa, più legata alla pratica didattica, andando ad analizzare quali sono i passi e le azioni che la scuola può fare per permettere agli allievi stranieri di impossessarsi degli strumenti cognitivi e dei contenuti veicolati dalle discipline scolastiche per inserirsi realmente nella scuola italiana, quali sono i prerequisiti che la scuola deve verificare ed eventualmente sviluppare, qual è la funzione dell'insegnante che vuole realmente occuparsi degli allievi stranieri.

È sempre e solo il piano linguistico che ci interessa, non quello disciplinare: l'istruzione scolastica, qualsiasi sia la disciplina, si trasmette essenzialmente attraverso la lingua dell'insegnante e degli allievi e la lingua scritta dei libri di testo.

È comunque da sottolineare lo stretto legame tra lingua specifica delle discipline e organizzazione concettuale delle discipline: la lingua non solo permette la trasmissione dei concetti propri di una materia scolastica, ma essa stessa organizza e definisce i concetti; ecco allora che occuparsi dell'acquisizione della lingua relativa alle materie scolastiche non è poi così lontano dall'occuparsi dell'acquisizione dei contenuti e dei concetti delle materie.

Si cercherà quindi di tracciare, attraverso l'esplicitazione di una serie di parole-chiave, alcune linee di intervento sulla lingua in grado di ridurre la distanza tra italiano delle discipline e allievo straniero, a livello di comprensione della lingua, lasciando volutamente da parte quanto riguarda la produzione linguistica richiesta all'allievo straniero nello svolgimento delle discipline scolastiche, tema che richiederebbe molto spazio e numerose riflessioni in merito alla strutturazione dell'interlingua, alle strategie di comunicazione in una lingua seconda, agli strumenti e alle modalità della verifica e della valutazione scolastica.

Abbiamo diviso l'argomento in semplificazione della lingua orale e semplificazione della lingua scritta, ma è chiaro che una parte di quanto detto per l'oralità è valida anche per lo scritto e viceversa.

Un'ultima precisazione riguarda l'uso del termine "semplificazione"[11] nei paragrafi che seguono: non si vuole certamente intendere che questa è un'operazione semplice da portare a termine da parte dell'insegnante, e neppure auspicare che l'allievo straniero debba entrare in contatto con una lingua innaturalmente iper-semplificata o impoverita nei contenuti, solo perché in questo modo lo si mette in grado di comprendere.

Si vuole invece intendere che esistono delle strade, delle strategie, che permettono all'allievo straniero di trovare una strada relativamente "semplice" per comprendere la lingua della scuola, strada semplice perché presenta contenuti e strutture in modo graduale, fermo restando che il fine ultimo della scuola nei confronti di questi studenti resta quello di metterli nelle condizioni di poter apprendere e svilupparsi cognitivamente allo stesso livello e attraverso gli stessi strumenti dei compagni italiani, per permettere a loro, come a tutti gli studenti, di poter raggiungere il successo scolastico.

3.1 Allievi stranieri e successo scolastico

Un allievo straniero iscritto in una scuola italiana si trova di fronte quattro enormi problemi: il suo successo, nella scuola ma in generale nel nuovo ambiente, dipende in gran parte da come riuscirà a superarli:

1. deve adattarsi ad una situazione della quale non conosce le regole: deve quindi capire al più presto come deve comportarsi e come deve agire in un ambiente a lui totalmente sconosciuto; deve trovare dei punti di riferimento, orientarsi nello spazio della scuola e nei tempi della scuola; deve entrare in contatto con persone capaci di assumere il ruolo di *mediatori*, ruolo che va assunto con un profondo senso critico e con la disponibilità a mettersi nei panni dello straniero, per facilitare il suo accostamento ad un mondo nei confronti del quale non si può dare nulla per scontato, né dal punto di vista cognitivo, né da quello linguistico, né da quello culturale, e per rendere significativo l'insieme di parole, comportamenti, nozioni che si trova di fronte.

2. deve imparare la lingua per la comunicazione quotidiana di base, la lingua che gli serve per esprimere i bisogni, per richiamare l'attenzione, per inserirsi nei giochi e nelle attività, per chiedere qualcosa e per comprendere cosa sta accadendo attorno a lui, la lingua che gli serve per stabilire quei contatti con gli altri, adulti e coetanei, che gli permettono di entrare a far parte realmente della comunità scuola.
3. deve apprendere a leggere, scrivere, studiare in lingua seconda: deve quindi imparare la lingua della scuola, la lingua, o meglio, le microlingue, delle discipline, la lingua astratta, la lingua che gli permetterà di avere gli stessi strumenti concettuali e conoscitivi dei suoi compagni italiani, e quindi le stesse possibilità di mettere a frutto le sue capacità nella vita.
4. deve esperire che la sua lingua madre, la sua cultura d'origine, le sue esperienze e soprattutto le sue conoscenze pregresse vengono valorizzate dalla scuola, che non vengono negate, cancellate, ignorate in nome di un modello di istruzione, di una lingua, di una scala di valori culturali non discutibili, non modificabili, non integrabili; considerare l'allievo straniero come colui che "è nato" nel momento in cui ha messo piede in Italia, o nella scuola italiana, significa negargli quello spessore e quella profondità che tutti gli esseri umani possiedono, e soprattutto impedire, o per lo meno rendere estremamente difficile, la lunga strada che egli deve comunque percorrere per imparare ad integrare e far convivere i diversi mondi ai quali appartiene.

Il successo scolastico passa attraverso lo stare bene a scuola, vivere con serenità le ore di studio, dentro e fuori dalla scuola, e soprattutto rendersi conto di essere in grado di superare le difficoltà perché la scuola ha messo l'alunno nelle condizioni di superarle.

3.2 Prerequisiti allo studio

Spesso la scuola italiana appare all'allievo straniero come una realtà completamente sconosciuta, anche se ha già esperienza di scolarizzazione nel suo paese d'origine: orari, nomi delle materie scolastiche, scansione dei tempi scolastici, alternarsi degli insegnanti, modalità di svolgimento delle attività proposte, criteri di valutazione, possono essere molto diversi in realtà culturali diverse[12].

Un allievo straniero può frequentare anche per lungo tempo una scuola senza sperimentare in prima persona le regole per lo svolgimento di tutta una serie di attività scolastiche legate alle discipline, senza per esempio che gli vengano richiesti compiti per casa, o interrogazioni; può essere molto lungo infatti il periodo nel quale l'allievo straniero non è inserito a tutti gli effetti nella vita scolastica, non gli viene richiesto un impegno fattivo in tutte le discipline, in quanto gli obiettivi che si punta a fargli raggiungere riguardano l'acquisizione linguistica, l'alfabetizzazione in italiano, la socializzazione in un ambiente nuovo.

Ancora una volta, il tempo trascorso a scuola o la capacità di interagire in italiano non sono indicatori automatici del fatto che l'allievo straniero è pronto senza ulteriori sostegni ad affrontare l'impegno delle discipline scolastiche.

Ecco allora che un prerequisito all'inserimento attivo degli allievi stranieri nelle discipline scolastiche è la conoscenza dell'organizzazione della scuola italiana:

- sapere come è organizzata la giornata scolastica;
- conoscere i nomi e i contenuti, gli argomenti principali, delle materie scolastiche;
- prendere confidenza e riconoscere i diversi ruoli e compiti che hanno i molti adulti che lo circondano;
- imparare che cosa sono: lezione, spiegazione, interrogazione, verifica, test, ricerca, compiti per casa, tema, riassunto, dettato, ecc.;
- comprendere il significato dei voti o dei giudizi dati dall'insegnante.

Un altro ambito nel quale vanno verificati i prerequisiti degli allievi è quello cognitivo, nel quale non è qui possibile addentrarsi in profondità, ma che merita per lo meno un accenno (si veda anche Baldacci, 1993).

Ci sono dei prerequisiti cognitivi generali che sono alla base della possibilità di accedere allo studio disciplinare: per esempio, saper memorizzare, saper comprendere un testo scritto, avere capacità logiche, saper classificare, ... Sono abilità trasversali alle diverse materie scolastiche, variamente collegate allo sviluppo della padronanza linguistica in L1 e in L2, quindi da tenere sotto controllo con particolare attenzione negli allievi stranieri. Sono inoltre abilità che, appunto perché non appartenenti in maniera esclusiva a nessuna disciplina scolastica, spesso vengono trascurate, non verificate e non fatte oggetto di specifica programmazione, soprattutto nei gradi di scuola superiori al secondo ciclo delle elementari, nei quali si dà per scontato il possesso di tali abilità.

Tutti gli allievi, italiani o stranieri, apprendono solo se il materiale che viene proposto è al loro livello, vale a dire è in grado di agganciarsi a qualcosa che è già stato appreso precedentemente[13]: oltre a possedere quindi dei prerequisiti generali, gli allievi che affrontano le materie scolastiche devono anche possedere dei prerequisiti specifici, quelli che sono detti comunemente le "basi" delle discipline. Anche qui si richiede un attento lavoro di verifica e consolidamento da parte dell'insegnante soprattutto con allievi stranieri, ai quali a volte la scolarità pregressa in paesi con culture e organizzazioni scolastiche lontane da quelle italiane non ha fornito le stesse basi o le stesse nozioni di base che possiedono di norma invece i coetanei italiani.

3.3 La funzione dell'insegnante

Come abbiamo già ribadito, la presenza di allievi stranieri deve costringere gli insegnanti di tutta la scuola, non solo quelli che li hanno in classe, a rivedere criticamente le modalità che vengono usate nelle interazioni scolastiche, la lingua usata nelle spiegazioni, l'uso che viene proposto dei libri di testo, anche alla luce delle coordinate teoriche evidenziate nei paragrafi precedenti.

Non potendo mettere direttamente l'allievo straniero in contatto con la lingua delle materie scolastiche, con l'italiano usato per la trasmissione delle conoscenze disciplinari, l'insegnante dovrà assumere il ruolo importantissimo e cruciale di mediatore tra l'allievo straniero e le discipline scolastiche.

Ciò non significa che questo non sia uno dei ruoli fondamentali di un docente anche con allievi di madrelingua italiana, ma che questo ruolo con allievi stranieri va assunto con particolare impegno (cfr. paragrafo 3.1.), al fine di far sì che tutto l'ambiente scolastico sia comprensibile e facilitante.

È un ruolo complesso, che l'insegnante può condividere con altri: per esempio, chiedere ad un compagno italiano di assumere il ruolo di tutor dello straniero durante una determinata attività scolastica, per aiutarlo nella comprensione di quanto non gli è chiaro, diventa un'opportunità educativa e istruttiva per entrambi gli studenti.

L'insegnante mediatore non è quindi il protagonista dell'azione didattica, ma colui che favorisce l'acquisizione di strutture, nozioni, concetti, comportamenti cognitivi, attraverso la predisposizione di contesti facilitanti.

Nei confronti della semplificazione della lingua delle discipline scolastiche, l'insegnante mediatore dovrà innanzitutto:
- rivedere le strategie comunicative e la lingua italiana orale che usa per le spiegazioni, le esposizioni, le istruzioni riguardanti i compiti e le attività scolastiche;
- rivedere la struttura, i contenuti e la lingua dei libri di testo che ha scelto in adozione e di tutti i materiali scritti che è abituato a proporre ai suoi allievi.

3.4 I testi linguistici della scuola e la semplificazione

Intervenire sulla lingua della scuola non è un processo facile: Piemontese (1996), con grande chiarezza sottolinea che: "chi intende produrre testi di difficoltà controllata deve accettare di sottoporsi ad un faticoso lavoro di formazione prima, e di continua verifica (e rimessa in discussione) dei risultati raggiunti, poi"; questa osservazione porta ad alcune precisazioni:
- il lavoro di semplificazione dei testi scolastici difficilmente può essere fatto da un unico insegnante nel tempo normalmente dedicato alla programmazione delle lezioni: richiede un lavoro di collaborazione e di studio con i colleghi;
- il forte legame tra trasmissione dei concetti disciplinari e lingua fa in modo che sia indispensabile l'apporto degli insegnanti di tutte le materie di un team docente;
- il concetto di semplificazione è fortemente legato al destinatario del testo semplificato: serve quindi un'attenta analisi delle competenze possedute dagli allievi ai quali questi testi sono destinati e una altrettanto attenta verifica dei risultati ottenuti;
- quanto detto sopra non deve spaventare nessuno, ma rendere consapevoli gli insegnanti che questa è una strada da affrontare in un'ottica di tempi lunghi e di piccoli passi successivi.

Dando qui per scontato il possesso da parte degli studenti delle abilità di percezione e di decifrazione della catena fonica e dei simboli grafici della lingua italiana, quindi delle abilità strumentali relative all'orale e allo scritto, in forma molto schematica, si può dire che l'intervento dell'insegnante dovrà focalizzarsi prima di tutto sulle principali caratteristiche dei testi orali e scritti che vengono normalmente proposti a scuola e che possono essere fonte di problemi di comprensione:
- la lunghezza del testo
- il lessico specialistico, astratto o non conosciuto
- l'uso metaforico della lingua
- la struttura sintattica complessa della frase
- la presenza di nessi linguistici impliciti

- l'alto numero di informazioni concentrate in una frase o in un testo
- la complessa pianificazione delle informazioni nel testo
- la compresenza nello stesso testo di diversi generi testuali: narrazione, descrizione, argomentazione, relazione, spiegazione, …
- la presenza di elementi culturali, o che comunque fanno riferimento all'enciclopedia dell'ascoltatore, sconosciuti.

3.5 Il processo di comprensione

Non è questa la sede per poter indagare a fondo su quel fondamentale processo linguistico che è la comprensione[14]: di seguito si danno solo alcuni cenni sulle principali caratteristiche di questa abilità linguistica che è alla base di una reale competenza comunicativa. La comprensione di un testo è innanzitutto un processo globale simultaneo, non un processo lineare, formato da momenti successivi nel tempo, per i quali si comprenderebbe fonema dopo fonema, lessema dopo lessema, frase dopo frase: comprendere un testo perciò significa innanzitutto attivare la *Expectancy Grammar*, o Grammatica dell'Attesa, che è un processo che permette di costruire un'ipotesi circa la natura e il contenuto del messaggio che si sta ricevendo, ipotesi costruita:

- sulla base della *consapevolezza situazionale* (soprattutto riguardo all'argomento e agli scopi degli interlocutori),
- in base alla *ridondanza*, cioè ai supplementi di informazioni reperibili nel contesto, nel cotesto, quindi di quanto è comparso prima nel testo, e nel paratesto (tono della voce, intonazione, titoli, immagini, ecc.),
- sulla base della conoscenza del mondo o *enciclopedia*, che permette di creare ipotesi su quanto potrà venire detto.

Stabilita questa ipotesi, l'ascoltatore va a verificare, nel testo che sta continuando ad ascoltare o a leggere, se essa è giusta, mettendo in atto precise strategie di aggiustamento delle ipotesi, fino a sceglierne una che sia coerente con tutti gli elementi del messaggio che possiede.
È un processo complesso, alla base di una vera competenza comunicativa, che va insegnata e potenziata con precise metodologie glottodidattiche[15].
È possibile aiutare l'attivazione di questo importante processo nell'ambito dello studio delle discipline scolastiche, attraverso una serie di strategie, riassunte nei paragrafi che seguono, che vadano a interessare sia l'aspetto di superficie dei testi, la lunghezza di frasi e parole, sia l'aspetto più profondo, relativo alle informazioni che si vogliono esprimere e alle relazioni, linguistiche e logiche, tra i concetti espressi.

3.6 Allievi stranieri e lingua orale a scuola

Baldacci (1993) osserva che:
> Il linguaggio dell'istruzione non consiste nella lingua-madre del bambino, ossia nel linguaggio ordinario, convenzionale, di uso quotidiano. Esso rappresenta piuttosto un linguaggio specializzato nelle funzioni logiche di descrizione e spiegazione secondo l'assetto formale della prosa scritta. Fa perno cioè su costrutti linguistici dotati di elevato grado di convenzionalità e astrattezza, con rigorosa architettura logico-grammaticale e caratterizzati da

> *struttura esplicita che mira a determinare il significato nell'ambito del "testo", senza a tal fine avvalersi, come invece fa abitualmente il linguaggio comune, dell'ausilio del contesto extralinguistico.*

Questa lunga citazione, scritta in un testo che non si occupa di allievi stranieri, può aiutare l'insegnante a riflettere sulla lingua abitualmente usata a scuola nelle spiegazioni, nelle esposizioni, nel passaggio delle consegne per eseguire un compito, nella trasmissione orale delle conoscenze disciplinari, per notare quanto questa lingua a volte sia alla base dei problemi di allievi non necessariamente non italofoni: è una lingua sempre più astratta, più complessa con l'aumentare della scolarità, è una lingua che richiede competenze a livello CALP e che si pone nel quadrante D dello scenario di Cummins (cfr. paragrafo 2.2.1.).

I testi linguistici orali che vengono usati nella scuola per trasmettere le conoscenze scolastiche hanno delle caratteristiche ben diverse da quelli normalmente usati nelle interazioni spontanee o informali, usati nei momenti socializzanti, nella comunicazione relativa alla vita quotidiana e alla soggettività: per citare solo alcune differenze, possiamo dire che le conversazioni faccia a faccia sono essenzialmente dialogiche, non monologiche come quelle scolastiche, sono spontanee, quindi non richiedono complesse pianificazioni, si esprimono con un lessico abbastanza limitato e molto legato alla concretezza, non attraverso linguaggi specialistici e termini astratti, sono strettamente legate al contesto e alla soggettività dei parlanti, sono ridondanti piuttosto che sintetiche e senza inutili ripetizioni.

Fare da mediatori tra allievi stranieri e discipline scolastiche significa quindi anche e soprattutto agire sulla lingua della scuola, graduarla per fare in modo che l'allievo straniero possa impossessarsene attraverso un percorso progressivo che parta dalla semplificazione per arrivare alla complessità, come rappresentato nello scenario di Cummins, percorso che potrà aiutare anche una parte degli studenti italiani.

3.6.1 Le parole chiave della semplificazione della lingua orale

- *Interazione:* numerosi studi hanno dimostrato che la comprensione è fortemente potenziata dalla possibilità di interagire con chi trasmette l'input da acquisire, o anche solo dalla possibilità di assistere ad una interazione tra più persone[16]. Non sempre questo avviene durante una spiegazione di un insegnante, che a volte assume la forma di un monologo frontale, molto più difficile da comprendere, piuttosto che di un'interazione verbale, e propone un lavoro di comprensione e rielaborazione individuale piuttosto che di gruppo.

- *Contestualizzazione*: contestualizzare significa attivare e coinvolgere tutti gli elementi del contesto affinché contribuiscano a favorire la comprensione. In particolare, con gli allievi stranieri è importante contestualizzare il lessico evitando parole astratte per preferire termini concreti e di uso comune, contestualizzare le situazioni attraverso l'esperienza concreta o la simulazione di un'esperienza, rendere significativo ogni elemento da apprendere collegandolo alle conoscenze dello studente, esplicitare il concetto o il contenuto da apprendere con numerosi esempi concreti, far riferimento a compiti o azioni simili già sperimentati.

- *Negoziazione dei significati*: una delle caratteristiche delle interazioni orali è che richiedono da parte dei parlanti il possesso di abilità di negoziazione, intese come la capacità di saper risolvere i problemi di comprensione che possono sorgere durante uno scambio verbale[17].
Mettere in atto strategie di negoziazione di significati significa stabilire ogni volta, insieme all'interlocutore, il significato di quanto detto per far procedere il discorso, saper dare spiegazioni mirate a chi ascolta, comunicare le proprie idee con la disponibilità a modificare il proprio piano di svolgimento dell'interazione per fare tutto il possibile perché l'interlocutore comprenda, per esempio svolgendo numerose attività di verifica e controllo della comprensione, stimolando le richieste di chiarimenti, ripetendo o riformulando frasi e parole-chiave.

- *Ridondanza*: la ripetizione è un modo per incrementare la comprensione: gli insegnanti ne sono ben consapevoli, e in genere sono disposti a dare la stessa spiegazione anche numerose volte. Con gli allievi stranieri, durante una spiegazione è importante fare leva sulla ripetizione delle parole-chiave o sulla riformulazione delle frasi più importanti, riducendo il ricorso a sinonimi, circonluzioni e perifrasi con studenti a livelli bassi di competenza linguistica, per sfruttare invece queste strategie di ridondanza con l'aumentare della padronanza comunicativa.
La ridondanza si ottiene anche sfruttando contemporaneamente diverse modalità di presentazione di una stessa informazione, di uno stesso testo, di una stessa parola: un testo orale e un grafico, un termine e un disegno; ancora, la ridondanza si ottiene riciclando il lessico presentato in diverse situazioni e testi.

- *Supporti extralinguistici*: la preponderanza del codice verbale nella trasmissione delle conoscenze scolastiche deve comunque essere accompagnata dall'enfatizzazione dei codici extralinguistici e paralinguistici: uso del tono di voce e della scansione delle parole per enfatizzare i punti più importanti, rallentamento della velocità d'eloquio, utilizzo della gestualità, presentazione di supporti visivi, oggetti, dimostrazioni pratiche.

- *Anticipazione*: la comprensione di un testo cognitivamente impegnativo va preparata attraverso una serie di attività da proporre allo studente, con il fine di aiutarlo ad attivare la *Expectancy grammar* e a collegare quanto sta per apprendere alla sua esperienza e alle sue conoscenze, così da renderlo psicologicamente significativo. Ecco allora l'utilità per esempio di fornire prima della lezione vera e propria uno schema dei concetti chiave, di avviare una discussione o una semplice conversazione sul tema che si affronterà, di lavorare in anticipo sul lessico specialistico necessario alla comprensione dell'argomento, di creare delle routines che delimitano e annunciano un certo tipo di attività o compito legato allo studio e alle discipline; è un momento particolarmente delicato quando ci sono allievi stranieri, in quanto la distanza culturale tra le loro esperienze e le loro conoscenze e quelle dell'insegnante e dei compagni italiani può essere sconosciuta alla scuola e talmente ampia da compromettere la comprensione.

3.7 Allievi stranieri e lingua scritta a scuola

Malgrado la sempre più ricca offerta da parte del mondo editoriale e la cura dei docenti nella scelta del libro di testo da adottare per le proprie classi, molto spesso la scuola mette anche gli allievi di madrelingua italiana di fronte a testi scritti di difficile, e a volte impossibile, comprensione: è un problema spesso riportato da insegnanti e allievi.

Naturalmente è un problema che assume proporzioni ancora più grandi quando chi deve affrontare quei libri di testo ha una competenza linguistica in italiano comunque inferiore a quella di un madrelingua.

Le proposte per cercare di alleviare questi problemi possono andare in tre direzioni.

- Innanzitutto è necessaria un'analisi a monte, prima dell'adozione, del libro di testo, al fine di non ritrovarsi con uno strumento inutilizzabile con la parte della classe costituita dagli allievi stranieri. Il libro può essere analizzato non solo dal punto di vista dei contenuti ma anche da quello della forma, andando a controllare se il testo è costruito in modo lineare, ha una struttura facile da comprendere, sono chiaramente individuabili le informazioni principali, se contiene tabelle riassuntive, grafici, mappe, illustrazioni, schemi, glossari che facilitino e integrino i contenuti dei testi scritti, se contiene riferimenti interculturali, aperture verso mondi e realtà diversi e lontani da quelli italiani e in genere occidentali.

In ogni caso, il libro di testo non può certo esaurire i materiali di supporto all'azione dell'insegnante, che vanno:

- integrati con altri materiali cartacei: forse, la soluzione migliore sarebbe l'opzione della biblioteca alternativa al libro di testo. In particolare per materie quali per esempio la storia o la geografia, l'editoria presenta ormai numerosissime proposte molto valide, che possono essere scelte in modo da avere materiali che rendono possibile la costruzione di percorsi individualizzati e graduati in difficoltà ed estensione; allo stesso modo, un altro strumento che integra il libro di testo e che permette di moltiplicare le fonti dalle quali attingere per ottenere determinate informazioni e di aver a disposizione materiali di diversa complessità, è il fascicolo[18], che si ottiene assemblando testi sullo stesso argomento provenienti da diverse fonti: libri di testo, testi di divulgazione, schede preparate dal docente e dagli studenti, immagini prese da atlanti, enciclopedie, riviste, articoli di giornali.
Il lavoro di preparazione può non ricadere completamente sull'insegnante, ma essere svolto anche dagli allievi, che, in gruppo, preparano un fascicolo tenendo conto e con la collaborazione degli allievi stranieri;

- semplificati e adattati opportunamente, secondo le indicazioni presentate nel paragrafo 3.7.1., e, per esempio, allegando alla pagina del libro di testo una scheda con gli stessi contenuti in versione semplificata, alla quale l'allievo straniero può ricorrere in caso di difficoltà nella comprensione del testo originario.

3.7.1 Le parole chiave per la semplificazione dei testi scritti

- *Selezione dei contenuti*: semplificare i testi relativi ad un ambito disciplinare può richiedere anche la necessità di selezionare i contenuti da trasmettere, per alleggerire il carico cognitivo soprattutto nelle prime fasi di accostamento alla lingua dello studio. È un processo strettamente legato all'architettura e alle basi epistemologiche della disciplina, che va analizzata per evidenziarne la mappa concettuale e il modo in cui sono organizzati i concetti, le conoscenze e le relazioni reciproche.
Senza addentrarci nell'argomento, possiamo accennare, per esempio, che ci sono discipline, come la storia, nelle quali è possibile selezionare le informazioni "privando" gli allievi stranieri di una parte dei contenuti, pur garantendo una preparazione di base adeguata, e discipline, come la matematica, dove le informazioni sono costruite in modo tale che esiste un "percorso obbligato", nelle quali ogni elemento è indispensabile per l'acquisizione del successivo.

- *Densità informativa*: spesso i testi relativi ad una disciplina sono estremamente concentrati, cercano di trasmettere il maggior numero possibile di informazioni nel minor spazio possibile: diventano quindi di difficile accesso a chi non è in grado di penetrarli profondamente dal punto di vista della comprensione. In questo caso, semplificare non coincide con accorciare, ma con il diluire le informazioni in frasi brevi, semplici, riformulandole in forma più esplicita, cercando di evitare le inferenze. La densità informativa può anche essere ridotta separando le informazioni e presentandole in diversi modi, attraverso diversi strumenti: testi scritti, grafici, tabelle, schede, immagini.

- *Uso di strumenti non verbali*: quanto detto sopra si ricollega alla necessità di integrare il testo scritto con supporti non verbali o non esclusivamente verbali: immagini, schemi, mappe, carte geografiche, linee del tempo, oggetti, dimostrazioni, ma anche video, cd-rom: più canali vengono coinvolti nel processo di comprensione e di memorizzazione, più è facile apprendere.

- *Impostazione grafica*: la comprensione si basa anche sull'analisi del paratesto; diventa quindi importante paragrafare il testo in modo chiaro e scegliere con cura i titoli e i sottotitoli, in modo che contengano l'informazione principale del testo che segue.

- *Architettura del testo*: la strutturazione del testo può essere resa più accessibile pianificando la successione delle informazioni in modo da presentare prima quelle generali, per poi scendere nei particolari, dando ai concetti una struttura gerarchica semplice e regolare, ripetendo o sottolineando gli elementi chiave, evidenziando, anche semplicemente con delle linee colorate, i nessi tra i diversi concetti.

- *Forma linguistica*: un testo di facile comprensibilità avrà: parole concrete e appartenenti alla lingua comune piuttosto che termini astratti e inusuali (gli eventuali termini specialistici non eliminabili saranno opportunamente spiegati); proposizioni coordinate piuttosto che subordinate; verbi alla forma attiva piuttosto che forme passive; strutture soggetto-verbo-complemento piuttosto che strutture sintattiche complesse e ricche di incisi; forme esplicite piuttosto che pronomi e forme sottointese.

- *Elementi culturali*: leggere i libri di testo italiani per analizzarli dal punto di vista culturale, per evidenziare gli elementi che possono creare problemi di comprensione a chi non condivide dalla nascita la cultura italiana al fine di esplicitarli, e gli elementi che sottointendono forme di razzismo, intolleranza, poco rispetto per il diverso al fine di eliminarli, non è un'operazione facile e richiede una grande capacità di decentrarsi[19].

3.8 Progressi scolastici e sviluppo della lingua materna

Il rapporto che molti studi hanno evidenziato tra sviluppo della lingua materna, sviluppo della lingua seconda e sviluppo delle abilità cognitive superiori mette la scuola italiana di fronte ad un problema per il quale non ci sono ancora soluzioni certe o strade percorribili già sperimentate.

Non è certo proponibile, in una scuola strutturata come quella italiana, in situazioni nelle quali nella stessa scuola, o addirittura nella stessa classe sono presenti allievi provenienti da diversi paesi, e quindi con diverse lingue d'origine, ricavare spazi, strutture, tempi, professionalità in grado di portare avanti corsi di lingua materna per gli stranieri.

Ci sono esperienze di sostegno allo sviluppo della lingua materna degli studenti stranieri, ma in genere sono svolte in collaborazione con enti locali o associazioni private, in orari che non coincidono con il tempo scuola degli allievi, senza un reale collegamento con il team di insegnanti di classe.

Ci sono però alcune azioni, alcune iniziative, oltre al più generico impegno a valorizzare tutte le lingue e tutte le culture, che possono trovare spazio anche nella nostra realtà scolastica[20]:

- sostenere e stimolare le famiglie d'origine degli studenti stranieri affinché usino e promuovano lo sviluppo della lingua materna in casa, nella cerchia familiare, nella comunità straniera, non solo a livello orale, ma anche scritto: per il principio di interdipendenza di Cummins, una volta che si impara a leggere in una lingua, non si deve ricominciare da capo nel momento in cui si impara a farlo in una lingua seconda. Cummins sottolinea: più tempo speso per lo sviluppo di una lingua, implica meno tempo speso per insegnarne un'altra;
- reperire e far usare a scuola testi bilingui o nella lingua materna degli studenti stranieri: ormai è sempre più facile trovare anche in Italia materiali di questo tipo;
- favorire l'uso della lingua materna anche a scuola e incoraggiare i contatti tra allievi che hanno la stessa lingua materna: non è vero che permettere ad allievi stranieri di comunicare in determinate situazioni attraverso la loro lingua materna porti conseguenze negative all'apprendimento dell'italiano: per entrare in contatto e praticare la lingua seconda a scuola e nell'ambiente nel quale vivono gli stranieri restano comunque molteplici occasioni;
- sfruttare la presenza di mediatori linguistici e culturali oltre la fase di prima accoglienza, per chiedere loro per esempio di elaborare testi bilingui, di facilitare la trasmissione di determinate conoscenze disciplinari di base, di preparare e correggere alcune prove di verifica in lingua materna degli studenti: uno dei grossi problemi

nella verifica delle competenze disciplinari acquisite da allievi stranieri è il divario che spesso esiste tra abilità di comprensione della lingua italiana e abilità di produzione, per cui è possibile che l'allievo abbia compreso e acquisito determinati contenuti attraverso la lingua seconda, ma non sia poi in grado di produrre un testo relativo ad essi in italiano;
- incoraggiare gli studenti stranieri a scrivere semplici testi bilingui, magari in collaborazione con un allievo italiano: per esempio contributi al giornalino scolastico, brevi e semplici testi relativi alle conoscenze disciplinari che ha acquisito nel paese natale, comunicazioni scolastiche.

Concludiamo con un'altra osservazione di Cummins: il concetto di multiculturalità non è altro che vuota retorica se non include la promozione della lingua materna: quando un bambino riceve il chiaro messaggio, dalla scuola materna in poi, che la sua lingua e la sua cultura devono restare fuori dai cancelli della scuola, allora il sistema educativo ha fallito l'obiettivo di educare l'intera persona.

Riferimenti bibliografici

AA.VV, 2000, *Alias*, Torino, Theorema.
BALBONI P., 1994, *Didattica dell'italiano a stranieri*, Roma, Bonacci Editore.
BALBONI P. (a cura di), 1999, *Educazione bilingue*, Perugia, Guerra Edizioni.
BALBONI P., 2000, *Le microlingue scientifico-professionali*, Torino, Utet.
BALBONI P., 2002, *Le sfide di Babele*, Torino, Utet Libreria.
BALDACCI M., 1993, *L'istruzione individualizzata*, Firenze, La Nuova Italia.
COONAN M.C., 2000, La lingua straniera come veicolo di apprendimento, in *Selm*, 5/2000.
CUMMINS J., DANESI M., 1990, *Heritage Languages. The development and denial of Canada's linguistic resources*, Garamond.
CUMMINS J., SWAIN M., 1986, *Bilingualism in Education*, N.Y., Addison Wesley Longman Limited.
CUMMINS J., 2000, *Language, Power and Pedagogy*, Multilingual Matters LTD.
FAVARO G. (a cura di), 1999, *Imparare l'italiano imparare in italiano*, Milano, Guerini e Associati.
FAVARO G., 2000, *Il mondo in classe*, Bologna, Nicola Milano.
FREDDI G., 1994, *Glottodidattica*, Torino, UTET Libreria.
LEND, 2001, numero monografico Italiano lingua seconda, n. 3, anno XXX, giugno 2001, Petrini Editore.
PALLOTTI G., 1998, *La seconda lingua*, Milano, Bompiani.
PIEMONTESE M.E., 1996, *Capire e farsi capire*, Napoli, Tecnodid.
PORCELLI G., 1994, *Principi di glottodidattica*, Brescia, Editrice La Scuola.
TITONE (a cura di), 1989, *On the bilingual person*, Ottawa, Canadian Society for Italian Studies.
TOSI A., 1995, *Dalla madrelingua all'italiano*, Firenze, La Nuova Italia.

1. Sono i numeri forniti dal Ministero della Pubblica Istruzione sulla presenza di allievi stranieri nelle scuole italiane dalla materna alle superiori.
2. Per un approfondimento della didattica dell'italiano come lingua seconda per la comunicazione quotidiana si veda AA.VV. (2000), e Balboni (2002).
3. Qui si danno solo pochi cenni di un dibattito ricco e articolato; per un approfondimento in merito si rimanda a Tosi (1995).
4. *Basic Interpersonal Communication Skills*: Abilità comunicative interpersonali di base; servono per esempio per salutare, interagire con i compagni nei giochi, chiedere una semplice informazione.
5. *Cognitive Academic Language Proficiency*: Padronanza linguistica cognitivo-accademica; serve per esempio per riassumere, comprendere e produrre testi argomentativi, individuare ed ordinare sequenze di fatti.
6. I temi dei legami tra lingua e concettualizzazione e delle interazioni tra sviluppo del linguaggio e crescita cognitiva è stato presentato e analizzato da autori ormai "classici" della ricerca psicopedagogica: Vygotsky, Bruner, Piaget.
7. La competenza comunicativa è intesa come la capacità di esprimersi usando una lingua in modo corretto, appropriato al contesto di situazione, coerente con i significati culturali veicolati dalla lingua, efficace, e quindi in grado di raggiungere gli scopi che il parlante si prefigge di raggiungere; per un approfondimento del concetto di competenza comunicativa si veda Balboni (1994).
8. Secondo la definizione di Balboni (2000), una microlingua è una varietà di lingua "usata nei settori scientifici e professionali (dall'operaio all'ingegnere, dall'infermiere al medico, dallo studente al critico letterario) con gli scopi di comunicare nella maniera meno ambigua possibile e di essere riconosciuti come appartenenti ad un settore scientifico o professionale".
9. In particolare Renzo Titone ha dimostrato in numerosi scritti i vantaggi del bilinguismo precoce (si veda Titone, 1989 e il suo contributo in Balboni, 1999).
10. I due studiosi scandinavi proposero questo termine nel 1976, per definire la competenza linguistica, insufficiente in entrambe le lingue, della minoranza finlandese presente in Svezia.
11. A proposito della semplificazione dei testi scritti, Piemontese (1996) preferisce parlare di "tecniche di scrittura controllata"; Pallotti (in *Lend*, 2001: 30), definisce i testi semplificati "testi ad alta comprensibilità".
12. Per un approfondimento di questo tema, si riamanda a F. Della Puppa, "Oltre le parole... i significati", 2002, saggio reperibile all'indirizzo http://helios.unive.it/~aliasve/newslettr/online/articolo_1.htm.
13. Si veda a questo proposito la nozione di "zona di sviluppo prossimale" di Vygotsky e, per gli insegnamenti linguistici, il concetto di "input+1" di Krashen.
14. Per una approfondita panoramica in merito al concetto di comprensione linguistica, si rimanda a Piemontese (1996).
15. Per una trattazione delle tecniche glottodidattiche per lo sviluppo della comprensione, si rimanda a Balboni, 1998, *Tecniche didattiche*, Torino, Utet Libreria, e, in particolare per l'insegnamento dell'italiano come lingua seconda nella scuola di base, al saggio di Luise "Metodologia glottodidattica per bambini", in AA.VV, 2000.
16. In merito si vedano gli esperimenti compiuti da Pica, citati in Pallotti (1998:170 e sg.).
17. Per un approfondimento delle strategie di negoziazione del significato si rimanda a Pallotti (1998:130 e sg.).
18. In merito al fascicolo si veda anche Baldacci (1993:125 e sg.).
19. A questo proposito si rimanda al saggio di Della Puppa "Educazione interculturale e discipline scolastiche" contenuto in questo volume.
20. Si veda anche Cummins (1990:110 e sg.).

COORDINATE

COMPITI DELL'INSEGNANTE DISCIPLINARE IN CLASSI PLURILINGUE: LA FACILITAZIONE DEI TESTI SCRITTI

Roberta Grassi

5

1. Premessa: "accoglienza" nella scuola e bisogni linguistici in italiano L2

Gli alunni stranieri che entrano a far parte delle nostre classi giungono da luoghi, situazioni e percorsi scolastici tra i più disparati: una delle poche caratteristiche che accomuna tutti i nuovi arrivati sarà probabilmente la nulla o scarsa competenza in lingua italiana.

La fase cosiddetta di "accoglienza", nella quale l'insegnante si trova in classe un nuovo allievo silenzioso, impaurito e spaesato, è un momento delicato, che richiede preparazione e impegno da parte degli insegnanti e degli altri attanti della scuola. È però altrettanto vero che in tale fase l'isolamento e lo svantaggio linguistico dell'allievo 'gridano' attraverso il suo ostinato silenzio, facendosi ben sentire dalla maggioranza degli insegnanti, mentre invece le lacune linguistiche e comunicative di un bambino che vediamo giocare ed interagire tranquillamente con compagni e adulti non 'gridano' altrettanto forte. Al contrario, esse si mascherano agli occhi degli insegnanti che troppo spesso, esaurito il 'pacchetto' di rinforzo assegnato all'alunno per la sua prima alfabetizzazione, lo ritengono in grado di accostarsi ai testi di studio ed alle spiegazioni dell'insegnante senza ulteriori aiuti. È così che spesso si cade in situazioni di ritardo (o di promozione 'assistenziale'), giustificate richiamando altri fattori di difficoltà, quali la mancanza di motivazione allo studio o problemi nell'apprendimento.

Pensiamo che sia proprio in conseguenza della minore visibilità del problema che la maggior parte degli interventi di rinforzo e di sostegno all'alunno, come anche di formazione e aggiornamento per l'insegnante, si sono sinora concentrati quasi esclusivamente sul superamento di tale fase. Ci si è occupati in primo luogo (peraltro giustamente) dell' 'emergenza', ovvero di aiutare i bambini stranieri ad acquisire i primi, fondamentali strumenti linguistici per esprimere i bisogni legati alla prima comunicazione e, sebbene i dubbi e le difficoltà per chi si occupa di questo primo percorso di alfabetizzazione siano ancora molti, numerose sono ormai le iniziative di aggiornamento specifico intraprese da diversi organismi ed istituzioni, e diffusa e generalizzata appare ormai la sensibilità al tema.

Sappiamo però che il soddisfacimento di tali bisogni comunicativi non esaurisce la gamma di funzioni, nozioni e competenze linguistiche e comunicative di cui ogni persona necessita e che la scuola deve garantire per i fini educativi di culturizzazione, socializzazione e autopromozione che le competono.

2. Lingua per lo studio ed educazione linguistica: un bisogno dei soli alunni stranieri?

I bisogni degli alunni stranieri a scuola sono graduabili in base alla loro emergenza, e comunemente distinti in bisogni di prima comunicazione, prevalentemente legati al canale orale ed ai temi di interazione quotidiana, e bisogni di secondo livello, legati alle opportunità di successo scolastico. Secondo Favaro, la mappa dei bisogni linguistici degli alunni immigrati comprende nell'ordine: la lingua per comunicare, la lingua per narrare, la lingua per studiare, la lingua per riflettere sulla lingua (Favaro 2002)[1]; molto

nota è altresì la terminologia adottata da Cummins, che distingue tra BICS, *Basic Interpersonal Communicative Skills* e CALP, *Cognitive Academic Language Proficiency*[2] (Cummins 1989).
Tali bisogni comunicativi passano dunque attraverso la progressiva acquisizione di padronanza nella "lingua per lo studio", che possiamo così definire: si tratta di quell'insieme di competenze linguistiche e comunicative che permettono all'allievo (straniero), già in possesso dell'alfabetizzazione di base, di padroneggiare i sottocodici delle diverse materie scolastiche, nonché le abilità comunicative richieste in ambito scolastico dalle materie disciplinari, e acquisire così i concetti legati alle discipline di studio[3].
Le difficoltà precipue dell'italiano per lo studio, che lo distinguono dall'italiano della comunicazione quotidiana e della narrazione, sono diverse: si tratta sia di difficoltà cognitive generali, sia delle difficoltà legate al possesso o meno dei prerequisiti specifici di contenuto disciplinare. È questo, crediamo, uno dei nodi problematici distintivi dell'"italiano per lo studio": non la complessità cognitiva in sé; non la difficoltà linguistica da sola; ma l'intrecciarsi di entrambi questi fattori, con l'aggiunta di contenuti spesso completamente nuovi alle conoscenze ed esperienze dell'alunno, a loro volta accompagnati da prerequisiti contenutistici e cognitivi spesso, per lo più, culturalmente specifici (sui fattori culturali e nozionali nell'italiano per lo studio cfr. oltre, par. 4.1.1. e 4.1.2.).
È ragionevole supporre che, in generale, l'occuparsi di studiare fenomeni più astratti e complessi richieda l'uso di una lingua via via più specialistica, sempre più vicina, nei suoi aspetti lessicali, morfosintattici e testuali, ad una (più d'una, in realtà: tante quante sono le discipline insegnate a scuola) *microlingua*[4], di livello sempre meno divulgativo e sempre più per esperti[5] via via che il percorso scolastico e formativo prosegue.
Una simile varietà di lingua risulta più difficile e lontana dall'esperienza comunicativa quotidiana di bambini anche in possesso di una buona competenza comunicativa (Demetrio – Favaro 1997). Rispetto alle problematiche dell' "italiano per lo studio", dunque, un primo fattore di cui l'insegnante deve tener conto è l'esistenza di uno scarto tra la lingua della quotidianità e quella della scuola, che adopera quello che Bernstein chiamava "codice elaborato" (Bernstein 1971). Scrive Baldacci, a proposito del codice scolastico:

> "*La didattica tradizionale non è individualizzata rispetto ai codici linguistici*: il linguaggio ufficiale della scuola, quello che usa l'insegnante e secondo cui è scritto il libro di testo, è unicamente quello del "codice elaborato", caratterizzato da una terminologia i cui lemmi non sono patrimonio di tutti gli allievi, e da forme sintattiche la cui articolazione (ricca di subordinate, incisi ecc.) esige *un'attitudine a padroneggiare complessi congegni di decifrazione testuale che non tutti i bambini possiedono.*" (Baldacci 1993:11).

Il testo citato, dedicato alle problematiche dei bambini *italofoni*, testimonia circa la 'trasparenza', l'"invisibilità', del problema linguistico nella scuola, segnalata da lungo tempo in ambito di ricerca[6] ma di fatto largamente trascurata dall'insegnamento disciplinare tradizionale; si tratta di una trasparenza che ora è venuta a cessare, forzatamente, proprio grazie alla presenza in classe di allievi non italofoni, che ha reso il problema rappresentato dalla lontananza tra codice scolastico ed extrascolastico drammaticamente attuale.
Tornando a quanto esposto in apertura, dunque, l''abbandono' a se stessi dei ragazzi stranieri al superamento della prima fase della loro formazione linguistica in L2 appare

non tanto come il riflesso di un disinteresse particolare rispetto alle difficoltà degli alunni stranieri; esso tradisce piuttosto una più generale e sistematica ignoranza, da parte della scuola, rispetto all'intera questione dell'educazione linguistica - degli alunni stranieri come degli alunni italofoni - nel 'codice scolastico' stesso, o più precisamente, nei tratti microlinguistici specifici dei testi orali e scritti dei sottocodici disciplinari, così come nelle abilità comunicative richieste agli allievi dalle diverse situazioni che ricorrono nello studio nelle diverse materie.

3. Caratteristiche ed abilità dell'italiano per lo studio

La doverosa presa d'atto delle difficoltà costituite dalla lingua per lo studio (sono note le stime di Cummins per l'apprendimento del CALP: almeno cinque anni, a fronte di una previsione di circa due anni per l'apprendimento del BICS; Cummins 1989) porta con sé la necessità didattica di facilitarne l'apprendimento. In realtà, per quanto questo possa stupire, e nonostante le indicazioni dei programmi ministeriali Brocca[7] relativi all'insegnamento della lingua - su cui si basano i materiali didattici in circolazione nell'ultimo decennio - suggeriscano di far convergere nell'attività di analisi testuale una grande varietà di tipi e generi testuali, ciò che si realizza in realtà è un orientamento verso l'analisi del solo testo letterario (svolta a cura del solo docente di letteratura italiana o straniera), al massimo allargata al testo giornalistico. La riflessione, e dunque l'educazione linguistica sulle caratteristiche dei testi scientifici e tecnici sono totalmente trascurate (Balboni 2000:63 e segg., Sobrero 1991:31), soprattutto dagli stessi insegnanti disciplinari che, ci sembra, per primi sarebbero chiamati ad occuparsene. Non pare altrimenti giustificabile, infatti, che agli studenti vengano richieste e valutate una serie di capacità comunicative legate alle discipline di studio, che nella generalità dei casi non sono però oggetto di istruzione specifica. Ci riferiamo principalmente ad abilità quali la comprensione orale di monologhi esplicativi (la spiegazione orale), la comprensione scritta di testi microlinguistici (i manuali di studio), la sintesi orale e/o scritta di testi orali o scritti, la produzione scritta di testi argomentativi o espositivi, la produzione orale monologica o dialogica. Il tutto basato su argomenti specialistici, dei quali l'alunno della scuola dell'obbligo non è un esperto[8], ed utilizzando un linguaggio che si può senz'altro definire specifico, ancorché di livello pedagogico-divulgativo[9].

Nel prosieguo del nostro discorso andremo dunque a presentare azioni didattiche che possono essere attuate dall'insegnante disciplinare rispetto alle abilità linguistico –comunicative che egli richiede ai propri alunni, focalizzando l'attenzione su una di esse in particolare: la comprensione dei manuali di studio.

3.1 Input scolastico orale e scritto: fattori di diversa accessibilità

Le ragioni per le quali intendiamo in questo contributo focalizzarci sulla facilitazione dei testi scritti disciplinari sono diverse: è nostra convinzione, in primo luogo, che sia nella dimensione scritta del sottocodice che meglio si evidenziano gli elementi di difficoltà specificamente linguistica, della quale in ultima analisi intendiamo occuparci qui (pur consapevoli, come si è detto, degli inevitabili intrecci con le dimensioni cognitiva e contenutistica); elementi di difficoltà che in qualche modo vi si presentano in forma più 'pura' rispetto al canale orale (Cortelazzo 1994).

Il minor grado di "monolinguismo" riconosciuto all'interazione scolastica orale (Berretta 1977:5) deriva da diversi fattori. Esso si deve infatti sia alle caratteristiche del canale, che per sua natura permette agevolmente una continua modificazione dell'*input* che lo renda più vicino al codice padroneggiato effettivamente dai discenti, sia alle caratteristiche del contesto comunicativo, dove la compresenza degli interlocutori favorisce - almeno potenzialmente: si tratta in ogni caso di una situazione asimmetrica rispetto al potere interazionale delle controparti (Orletti 2000:92 e segg.) - una negoziazione dell'*input*, volta a renderlo più comprensibile (Gass 1997:131, "*negotiation is a facilitator of learning*"; sull'importanza dell'interazione nell'apprendimento cfr. anche Ellis 1999). Sempre nel canale orale, inoltre, è possibile attuare contestualizzazioni fortemente basate su elementi extralinguistici piuttosto che sul co-testo linguistico: si tratta di contestualizzazioni che risultano più vantaggiose soprattutto per gli apprendenti con competenze non avanzate, anche se va detto che a tal proposito molto hanno da offrire le applicazioni didattiche delle nuove tecnologie, in cui i testi scritti sono sempre più ipertestuali, e soprattutto multisensoriali. Più dubbio ci pare rimanga invece il vantaggio didattico della strutturazione del discorso didattico orale (la classica "spiegazione") rispetto a quello scritto; ciò soprattutto quanto più il primo, per sua natura evanescente, è condotto in modo monologico e improvvisato, rispetto alla rigida pianificazione formale con scansione in blocchi contenutistici chiaramente differenziati e gerarchizzati adottata dai manuali di studio, consultabili più e più volte[10].

4. Facilitazione e semplificazione

Il titolo del presente contributo richiama la nozione di facilitazione, concetto veramente molto generale in didattica: si può infatti dire che l'insegnamento corrisponda in larga misura ad un'attività di facilitazione. Il nostro approfondimento sarà in realtà molto più limitato e verterà, come anticipato, sulla facilitazione dei compiti di lettura, già descritti come particolarmente ardui per gli studenti. Prima di addentrarci nel nostro ambito d'analisi, ci pare però opportuno distinguere la facilitazione dalla semplificazione; altro termine chiave per la didattica delle discipline. A volte utilizzati impropriamente come sinonimi, in realtà l'uno è iperonimo dell'altro, essendo la semplificazione soltanto uno dei molti modi che ha a disposizione l'insegnante per facilitare; altri possono essere la contestualizzazione e la personalizzazione dell'*input*, la sua ridondanza e multisensorialità, l'interattività dell'esperienza di insegnamento/apprendimento, ecc.[11].

La semplificazione, che può applicarsi a livello del testo o del compito, agisce invece, soprattutto quando applicata al testo, prevalentemente a livello linguistico, e corrisponde alla riscrittura di un brano con parole e strutture più semplici rispetto all'originale, nel tentativo di rendere il testo stesso più adeguato alle capacità di decodifica da parte del destinatario. Quand'è applicata al compito essa corrisponde invece ad una richiesta cognitivamente, oltre che linguisticamente, più semplice ed accessibile.

Nei prossimi paragrafi tratteremo invece essenzialmente strategie di guida, semplificazione e stimolo all'attività di comprensione dei testi scritti di livello microlinguistico pedagogico-divulgativo, facendo nei nostri esempi specifico riferimento ai manuali di storia per studenti di scuola media[12].

4.1 Attività per la facilitazione e la semplificazione del compito: la lettura del manuale di storia

La serie di tecniche e suggerimenti operativi che si intende qui illustrare si basa su alcune premesse di fondo: utilizzare con tutti gli studenti, dunque anche con gli allievi stranieri, il libro di testo in adozione (o, in ogni caso, uno stesso testo, uguale per tutto il gruppo), e lavorare *in classe* sull'abilità di lettura.
Per ovviare alle difficoltà di comprensione, dovute a fattori di difficoltà linguistica, nozionale o enciclopedica, si sceglie qui di agire non sul testo, bensì sul compito, percorrendo fondamentalmente due strade (anche simultaneamente): guidare, sostenere e facilitare l'attività di comprensione testuale, e semplificare o 'abbassare' le richieste, i compiti associati alla lettura, partendo dal presupposto che non vi sia una dicotomia tra "capire" e "non capire", bensì diverse aspettative e modalità di lettura, diverse abilità coinvolte, tra loro interdipendenti, così come diversi livelli di comprensione, ordinati in un *continuum* che va dal livello generale semantico all'analisi linguistica dettagliata.
Tra i vantaggi che ravvisiamo in questa direzione di lavoro - che comunque non è percorribile con studenti che non padroneggino adeguatamente sia l'abilità tecnica di lettura che un livello di competenza linguistica non lontana dalle soglie dell'italiano per lo studio o CALP - vi è l'ipotesi che essa, permettendo all'allievo straniero di prendere contatto con il testo microlinguistico autentico, sollecita maggiormente la progressione dell'interlingua verso il livello di autonomia nell'accesso ai testi di studio che poniamo come fine ultimo dell'azione facilitatrice dell'insegnante (nell'ottica, ormai largamente acquisita nella didattica contemporanea, di autonomia del discente), rispetto ad un uso di testi semplificati che, se troppo prolungato o calibrato verso il basso, risulta poco stimolante (quasi fosse una sorta di "i-1").
L'adozione anche con l'allievo straniero del testo di classe presenta inoltre risvolti positivi dal punto di vista motivazionale e psicologico; l'uso dello stesso manuale usato dai pari rimuove infatti uno dei tanti elementi che fastidiosamente gli ricordano la sua 'diversità', di cui egli cerca in ogni modo di liberarsi (Demetrio - Favaro 1997). Permettergli di lavorare, ancorché in modo individualizzato e almeno parzialmente 'rinforzato', sul medesimo testo usato dai compagni, lo fa sentire assimilato, se non ancora integrato, al gruppo classe, e coinvolto nel lavoro comune, con un indubbio incremento della sua autostima e motivazione all'impegno nell'apprendimento.
Nei prossimi paragrafi prenderemo dunque in esame alcune tecniche fondate sui presupposti succitati, distinguendo tra le fasi di pre-lettura, lettura, e post-lettura. Riteniamo che tutte le attività che verranno presentate si prestino non solo alla situazione che comunemente - e impropriamente - si definisce di "laboratorio", ovvero a quelle occasioni in cui uno degli insegnanti di classe (o anche un esperto esterno) lavora da solo con lo

studente straniero o con piccoli gruppi, in momenti di rinforzo o recupero mirato; ne ravvisiamo bensì l'utilità anche in situazione di classe plurilingue, in quanto, come già spiegato al par. 2, le riteniamo produttive tanto per gli alunni italofoni quanto per gli stranieri. Nell'insegnamento disciplinare più tradizionale la lettura, ad eccezione di quella ad alta voce (sulla quale torneremo più avanti, par. 4.3.) non trova normalmente spazio in classe, configurandosi 'naturalmente' come attività di studio che gli studenti devono svolgere da soli, a casa.

Sottesa a tale pratica didattica vi è evidentemente la visione della lettura come di un prodotto, non di un processo. L'adozione stessa del termine "fase", richiamata più sopra, rimanda al contrario all'idea che il processo di lettura sia complesso ed articolato, e che una istruzione ed una guida al suo apprendimento siano al contempo utili e necessarie. In quest'ottica si giustifica quindi il dedicare spazio in classe alla costruzione dell'abilità di lettura, che è una competenza fondamentale per l'educazione linguistica in senso lato, e dunque trasversale a tutte le discipline; per questo è essenziale che non soltanto l'insegnante di italiano o di lettere vi dedichino attenzione, ma anche, e forse soprattutto, tutti gli insegnanti disciplinari.

La lettura dunque non si configura come un procedimento lineare, come solo il "lettore ingenuo" (Della Casa 1987) è portato a pensare. È bensì un'attività composita e complessa, che non si esaurisce nell'abilità tecnica di riconoscimento e raggruppamento di grafemi in unità di significato, comprendendo al contrario abilità a livello semantico, sintattico, testuale e pragmatico-comunicativo (cfr. qui 4.3. e 4.3.1.).

Nell'illustrare qui di seguito le tecniche di guida e di verifica della comprensione non si specificherà in quale misura esse possano di volta in volta essere svolte anche dall'allievo straniero: questo dipende evidentemente da caso a caso, e sarà cura dell'insegnante valutare questo punto in riferimento alle competenze specifiche del singolo alunno straniero presente in classe, avendo preventivamente riflettuto sui prerequisiti linguistici, cognitivi ed enciclopedici richiesti dal testo e dall'argomento dell'unità didattica e accertando, anche tramite le attività qui proposte, quali e quanti di essi siano posseduti dallo studente. Abbiamo anticipato che una delle strade percorribili può essere quella di abbassare le richieste del compito. Ciò significa, in altri termini, fissare per lo studente straniero dei "criteri di padronanza" (Baldacci 1993) più bassi o più ridotti rispetto al resto della classe, cercando però nello stesso tempo di farlo partecipe, per quanto può essere alla sua portata, di ogni momento dell'attività svolta dal gruppo[13].

Prima di passare in rassegna alcune di queste tecniche di facilitazione alla lettura, riteniamo però opportuno soffermarci brevemente su alcune potenziali barriere alla comprensione, presenti in modo particolarmente insidioso nel caso degli studenti stranieri.

4.1.1 La distanza culturale come ostacolo alla comprensione

Nel calarci nel discorso della facilitazione alla comprensione di testi nella realtà specifica della classe plurilingue, l'elemento della distanza culturale diviene di fondamentale importanza, in quanto esso costituisce un potenziale ostacolo di prima grandezza alla comprensione, e così all'apprendimento.

La distanza culturale coinvolge le modalità di apprendimento (è noto, ad esempio, come l'apprendimento nei Paesi arabi o in Cina sia prevalentemente basato sulla memorizzazione), ma anche e soprattutto i cosiddetti *scripts* e *frames* mentali, in base ai quali inquadriamo ed interpretiamo il 'non detto', ovvero le presupposizioni e le implicazioni di ogni discorso: ed è da notare a questo riguardo come i richiami all'enciclopedia culturale si facciano più fitti e meno immediati nel discorso disciplinare rispetto a quanto non avvenga nella comunicazione quotidiana[14].

Occorre dunque un lavoro di esplicitazione culturale continuo per assicurarsi che allo stesso termine si associ uno stesso significato da parte di tutti gli studenti, e per far sì da un lato che i *frames* culturali dello studente straniero si attivino (perché può essere che alcune implicazioni enciclopediche del discorso disciplinare non richiamino in lui alcuna nozione), e dall'altro che essi si attivino in una direzione comune rispetto al resto della classe. È insomma un discorso non solo di quantità, bensì anche di qualità delle conoscenze culturali o 'enciclopediche' dei bambini stranieri[15]. È evidente infatti che la mancanza di certezze sulla presenza o meno, di volta in volta, di un *background* culturale che permetta di attuare le inferenze necessarie costituisce un ostacolo importante di cui l'insegnante deve tenere conto.

In altre parole, se la distanza culturale è troppo ampia, viene a cadere un importante puntello su cui basarsi per far 'passare' la lingua, ovvero la "grammatica dell'anticipazione" (Balboni 1994). Com'è noto, in base a questa basilare tecnica didattica l'insegnante, introducendo un testo nuovo, invita ad appuntare l'attenzione sul paratesto, cercando di elicitare preconoscenze di tipo enciclopedico sull'argomento, attraverso le quali introdurre le parole-chiave del testo e aiutare così la comprensione, almeno globale, di quest'ultimo. Questo procedimento è adottato correntemente in glottodidattica, dove si usa graduare i testi in base al livello di complessità nozionale, partendo da argomenti di conoscenza comune e massimamente prevedibili[16], in modo tale da sollecitare facilmente preconoscenze. È chiaro che di fronte a testi di studio, relativi ad argomenti mai affrontati prima (ad esempio: l'età dei Comuni per un arabofono), l'*expectancy grammar* non abbia dove aggrapparsi e rischi di cadere nel vuoto, compromettendo così sin dall'inizio la comprensione. Sta dunque all'insegnante, eventualmente con l'ausilio dei mediatori culturali a disposizione delle scuole, appurare con precisione la presenza di preconoscenze, sia relative ai singoli argomenti del programma annuale, sia relative al significato di termini chiave ricorrenti nelle diverse discipline, per poter impostare l'attività di facilitazione a partire da quelle realmente disponibili. Durante l'anno, per ogni unità tematica affrontata, il lavoro di esplicitazione di quanto è noto e quanto non lo è rimane uno dei presupposti dell'insegnamento agli stranieri[17].

4.1.2 Lingua nuova e contenuti nuovi: un problema di veicolarità

La lingua per lo studio argomento del presente contributo è stata definita (par. 2.) come un intreccio di fattori di difficoltà di ordine linguistico, culturale e contenutistico. Nei limiti di spazio qui concessi si è già fatto accenno alla questione culturale, mentre alcuni aspetti linguistici della microlingua di una disciplina (la storia) si toccheranno nei prossimi paragrafi. Un accenno è dovuto però anche al problema, alquanto spinoso, di trovarsi ad insegnare una lingua nuova attraverso contenuti nuovi (o viceversa, che dir si voglia). Un aiuto in questo senso ci viene dalla riflessione condotta in ambito di didattica CLIL (cfr. Coonan 2000, Langè 2001) la quale, proprio in quanto essenzialmente insegnamento integrato di lingua e contenuto disciplinare, pone al centro della propria riflessione e della preparazione dell'insegnante che voglia lavorare con questo metodo la questione della gestione didattica di lingua e contenuti nuovi, e propone in proposito una serie di soluzioni didattiche di grande interesse, largamente convergenti (seppure con significative differenze: per un confronto tra CLIL e insegnamento disciplinare in L2 in classi plurilingui cfr. Grassi 2001) rispetto alla situazione di cui ci occupiamo qui.

La metodologia CLIL evita accuratamente di cadere nel problema che assilla l'insegnamento disciplinare in classi plurilingui, ovvero l'assommare lingua nuova, e difficile, con contenuti nuovi, e complessi. È ovvio infatti che in questo modo non vi possa essere 'veicolarità' né della lingua rispetto ai contenuti (come nell'insegnamento in L1) né dei contenuti rispetto alla lingua (come nell' *expectancy grammar*, o anche nella didattica delle microlingue 'classica', cfr. Balboni 2000).

Le sperimentazioni attuate dalla metodologia CLIL intorno a questo fondamentale principio sono diverse; da segnalare come funzionale al nostro ambito d'applicazione sono soprattutto le diverse modalità con cui si tenta, consciamente, di appoggiare lingua nuova soltanto a contenuti in parte noti, o viceversa: per esempio, facendo in modo che l'introduzione di molti nuovi vocaboli non avvenga alla fase iniziale di una unità tematica completamente nuova, bensì ad esempio nella fase dell'U.D. detta di rimotivazione, in cui l'argomento e dunque parte dei concetti siano già stati presentati (e contestualizzati richiamandosi, per quanto possibile, alle esperienze ed alle conoscenze degli alunni) in forma linguisticamente semplice e/o molto legata ad altri canali sensoriali, ad esempio quello visivo. In riferimento all'argomento di nostro interesse specifico qui, ovvero la facilitazione dei testi scritti, questo principio si riversa principalmente nella fase di pre-lettura, che immaginiamo ampia e curata, nonché nelle attività di facilitazione orale, di cui però abbiamo scelto di non occuparci in questa sede.

Per il resto, le raccomandazioni metodologiche per gli insegnanti CLIL sono spesso mediate da principi generali della glottodidattica moderna, tra cui ci sembra valga la pena di ricordare quantomeno:

- la chiara scansione, linguisticamente esplicitata, delle diverse fasi della 'lezione' (U.D.) e della sequenza di presentazione degli argomenti[18];
- la ridondanza dell'*input*, presentato inoltre in forma sia orale che scritta (termini chiave scritti alla lavagna, scaletta della 'lezione' proiettata su lucido, ecc.),
- l'interattività nell'apprendimento, il *learning by doing,* le attività cooperative;
- la negoziazione dei significati, sia tra insegnante ed allievi sia tra pari.

L'insegnante CLIL è dunque tenuto ad una preparazione glottodidattica sulla lingua veicolare, preparazione che, lo ribadiamo, a nostro avviso dovrebbe appartenere al bagaglio di competenze di ogni insegnante disciplinare. Ricordiamo infatti che la lingua è il denominatore comune di tutte le discipline, e che obiettivo implicito di ciascun insegnamento curricolare è quello di accrescere il potenziale linguistico dell'allievo: "Ogni insegnante [...] è anche insegnante di lingua" (Coonan 2000:5).

4.2 Pre-lettura

In psicolinguistica e glottodidattica si è ormai concordi nell'identificare nella didattica della lettura una serie di momenti successivi, che, come già anticipato, qui chiameremo di "pre-lettura", "lettura" e "post-lettura".
Quanto alla prima delle fasi suddette, gli scopi della pre-lettura dovrebbero essere essenzialmente:

- elicitare preconoscenze, sia linguistiche che enciclopedico-contestuali;
- fornire e chiarire parole-chiave e termini microlinguistici necessari alla comprensione del testo;
- indirizzare nella giusta direzione le aspettative ("*expectancy grammar*") rispetto al testo.

Oltre a ciò è ovviamente fondamentale creare curiosità e dunque motivazione alla lettura, e stimolare un positivo senso di sfida 'possibile' con se stessi rispetto alle proprie capacità di svolgere l'attività adeguatamente[19].
Alcune tecniche utili rispetto a ciò possono essere il porre domande generali al fine di sollecitare ipotesi anticipatorie, lo svolgere attività di associazione parole-immagini, o ancora il riconoscere e commentare immagini preparatorie. In generale è valida nella fase di pre-lettura ogni tecnica che può servire a contestualizzare e personalizzare (richiamando l'esperienza e le conoscenze di ognuno) la successiva attività di lettura. Riferendoci alla storia, tra i prerequisiti cognitivi generali richiesti da questa disciplina rientra senza dubbio la capacità di collocare gli eventi nel tempo e nello spazio, e nella fase di pre-lettura questo aspetto va sempre tenuto in conto.
È bene che la pre-lettura in particolare si svolga sfruttando diversi canali sensoriali, sia per il gruppo classe in generale, in modo da assecondare i diversi stili di apprendimento degli studenti, sia per gli allievi stranieri in particolare, così da fornire indizi anticipatori a chi è più debole dal punto di vista della comprensione dell'*input* verbale. A tal fine si può agire in diversi modi: ad esempio portando in classe dei *realia* (si pensi ad un testo sulle invenzioni degli arabi: si potrebbe senza troppe difficoltà portare in classe una bussola o un telescopio, e riflettere insieme su che cosa sono e come funzionano, prima di procedere alla lettura), oppure mostrando immagini o filmati, o anche facendo ascoltare suoni evocativi di elementi da ritrovarsi nel testo.
A parte l'accenno appena fatto alle possibilità di facilitazione attuabili attraverso altri canali sensoriali non intendiamo approfondire qui il discorso, volendoci limitare, come già spiegato, alle attività legate alla dimensione scritta. Vero è, comunque, che nella realtà dei fatti le due modalità si intersecano e sovrappongono, per cui sembra si abbiano a volte, nella pratica scolastica, delle fasi di pre-lettura enormemente espanse, condotte dall'insegnante (con una eventuale, minoritaria, partecipazione degli studenti) il quale può anche leggere parti di testo, non necessariamente consecutive, ritenute significative, e glossare le stesse "in tempo reale". A questa parte non fa poi

necessariamente seguito un'attenzione adeguata per le fasi di lettura e post-lettura. Per quanto riguarda il lavoro focalizzato sull'esplicitazione delle parole-chiave e del lessico specialistico, secondo chi scrive esso va costruito gradualmente, e condotto fondamentalmente in modo induttivo, attivo e collaborativo. La stessa individuazione delle parole-chiave in un testo è fortemente soggettiva e tutt'altro che univoca (cfr. Catizone 1994:53 e segg.), e ovviamente può essere svolta entrando più o meno nel dettaglio, a seconda degli obiettivi di comprensione che si saranno posti a monte (cfr. Lumbelli 1991 circa la sovradimensionatura della comprensione delle singole parole per la comprensione di un testo). Conseguentemente, vediamo la fornitura 'dall'alto' di parole-chiave come da limitarsi ad un minimo indispensabile, e preferenziale ci appare l'idea di richiamare in gruppo il significato di termini specialistici già incontrati in altri momenti didattici (nell'esposizione orale, o in precedenti unità didattiche), ovvero il guidare per tentativi il ragionamento della classe intorno ai significati di pochi elementi lessicali davvero fondamentali per la comprensione globale del contenuto. Ulteriore lavoro lessicale entrerà invece a far parte delle fasi di lettura vera e propria (nello specifico: lettura analitica, successiva dunque alla lettura orientativa e globale sui contenuti) e post-lettura, dove ci si potrà dedicare ad espansioni e riflessioni induttive su aspetti quali ad esempio la morfologia derivativa e le serie derivative complesse, la polisemia di alcuni termini, le espressioni polirematiche[20].

Quanto alle tecniche di anticipazione dei contenuti attuabili all'interno o comunque a partire dalla dimensione scritta, è certamente da sfruttare il paratesto contenuto nel manuale, specificamente la presenza di titoli e di immagini, anche se una nota di cautela è dovuta a proposito della (sovra)abbondanza di *input* visivo e paratestuale dei manuali di storia (cfr. Grassi 2001, 2002). L'ipertestualità spiccata dei manuali di storia attualmente in circolazione[21], infatti, ottenuta sia tramite il colore e le differenziazioni tipografiche sia con la compresenza di più testi tipologicamente e pragmaticamente diversi tra loro, sia infine con l'accostamento di elementi fotografici ed illustrativi, è da ritenersi senz'altro in linea di principio didatticamente valida; di fatto essa però sfocia, non di rado, in un paratesto informativamente alquanto denso, oltre che culturalmente specifico e dunque poco accessibile per lo straniero. Dal punto di vista delle difficoltà prettamente linguistiche, la miscellanea di materiali produce una compresenza di più livelli microlinguistici, di più still (le didascalie hanno tipicamente uno stile nominale; le fonti possono avere stile più spiccatamente letterario che non specialistico) e di più tipi testuali[22]; ne risulta, in particolare in riferimento a quest'ultimo tratto, che la comprensione della pragmatica di ciascun tipo di testo presente nel manuale diventa meno scontata, e che dunque anche ad essa l'insegnante dovrà dedicare attenzione specifica. Se comprendere significa, come sostiene Corno (1993), farsi le domande 'giuste', e trovare le risposte leggendo, allora una buona tecnica di pre-lettura, da svolgersi dopo aver chiarito gli indizi presentati dal paratesto, può consistere nel far formulare domande agli studenti stessi. Non ci sembra una tecnica sempre applicabile nel caso di testi disciplinari che, lo ricordiamo, contengono molte informazioni nuove, su cui lo straniero in particolare ha ben pochi elementi di preconoscenza (cfr. quanto già esposto in 4.1.1. e 4.1.2.). In alcuni casi è però attuabile. Ad esempio, davanti ad un testo dal titolo "La vita quotidiana degli antichi romani" si può chiedere al gruppo classe di porre domande in ordine alle informazioni che un testo su quell'argomento dovrebbe contenere secondo loro: domande che dovrebbero emergere facilmente potrebbero essere: che cosa mangiavano? A che ora andavano a dormire? Che lavori facevano? Dove abitavano? Ecc. In questo modo si costruiscono aspettative e nello stesso tempo si guida la lettura, facilitandola, verso una forma di *scanning* (vedi oltre).

4.3 Lettura: alcuni presupposti

In merito all'attività di lettura vera e propria riteniamo importante fare alcune osservazioni di fondo.
Innanzitutto occorre precisare che la lettura per la comprensione deve essere silenziosa. La pratica scolastica ricorre spessissimo alla lettura ad alta voce in classe, che lo studente riproduce poi a casa nello studio: in realtà tale modalità distrae l'attenzione dal contenuto per focalizzarsi sugli aspetti fonetici e intonativi (Agati 1999).
Altra osservazione di fondo che riteniamo essenziale riguarda le consegne da dare per la lettura. Spesso l'insegnante si limita a raccomandare agli studenti di leggere il testo più volte per introiettarlo/memorizzarlo. A tal proposito ci sembra importante precisare che la comprensione del testo può essere sì facilitata attraverso una serie di letture successive, ma soltanto a patto che ciascuna di esse venga accompagnata da un preciso compito da assolvere; questo dovrebbe andare, come sappiamo, dal globale al più analitico e naturalmente dal molto semplice al più complesso. Ricordiamo infatti che lo studente di scuola media è nella maggior parte dei casi un lettore "immaturo" (Della Casa 1994), che non ha ben chiare le diverse finalità, e di conseguenza le modalità con cui si può affrontare la lettura, che egli vede come un'attività lineare.
Specificare - e graduare - i compiti ad ogni 'tornata' successiva di lettura di uno stesso testo[23], è pertanto una pratica fondamentale sia per sostenere lo sforzo di comprensione, scomponendolo e graduandolo, che per favorire il miglioramento dell'abilità glottomatetica della lettura per lo studio. Il presupposto evidente di tale raccomandazione è che non esiste un solo 'tipo' di lettura, un solo 'modo' di leggere. Ricordiamo qui alcune tra le principali modalità di lettura (Agati 1999) [24]:

- *Lettura orientativa* (*skimming*): viene svolta per ottenere un'impressione generale sul testo. Ci si focalizza sugli inizi di capoverso, sui segnali di coesione, sulle parole - chiave.
- *Lettura esplorativa* (*scanning*): alla ricerca di una o più informazioni precise (ad esempio, dati quantitativi, località, ecc.). Come la precedente, è un esercizio di lettura non lineare e veloce, adatto per un primo approccio al testo.
- *Lettura intensiva*: segue le precedenti. Deve essere silenziosa e svolta singolarmente, anche se lo studente può chiedere aiuto per difficoltà di comprensione. Richiede che eventuali ostacoli di tipo linguistico siano già stati individuati e rimossi.
- *Lettura-studio*: da farsi dopo che l'insegnante avrà chiarito la struttura generale del testo, per facilitarne la comprensione.
- *Lettura di sintesi*: dopo varie letture precedenti, per fissare i punti centrali del discorso (da reimpiegare in una sintesi scritta o orale).

- *Lettura ricreativa*: per il piacere di leggere. Va condotta in estrema libertà, e non dovrebbe essere seguita da verifiche. I manuali di storia contengono spesso brani di approfondimento con curiosità e informazioni aggiuntive di costume che possono ben prestarsi a questi esercizi. La lettura ricreativa è di fatto associata per lo più alla letteratura: anche qui i libri di testo di storia ci vengono incontro, proponendo spesso traduzioni e adattamenti di brani di approfondimento con caratteristiche di 'letterarietà' anche piuttosto spiccate.

Quanto al problema di quando leggere, noi riteniamo che svolgere attività di lettura guidata in classe sia un esercizio molto produttivo, non solo, come abbiamo detto, per il miglioramento delle abilità glottomatetiche di lettura per lo studio, bensì anche perché presenta il vantaggio di poter svolgere le attività di comprensione di volta in volta proposte dall'insegnante non da soli, (come avverrebbe probabilmente a casa), ma in gruppo o in coppia, facendo leva sul gruppo dei pari e sfruttando tecniche collaborative (*tutoring* tra pari) e cooperative[25]. Queste ultime in particolare prevedono un'accurata suddivisione dei compiti all'interno del gruppo, in modo che ciascuno dia un contributo unico (non sostituibile dagli altri) e commisurato alle sue capacità. La risoluzione del compito aumenta l'integrazione nel gruppo e fornisce un ritorno di autostima al singolo, che sente di aver avuto un suo ruolo attivo e di avere dato un contributo costruttivo alla riuscita dell'attività. Inoltre, seguendo il lavoro dei gruppi, l'insegnante ha modo di rendersi conto di quali specificamente siano le difficoltà dei suoi studenti in ordine alla comprensione del testo (qualcosa che non si può mai misurare direttamente, ma sempre tramite sollecitazioni collegate in modo consequenziale alla comprensione). Abbiamo detto dunque che i compiti da svolgere nella lettura sono da graduare per complessità e livello di analiticità. Vediamo ora di illustrare più in dettaglio alcuni suggerimenti da adottare durante la fase di lettura.

4.3.1 Suggerimenti didattici per la fase di lettura di testi disciplinari

Esempi di attività globali da associare ad una prima lettura possono essere la richiesta di trovare un titolo al testo (inventandolo o scegliendolo tra più titoli proposti: il titolo originale verrà ovviamente fatto coprire) o di associare al testo immagini che ne rappresentino il contenuto, eventualmente escludendone altre che fungeranno da distrattori. In un secondo momento si può chiedere allo studente di associare un titolo o una frase riassuntiva a ciascun paragrafo del testo.

Un'altra tecnica che reputiamo utilissima per guidare e controllare la comprensione consiste nell'inserire domande durante la lettura (cfr. Lumbelli 1991 per un principio operativo simile, anche se condotto con modalità parzialmente diverse), domande collegate a punti precisi del corpo del testo (ovvero poste a lato del testo e collegate al punto esatto a cui si riferiscono tramite delle linee grafiche).

Questa tecnica prende spunto e giustificazione da quanto sappiamo sui meccanismi di comprensione di testi scritti. Come messo in evidenza tra gli altri da Della Casa (Della Casa 1987, 1994), la comprensione procede per formulazioni ed aggiustamenti progressivi di ipotesi. Il lettore cerca di costruire un contesto (gli *scripts* o *frames* della psicologia cognitiva) tramite la correzione continua delle sue ipotesi alla luce di nuove interpretazioni/informazioni successive, per poi procedere alla correlazione di tali informazioni in un quadro unitario logico e coerente. Possiamo senz'altro dire che il lettore esperto compie una notevole elaborazione cognitiva sull'*input* testuale proposto alla sua attenzione. La lettura efficiente non è dunque lineare ma ciclica: compiuta con ritmi diversi a seconda della densità e complessità informativa e linguistica dei vari punti del testo, essa procede con salti in avanti e rimandi all'indietro continui. Inframmezzare domande che sollecitino tale elaborazione è pertanto una tecnica valida anche in chiave glottomatetica.

In aggiunta a ciò, questo tipo di procedimento aiuta molto il processo di metacomprensione, ovvero aiuta lo studente a rendersi conto, durante la lettura, di come procede (o non procede) la sua comprensione. Ricordiamoci infatti del problema, acutamente messo in evidenza da Piemontese (Piemontese 1996), del "non capire di non capire". A quanto sembra, infatti, minore è il livello di scolarità e minore sarà la consapevolezza dei propri limiti di comprensione (siano essi lessicali o comunque genericamente linguistici, o invece nozionali o contestuali); dunque minore sarà la capacità di individuare gli elementi problematici, e di conseguenza la possibilità di fare progressi: è il "livello di frustrazione", di stallo, di cui parlano Lucisano e Piemontese (Lucisano e Piemontese 1988).

Occorre un'attenzione continua, preventiva e in itinere, dell'insegnante, per aiutare lo studente a rendersi conto ed a lavorare sui punti contenutisticamente problematici del testo. Espedienti come le domande poste a lato del testo, oppure le richieste abbinate, come si diceva in precedenza, alle diverse 'tornate' di letture successive, paiono essere un buon strumento a tale scopo (è altresì evidente l'importanza di un'accortezza nel graduare l'analiticità e la complessità delle richieste, per non sovraccaricare l'impegno del lettore e non finire con il distrarlo dal compito che sta cercando di portare a termine). Fondamentali per la comprensione della strutturazione del discorso sono gli aspetti coesivi: si possono allora sottolineare pronomi o altri rimandi anaforici (magari culturalmente specifici, come spesso si ritrovano nei testi di storia), con la domanda "a chi/che cosa si riferisce?" messa a fianco, o la richiesta di collegarli visivamente (con linee, frecce o colori) con i loro antecedenti. Altre domande stimolanti verteranno invece sui rapporti logici tra le proposizioni, specificamente, per la storia (ma non solo) ad identificare cause e conseguenze degli eventi e delle situazioni descritte.

A seguito del lavoro di comprensione globale dei contenuti è opportuno procedere con una lettura analitica su aspetti linguistici di particolare interesse[26]. Non per tutti i testi occorre (né è opportuno) entrare nel dettaglio di ogni singolo livello linguistico. Si può decidere, anche in base alle difficoltà degli studenti ed alle caratteristiche del singolo testo, di dedicarsi di volta in volta ad aspetti lessicali (a titolo d'esempio si pensi ai vocaboli polisemici, già richiamati quali elementi di particolare difficoltà nei testi specialistici), morfologici (a questo proposito si segnala, in storia, l'alta presenza del passato remoto[27]), sintattici (pensiamo tra l'altro alle subordinate implicite come le gerundive, non rare in questi testi e polisemiche), testuali (fondamentale al riguardo è un rinforzo mirato su connettivi - in particolare temporali, ma anche causali, consecutivi e concessivi - e rinvii anaforici, in storia spesso culturalmente specifici)[28]. Il lavoro analitico linguistico, che deve seguire la fase di comprensione contenutistica, può essere affrontato in momenti appositamente dedicati, e soprattutto in questi casi può anche riguardare argomenti già assimilati dal punto di vista contenutistico, appositamente ripresi (cfr. i suggerimenti derivanti dalle metodologie CLIL, par. 4.1.2.). I tratti microlinguistici, com'è noto, sono in parte specifici ed in parte comuni alle diverse discipline. Sulla base di una maggiore consapevolezza e preparazione meta-microlinguistica e glottodidattica degli insegnanti disciplinari, diventerebbe inoltre ipotizzabile una pianificazione a livello collegiale, che porterebbe ad una ripartizione dei compiti di approfondimento e rinforzo mirato razionale e confacente alle caratteristiche delle diverse microlingue. Altre facilitazioni possibili (sempre rimanendo nella dimensione scritta a cui abbiamo dichiarato di volerci limitare qui) vedono l'evidenziazione di parole - chiave, che possono venire anche riprese a lato del testo con un'immagine e/o la loro definizione (in termini comprensibili all'allievo straniero). Espressioni o locuzioni formali, (ad esempio: "ad opera di", "dovuto a", "quest'ultimo", ecc.) ricorrenti nel manuale o comunque considerate da chiarire e progressivamente apprendere (almeno come riconoscimento passivo) possono venire invece parafrasati accanto al testo. Si potrebbe fornire la parafrasi anche di strutture sintattiche marcate o poco comuni[29].

Altra tecnica attuabile, che si richiama nei suoi principi e nei suoi limiti a quanto già detto a proposito della pre-lettura, è fornire il testo 'a pezzi' o chiedere di limitare la lettura ad una sola parte di esso, interrompendola in punti topici e facendo coprire il resto, per poi chiedere di anticipare per iscritto (in uno spazio apposito che si sarà creato sulla fotocopia che l'insegnante avrà preparato) o oralmente che cosa si pensa possa seguire quanto sinora letto. Si tratta, in altri termini, di chiedere di anticipare ciò che segue: può essere difficile farlo, ma se l'argomento si presta (la concatenazione di eventi deve dunque essere sufficientemente prevedibile), si tratta di una buona tecnica per sostenere l'attenzione e la motivazione. Il compito può essere facilitato dando una serie di alternative tra cui sceglierne una, motivando la scelta. È un'occasione per 'fare il punto' e controllare, in corso d'opera, che la comprensione proceda nella direzione giusta.

4.3.2 Precisazioni operative

Prima di procedere nel discorso occupandoci della fase di post-lettura, riteniamo utile un'osservazione pratica su come svolgere operativamente le attività qui illustrate, con particolare riferimento alle domande ed alle glosse da inframmezzare al testo. Lo sfondo in cui si immagina di operare è uno sfondo in evoluzione continua, per cui l'insegnante diversificherà e graduerà la complessità delle attività non solo all'interno di un singolo testo o U.D., ma anche procedendo da un'U.D. all'altra, con l'obiettivo ultimo, come si diceva nella premessa, di formare dei lettori maturi e autonomi.

Per questo motivo, come già detto, le domande da inframmezzare al testo (che come abbiamo detto possono riguardare diversi livelli, da quello logico concettuale a quello enciclopedico a quello morfosintattico) dovranno essere presentate non tutte insieme, bensì gradualmente, selezionando di volta in volta i punti di attenzione (alcuni saranno ripresi in altri testi, se necessario; altri saranno abbandonati, via via che l'acquisizio-

ne procede), sempre graduandone il livello di analiticità. Il suggerimento operativo è dunque quello di predisporre tali evidenziazioni/glosse/domande collaterali al testo su una serie di lucidi successivi, sovrapponibili l'uno all'altro, e dunque con un uso flessibile e modulare. Per ogni lettura successiva si consegnerà agli studenti coinvolti nell'attività un lucido con alcune domande, possibilmente pertinenti ad uno stesso livello di comprensione (ad esempio l'evidenziazione/glossa della parole - chiave, la concatenazione logica del contenuto, alcuni elementi coesivi, o le forme del passato remoto). Tale lucido sarà da affrancare con una graffetta sopra la pagina del libro, per poi rimuoverlo (o mantenerlo se del caso, sovrapponendovi i lucidi successivi) e sostituirlo con altri lucidi contenenti ulteriori quesiti/evidenziazioni. Via via procedendo verso la fase di verifica, i lucidi con le parafrasi o altri aiuti possono venire rimossi o viceversa mantenuti, a seconda delle difficoltà dei diversi studenti (dunque nell'ottica, già richiamata qui, dell'istruzione individualizzata).
Tale tecnica, come le altre su esposte, si rivela a nostro avviso eseguibile anche in classe, e non solo con alunni non italofoni, anche se un suo uso approfondito si presta probabilmente più a situazioni di rinforzo mirato uno-a-uno o a piccoli gruppi omogenei[30].

4.4 Post-lettura

I più classici esercizi post-lettura di verifica della comprensione consistono in domande aperte o chiuse (vero/falso, o scelta multipla), nella cui preparazione occorre fare attenzione all'univocità ed alla chiarezza linguistica dell'esposizione, evitando di ripetere le strutture presenti nel testo. Anche queste attività possono coinvolgere l'uso di immagini.
Molto utile risulta altresì l'uso di griglie da riempire, poiché rappresenta un modo rapido per sistematizzare alcune informazioni principali (Balboni 1998). Vi sono poi le attività di abbinamento e di riordino (sequenziazioni e serializzazioni) del testo originale, di parti di esso o di immagini illustrative del contenuto. Tali attività, che operano sul livello logico-concettuale del testo, sono utili anche per lavorare sugli elementi coesivi. Come abbiamo visto, queste stesse tecniche possono essere usate anche nella fase di pre-lettura. Ma la tecnica di verifica della comprensione forse più usata e certamente più celebrata (cfr. ad esempio Balboni 1998) è la tecnica *cloze*, nella versione classica o nella variante con scelta multipla. Si tratta di una tecnica molto utile e versatile, ma ricordiamo che occorre attenzione da parte dell'insegnante nel prepararla al meglio, ed anche un po' di preparazione per insegnare allo studente come affrontarla (cfr. Agati 1999:100-101).
Un suggerimento che non coinvolge direttamente l'aspetto linguistico ma che risulta comunque utile per la verifica e la facilitazione della comprensione può essere quello di chiedere di rappresentare il contenuto del testo in schemi o diagrammi ("reti" concettuali, Ambel 1993), identificando gli attanti e le azioni, i luoghi, le cause e le conseguenze.
Schemi di questo tipo sono spesso forniti dagli insegnanti per enucleare i contenuti: farli completare dagli studenti è sicuramente un modo più attivo e dunque più efficace di aiutare la comprensione e la memorizzazione dei contenuti (secondo il noto principio del *learning by doing* di Dewey). Tramite simili schemi emergeranno inoltre con molta probabilità anche molti termini chiave del testo.

Pur avendo messo in luce alcuni limiti della semplificazione, non abbiamo detto di non vederne una certa utilità. Perché allora, in riferimento a quest'ultimo problema, non prevedere di fornire un testo semplificato all'intera classe sul quale svolgere alcune attività? Questo potrebbe ad esempio venire usato come testo introduttivo all'U.D. (*warm up*) o riassuntivo. Meglio ancora, perché non chiedere alla classe stessa (o a suoi sottogruppi) di preparare, come attività conclusiva (se si vuole, da usarsi anche come verifica) dell'U.D un testo 'semplice' (e non 'semplificato', secondo la distinzione evidenziata da Pallotti 2000), negoziandolo al proprio interno? Abbiamo più volte ribadito che i manuali scolastici sono complessi anche per gli allievi italofoni: in questo modo il risultato sarebbe sicuramente un testo alla portata degli utenti, perché proprio dai medesimi predisposto. Da non sottovalutare anche un vantaggio ulteriore: testi simili, con eventuali piccoli aggiustamenti da parte dell'insegnante, potrebbero entrare a far parte di un archivio da condividere con i colleghi di disciplina e da cui attingere negli anni a venire (una delle fortune del programma di storia: difficilmente è soggetto a grossi mutamenti).

Dall'attività ricettiva compiuta nelle fasi precedenti, lo sbocco naturale è in attività produttive, via via più libere e manipolative del testo: le attività di reimpiego creativo, da svolgersi nella parte conclusiva dell'unità didattica, possono vedere la classe impegnata su più fronti. Mentre un gruppo prepara una sintesi scritta, come si diceva, altri possono occuparsi di creare invece una mappa concettuale, una rappresentazione grafica degli avvenimenti trattati. Si possono anche combinare le due attività: una volta deciso il testo 'semplice' di sintesi, si può passarlo ad un altro gruppo che si incarica di riscriverlo (volendo/potendo, anche a computer) inframmezzandolo con illustrazioni. Evidentemente ciò potrà essere fatto solo se il secondo gruppo avrà ben compreso sia l'argomento dell'U.D. che, nello specifico, il testo di sintesi predisposto dai compagni. Si crea così un'occasione di verifica attiva della comprensione, ed un'opportunità di apportare eventuali aggiustamenti ulteriori al testo; un testo a questo punto collaborativo, qualora il nuovo gruppo vi trovasse punti oscuri o mal espressi.

Altra attività utile per il reimpiego dei contenuti può riguardare invece la preparazione negoziata di un glossario di classe, da raccogliere e tenere a disposizione di tutti. Due sono qui le fasi: la scelta dei termini chiave (che obbliga a ripercorrere i contenuti dell'U.D. nella loro globalità) e la formulazione di una loro parafrasi chiara. Nello specifico, strutturando l'attività in forma cooperativa e quindi suddividendo rigidamente i compiti, si potrebbe dare al solo studente straniero la facoltà di scrivere (e successivamente presentare alla classe) la definizione risultante dalla negoziazione, dicendogli che può farlo solo se ha ben capito ciò che deve trascrivere. Uno dei due (nei primi tempi sicuramente lo studente italiano, ma poi questi può istruire il compagno) può avere il compito di consultare il vocabolario, ma soprattutto di trovare il modo più efficace per far comprendere al compagno il significato del termine e la formulazione della definizione. In sostanza, a seconda della competenza linguistica padroneggiata dal compagno straniero, gli si possono affidare compiti più o meno esecutivi o complessi dal punto di vista linguistico: gli si può insomma chiedere anche soltanto di ricopiare in bella copia, o di disegnare, colorare o svolgere altri compiti manuali, ma fondamentale è innanzitutto coinvolgerlo nei lavori di gruppo: la motivazione e l'apprendimento saranno comunque sempre presenti, e soprattutto si favorirà l'integrazione e il senso di autostima di tutti.

Infine, lo ribadiamo ancora una volta, l'utilità specifica delle attività qui proposte è anche in questo caso reciproca, poiché sappiamo quanto spesso anche gli studenti italiani non comprendano o travisino il significato di molti termini del loro libro (Pallotti 2000); e questo senza che né loro né l'insegnante se ne rendano conto.

5. Conclusione

L'osservazione dalla quale ha preso le mosse il presente contributo e l'intento con il quale si sono introdotte le proposte didattiche di facilitazione dei testi scritti qui presentate riguardano una generale mancanza di consapevolezza linguistica, metalinguistica e glottodidattica da parte degli insegnanti disciplinari rispetto alla lingua specifica delle discipline che essi stessi insegnano. Vogliamo ora concludere il nostro intervento con un corollario alla stessa osservazione iniziale, corollario consequenziale all'osservazione iniziale, eppure a nostro avviso meritevole di venire esplicitato a chiare lettere. Vi è infatti un altro fattore, altrettanto importante, di cui occorre acquisire consapevolezza; riguarda il fatto che - a differenza di quanto avviene con l'acquisizione della lingua della comunicazione quotidiana - l'unico luogo in cui lo scarto esistente tra lingua dello studio e le competenze effettivamente possedute dagli studenti può venire colmato è la scuola stessa. Diversamente da quanto avviene con la lingua della comunicazione quotidiana, infatti, è soltanto a scuola che il bambino acquisisce una lingua astratta e complessa come quella legata alle scienze, con la quale potersi impadronire di concetti complessi e così acculturarsi. Non vi è altro luogo in cui egli possa costruirsi una competenza specialistica da sfruttare in un suo futuro professionale.

Privarlo dell'istruzione sulla lingua dello studio significa dunque, in ultima analisi, togliergli la possibilità di acculturarsi e di realizzarsi, e limitare drasticamente anche le sua capacità di socializzazione: è il fallimento delle mete educative dell'istruzione.

Riferimenti bibliografici

AGATI A., 1999, *Abilità di lettura*, Torino, Paravia.

AMBEL M., *Testi e repertori concettuali*, in Corno Dario, 1993, 145-154.

AUSUBEL D.P., 1983, *Educazione e processi cognitivi*, Milano, FrancoAngeli.

BALBONI P.E., 1994, *Didattica dell'italiano a stranieri*, Roma, Bonacci.

BALBONI P.E., 1998, *Tecniche didattiche per l'educazione linguistica*, Torino, UTET Libreria.

BALBONI P.E., 1999, *Parole comuni, culture diverse. Guida alla comunicazione interculturale*, Venezia, Marsilio.

BALBONI P.E., 2000, *Le microlingue scientifico-professionali*, Torino, UTET.

BALDACCI M., 1993, *L'istruzione individualizzata*, Firenze, La Nuova Italia.

BERNSTEIN B., 1971, *Class, Codes and Control. I. Theoretical Studies towards a Sociology of Language*, Londra, Routledge and Kegan Paul.

BERRETTA M., 1977, *Linguistica ed educazione linguistica. Guida all'insegnamento dell'italiano*, Torino, Einaudi.

BERRETTA M., 1984, "Connettivi testuali in italiano e pianificazione del discorso", In Coveri Lorenzo (a c. di), *Linguistica testuale*, Atti del XV Congresso della S.L.I. (Genova, S. Margherita Ligure, 8-10.5.1981) Roma, Bulzoni:237-254.

BERRETTA M., 1985, "Per un curricolo continuo di educazione linguistica nella scuola dell'obbligo: obiettivi", in Berretta Monica, Cavallini Bernacchi Emma, (a c. di), *Per un curricolo continuo di educazione linguistica nella scuola dell'obbligo*, Quaderni IRRSAE Lombardia 10, Milano: 14-28.

BERRETTA M., 1988, " 'Che sia ben chiaro ciò di cui parli': riprese anaforiche tra chiarificazione e semplificazione". *Annali della Facoltà di Lettere dell'Università di Cagliari* n.s. 8 (45):367-389.

BERRETTA M., 1990, "Catene anaforiche in prospettiva funzionale: antecedenti difficili", *Rivista di Linguistica* 2/1:91-120.

BERRUTO G., 1990, "Semplificazione linguistica e varietà sub-standard", in Holtus Günter, Radke Edgar, (Hrsg.) *Sprachlicher Substandard III*, Tübingen, Max Niemeyer Verlag:17-43.

BERRUTO G., 2001, "L'emergenza della connessione interproposizionale nell'italiano di immigrati. Un'analisi di superficie", *Romanische Forschungen* 112.

BERTOCCHI D., 2001, "Nuovi bisogni, nuovi linguaggi, nuovi strumenti", *Italiano & Oltre*, supplemento al n. 5/2001:57-63.

BETTELHEIM B. / ZELAN K., 1981, *On learning to read. The child's fascination with meaning*, N. Y., Alfred A. Knopf.

BETTONI C., 2001, *Imparare un'altra lingua,* Bari, Laterza.

CARGNEL S. / COLMELET G.F. / DEON V., 1987, *Prospettive didattiche delle linguistica del testo*, Scandicci, La Nuova Italia.

CATIZONE P., 1994, "Il secondo laboratorio", in Humphris 1994:53-57.

CILIBERTI A., (a c. di), 1981, *L'insegnamento linguistico per scopi speciali*, Bologna, Zanichelli.

Common European Framework of Reference, in : http://culture.coe.fr/lang7eng/eedu2.4.html

COONAN C.M., 2000, "La lingua straniera come veicolo di apprendimento", in SELM 5/2000, 2-15.

CORNO D., 1993, *Vademecum di educazione linguistica,* Firenze, La Nuova Italia.

CORTELAZZO M., 1994, *Lingue speciali. La dimensione verticale*, Padova, Unipress.

CUMMINS J., 1989, *Empowering minority students*, Sacramento, California Association for Bilingual Education.

DANESI M., 1998, *Il cervello in aula!,* Perugia, Guerra Edizioni.

DELLA CASA M., 1987, *La comprensione dei testi*, Milano, FrancoAngeli.

DELLA CASA M., 1994, "Leggere per capire: un processo cognitivo, culturale ed affettivo", in Humphris 1994, 39 – 52.

DEMETRIO D. / FAVARO G., 1997, *Bambini stranieri a scuola*, Firenze, La Nuova Italia.

DEON V., 1987, "Analisi linguistica di alcuni manuali di storia per la scuola dell'obbligo".

ELLIS R., 1999, *Learning a second language through interaction*, Amsterdam, John Benjamins.
FAVARO G. / ELLERO P., (a c. di), 1999, *Imparare l'italiano, imparare in italiano*, Milano, Guerini Associati.
FAVARO G., 2002, *Insegnare l'italiano agli alunni stranieri*, Milano, La Nuova Italia.
GASS S.M., 1997, *Input, interaction and the second language learner*, Mahwah, NJ, Lawrence Earlbaum Associates.
GOTTI M., 1991, *I linguaggi specialistici*, Firenze, La Nuova Italia.
GRASSI R., 2001, *Riflessioni sulle problematiche dell' 'italiano per lo studio' e proposte per la facilitazione testuale dei manuali di storia per la scuola media*. Tesi di master non pubblicata, Venezia, Master ITALS Ca' Foscari.
GRASSI R., (in stampa), "Educazione linguistica nella scuola plurilingue: la microlingua della storia nei libri di testo per la scuola media". *Linguistica e Filologia* 14/2002 (numero speciale in onore di Monica Berretta).
HUMPHRIS C., (a c. di), 1994, *Leggere. Atti del VI seminario internazionale per insegnanti di lingua. Roma, 6-8 maggio 1994*, Roma, Edizioni Dilit.
Italiano & Oltre, 2001, "Educazione linguistica". Supplemento speciale al numero 5/2001.
JOHNSON D.W. / JOHNSON R.T. / HOLUBEC J.E., 1996, *Approccio cooperativo in classe. Migliorare il clima emotivo e il rendimento*, Trento, Erikson.
LANGÉ G., 2001, "Apprendere una materia in un'altra lingua?", in LEND 4/2001, 24-30.
LAVINIO C., 2001, "Testi che si capiscono", *Italiano & Oltre*, supplemento speciale al n. 5/2001:39-40.
LUCISANO P. / PIEMONTESE M.E., 1988, "*Gulpease*: una formula per la predizione della difficoltà dei testi in lingua italiana", *Scuola e città*, XXXIX, 3, 31 marzo 1988, 110-124.
LUMBELLI L., 1991, "La riflessione sulla comprensione verbale". In Marello / Mondelli 1991:123-134.
MARELLO C. / MONDELLI G., (a c. di), 1991, *Riflettere sulla lingua*, Firenze, La Nuova Italia.
MORETTI B., 1988, "Un caso concreto di semplificazione linguistica: le 'letture semplificate'. *Studi italiani di linguistica teorica ed applicata* XVII/2 – 3:219 - 255.
ORLETTI F., 2000, *La conversazione diseguale*, Roma, Carocci.
PALLOTTI G., 2000, "Favorire la comprensione dei testi scritti", in Balboni Paolo E. (a c. di), *A.L.I.A.S. Approccio alla Lingua Italiana per Allievi Stranieri*, Torino, Theorema Libri:159 – 171.
PAVESI M., 1988, "Semplificazioni e universali nell'acquisizione di una seconda lingua", *Lingua e Stile* XXIII 4:495 – 516.
PIEMONTESE, M.E., 1996, *Capire e farsi capire*, Napoli, Tecnodid.
PORCELLI G., et al., 1990, *Le lingue di specializzazione e il loro insegnamento*, Milano, Vita e Pensiero.
RENZI L. / CORTELAZZO M., 1977, *La lingua italiana oggi: un problema scolastico e sociale*, Bologna, Il Mulino.
SOBRERO A.A., 1991, "Per un curricolo di educazione linguistica: la continuità elementari – medie", in Marello / Mondelli 1991:25-36.
SOBRERO A.A., 1993 "Lingue speciali". In Sobrero Alberto A. (a c. di), *Introduzione all'italiano contemporaneo. La variazione e gli usi*, Bari, Laterza:237-277.
TITONE R., 2000, *Esperienze di educazione plurilingue*. Perugia, Guerra Edizioni.
TOPPING K., 1997, *Tutoring. L'insegnamento reciproco tra compagni*, Trento, Erikson.
TOSI A., 1995, *Dalla madrelingua all'italiano: lingue ed educazione linguistica nell'Italia multietnica*, Scandicci, La Nuova Italia.

1 Questo per quanto riguarda la L2; oltre a ciò, fondamentale rimane comunque il contestuale mantenimento e lo sviluppo della L1. Cfr. Tosi 1995, Titone 2000 per una circostanziata esposizione delle ricerche e delle sperimentazioni in merito al bilinguismo ed ai programmi di "immersione".
2 Si veda anche il saggio di Luise, in questa sezione del volume.
3 La formulazione qui proposta di "italiano per lo studio" intende volutamente lasciare sfumato sia il grado che la direzionalità della correlazione finalistica tra apprendimento della lingua ed apprendimento dei contenuti. Si tratta in realtà di una questione assai complessa, che rimanda in ultima analisi alla connessione tra pensiero e linguaggio, e che nell'ambito glottodidattico qui specificamente indagato investe problematiche centrali quali la gestione, nell'apprendimento/insegnamento, dell'interazione tra lingua e contenuti, la scelta del 'fuoco' dell'azione didattica, la conseguente coerenza nella misurazione e valutazione dell'apprendimento di ciascuno dei due aspetti (per citarne solo alcune). La consapevolezza (per non dire delle proposte di gestione) degli insegnanti rispetto a tali problematiche risulta, in base all'esperienza di formatrice di chi scrive, tutt'altro che diffusa (un ulteriore rimando alla questione al par. 4.1.2.).
4 Ricordiamo la definizione di microlingua data da Balboni: "[...] useremo *microlingue scientifico-professionali* per riferirci alle *microlingue* (prodotte cioè dalla selezione all'interno di tutte le componenti della competenza comunicativa in una lingua) *usate nei settori scientifici* (ricerca, università) *e professionali* (dall'operaio all'ingegnere, dall'infermiere al medico, dalla studente di liceo al critico letterario) *con gli scopi di comunicare nella maniera meno ambigua possibile e di essere riconosciuti come appartenenti ad un settore scientifico o professionale*" (Balboni 2000:9).
5 Com'è noto, le microlingue variano su più direttrici; ovvero, specificamente, in orizzontale, da una disciplina all'altra, e in verticale, a seconda dello scarto di competenze sullo specifico settore scientifico o professionale esistente tra emittente e destinatario: si va così, ad esempio, dal livello specialistico della comunicazione tra esperti a quello didattico (di più immediata pertinenza qui), sino a quello divulgativo, più largamente accessibile e 'stemperato' nei suoi tratti linguistici caratteristici (cfr. in proposito, tra gli altri, Ciliberti 1981, Cortelazzo 1994, Sobrero 1993).
6 Il dibattito sul "monolinguismo" della scuola italiana è infatti di gran lunga anteriore rispetto all'esplosione del fenomeno migratorio (si pensi alla Scuola di Barbiana ed ai contributi di don Milani; cfr. inoltre, tra gli altri, Berretta 1977, 1985, Renzi – Cortelazzo 1977; per un rapido quanto chiaro *escursus* 'storico' sulla questione, cfr. Tosi 1995. Una selezione di contributi alquanto significativi sul tema dell'educazione linguistica è raccolta in *Italiano ed Oltre*, supplemento speciale al n. 5/2001.
7 Così chiamati dal nome del sottosegretario alla guida della commissione che a suo tempo li predispose.
8 A differenza di quanto avviene nella didattica delle microlingue tradizionale, andragogica (cfr. Balboni 2000).
9 Sulla difficoltà microlinguistica dei manuali di studio cfr. Pallotti 2000, Deon 1987, Grassi 2001, 2002.
10 A proposito delle caratteristiche dell'*input* ed i relativi risvolti didattici si vedano Bettoni 2001:22 e segg., Gass 1997.
11 Sulle strategie di facilitazione si vedano ad esempio Bertocchi 2001, Favaro 1999.
12 I suggerimenti didattici esposti qui di seguito prendono le mosse da un'analisi microlinguistica compiuta da chi scrive su una selezione di manuali di storia per la scuola media (Grassi 2001). Sarà pertanto a tale disciplina che ci richiameremo presentando esempi ed aspetti puntuali; quanto agli spunti didattici che introdurremo, riteniamo invece che la loro applicazione si presti ai testi di studio disciplinare in generale.
Queste, essenzialmente, le ragioni della scelta di campo da noi compiuta: a fronte di dati statistici che mostrano una massiccia presenza di studenti non italofoni in tutti i cicli della scuola dell'obbligo, la maggiore astrattezza, e dunque complessità linguistica e cognitiva, dell'insegnamento nella scuola media rispetto alle elementari ci hanno indirizzato verso tale ordine di scuola. Quanto alla scelta della disciplina della storia, essa è dovuta all'attribuzione a questa materia di una particolare complessità cognitiva legata alla sua lontananza, per definizione, dal qui-ed-ora, ovvero da ciò che didatticamente viene considerato di più immediato e facile apprendimento. È - o dovrebbe esserlo - ovvia ad un adulto la rilevanza che lo studio del passato ha sulla comprensione del presente; con dei bambini però, l'esigenza didattica di contestualizzare e personalizzare l'*input* (Danesi 1998) risulta, a detta degli insegnanti, particolarmente ardua proprio nel caso della storia.
13 La proposta didattica di Baldacci, non diretta specificamente ad alunni stranieri, si fonda sul principio dell'istruzione individualizzata e sulla teoria degli apprendimenti significativi (Ausubel 1983), prevede innanzitutto la scansione del programma annuale in una serie di unità didattiche (U.D.), centrate su "un nucleo di elementi contenutistici fortemente interrelati, essenziali e basilari" (Baldacci 1993:95), a cui segue la definizione dell' "albero logico" della disciplina, ovvero l'individuazione dei *transfer* apprenditivi

o prerequisiti cognitivi specifici e la loro disposizione in sequenza, in modo che il percorso d'apprendimento assecondi questa logica 'naturale' di concatenazione dei contenuti. L'autore propone poi una tassonomia molto precisa ed esaustiva che associa ogni specifica 'porzione' di contenuto dell'U.D. alle diverse abilità cognitive, di vario livello. Ad ogni compito è inoltre riconosciuto preventivamente un certo grado di difficoltà cognitiva oggettiva (maggiore per gli apprendimenti di grado più elevato, minore per quelli di livello elementare), e l'insegnante, sempre preventivamente, avrà fissato anche il "criterio di padronanza" per quella data abilità, ovvero la competenza che ritiene sufficiente per quell'alunno in quel dato momento.

14 È pure da sottolineare il fatto che il 'tasso' di specificità culturale varia nelle diverse discipline: si pensi, da un lato, alla biologia (tutti abbiamo un corpo) e dall'altro a discipline come la geografia, o ancor più la storia (il cui indice di specificità culturale è molto alto, specialmente nelle ampie parti del programma dedicate alle vicende interne italiane).

15 È implicito qui il discorso dell'importanza di sollecitare, nel fare ciò, un atteggiamento di interesse culturale, per cui nell'esplicitare differenze culturali si solleciterà nella classe una riflessione critica anche sui nostri schemi culturali, al fine di evidenziare punti di contatto e validità relativa delle diverse culture (cfr. Balboni 1999). Il 'biculturalismo', così come il bilinguismo, è da considerarsi patrimonio intellettivo aggiuntivo, di cui beneficia l'intera personalità dell'individuo.

16 Si tratta di una strategia di facilitazione fondamentale, soprattutto se si accoglie l'orientamento che prescrive di presentare soltanto materiale autentico in classe.

17 Cfr. Balboni 1999 circa la necessità di esplicitare le componenti della situazione comunicativa interculturale.

18 La necessità di esplicitare le *routines* scolastiche è riconosciuta tra gli altri da Demetrio-Favaro 1997.

19 Rispetto a ciò, secondo Della Casa è più importante l'attrattiva di un testo rispetto alla sua 'facilità' (Della Casa 1987:18), soprattutto in fasi di competenza non avanzate; sull'argomento si veda anche Bettelheim – Zelan 1981.

20 Trattasi di elementi del lessico microlinguistico riconosciuti come particolarmente ostici (Porcelli 1990, Gotti 1991; per la microlingua della storia, cfr. Grassi 2002).

21 L'ipertestualità di per se stessa è un tratto tipico delle microlingue in generale, correlato con l'elevata codificazione dei generi nei tecnoletti ed al concetto di *discourse community*; com'è noto, essa si manifesta essenzialmente attraverso una paragrafatura ben scandita, con titoli e sottotitoli e l'uso di note, con la presenza di citazioni da fonti diverse, di glossari e di indici, di riferimenti bibliografici, e con la presenza di diversi complementi visivi.

22 Secondo Deon (1987) vi si ritrovano essenzialmente tre tipi testuali: informativo/referenziale, narrativo/discorsivo, e interpretativo/argomentativo; le consegne degli esercizi sono invece testi prescrittivi. Secondo Lavinio (2001) i testi scolastici sono tutti in ultima analisi riconducibili al tipo espositivo.

23 Può essere raccomandabile fornire anche un tempo massimo per lo svolgimento delle attività, anche se occorre in ciò cautela per non suscitare ansia nello studente straniero e in generale negli alunni più svantaggiati.

24 Tra le molteplici tassonomie (di molto dettagliate se ne trovano in Della Casa 1987) delle attività di lettura richiamiamo in particolare quelle enucleate nel *Common European Framework*, dove si distingue tra "lettura per orientarsi", "lettura per informazione" e "Lettura di istruzioni". Sempre sulla lettura si veda anche Bertocchi 1993.

25 Per un'introduzione all'approccio cooperativo cfr. Johnson – Johnson 1996. Sul *tutoring* tra pari si veda Topping 1997.

26 Giudicati tali perché ostici (ma non 'impossibili' per l'interlingua dei nostri discenti) ma ricorrenti e/o significativi, nel testo in particolare e nella disciplina in generale.

27 Forse il 'problema' morfologico più pressante presentato dai testi di storia nel Nord Italia, la cui varietà diatopica prevede un uso attivo alquanto limitato del passato remoto. È pertanto assolutamente essenziale, in queste aree, compiere sforzi di analisi e riflessione mirati a questa forma verbale, finalizzati sia al riconoscimento della base lessicale e dunque al mantenimento della comprensibilità semantica, sia al riconoscimento della sua equivalenza funzionale rispetto al passato prossimo del canale orale.

28 Sui connettivi in italiano e sulla loro acquisizione cfr. Berretta 1984, Berruto 2001; sulle difficoltà delle catene anaforiche si veda Berretta 1988, 1990.

29 Siamo consapevoli che questi ultimi suggerimenti altro non sono che forme di semplificazione. Facciamo presente però la loro caratteristica di essere abbinate, e non di sostituire, il testo originale.

30 In questo senso, è evidente come la densa ipertestualità dei manuali non tenga conto del *processo di lettura*, soprattutto di una lettura intensiva ed approfondita quale è quella finalizzata allo studio.

COORDINATE

IL LABORATORIO DI ITALIANO LINGUA SECONDA

Fabio Caon, Barbara D'Annunzio

| 6

1. Il laboratorio di italiano L2: una definizione[1]

Il laboratorio di Italiano L2 può essere definito come uno spazio all'interno della scuola in cui gruppi di allievi non italofoni (e, in particolari momenti, anche italofoni) appartenenti a classi diverse possono:

- apprendere lessico e approfondire strutture linguistiche che siano legate a situazioni comunicative rispondenti ai loro bisogni e interessi (anche svincolate dal curricolo della classe d'appartenenza)
- socializzare con il gruppo dei pari in una situazione in cui la differenza linguistica e culturale non è significativa come nel gruppo-classe
- interagire e socializzare con compagni di età diverse parlanti la stessa lingua materna
- svolgere attività in cui la competenza linguistica non condizioni il successo delle stesse (ad es. attività manipolative, grafico-pittoriche, ludico-didattiche, musicali, sperimentali, creative, logico-matematiche). Gli alunni hanno così l'opportunità di far emergere senza "forzature" le loro potenzialità espressive e le abilità di cui sono depositari
- avere la possibilità di ritrovare e far emergere elementi della loro cultura d'origine o del loro vissuto personale
- acquisire competenze extralinguistiche e socio-pragmatiche afferenti al nuovo contesto linguistico e culturale
- stabilire con una o più figure adulte una relazione educativa, grazie alla quale sia facilitato l'apprendimento e l'integrazione scolastica

A questa prima definizione, facciamo seguire una sintetica analisi delle caratteristiche del laboratorio, che si devono valutare nella progettazione di un intervento rivolto agli alunni stranieri affinché coloro che avranno l'opportunità di organizzare e implementare un laboratorio di Italiano L2, possano avvalersi di qualche spunto di riflessione e di qualche proposta operativa derivate dalla nostra esperienza diretta. A nostro avviso, è fondamentale che, innanzitutto, siano valutati con attenzione alcuni aspetti quali:

- lo spazio in cui sarà attivato il laboratorio
- la durata temporale del laboratorio
- la tipologia di laboratorio che si vuole proporre
- l'organizzazione esterna ed interna del laboratorio
- i parametri di valutazione di cui tener conto nel laboratorio
- i soggetti coinvolti nel laboratorio
- la metodologia e gli strumenti didattici da adottare.

2. L'organizzazione del laboratorio nella scuola

2.1 Organizzazione esterna

Affinché l'implementazione di un qualsiasi tipo di laboratorio risulti davvero efficace sul piano didattico e organizzativo, occorre che ci sia innanzitutto una sensibilizzazione di tutto il collegio docenti, in modo da far sì che il laboratorio sia un luogo conosciuto da tutti gli insegnanti e a cui essi possano far riferimento per concordare eventuali lezioni integrative (ad esempio alcune "tappe" di un percorso interculturale) e una parte del programma da svolgere. L'idea che occorre diffondere sia tra gli alunni che tra i docenti è che il laboratorio, come abbiamo già detto, è un luogo della scuola in cui si svolgono attività didattiche magari differenti nelle modalità e nelle metodologie adottate rispetto a quelle della classe, ma comunque coerenti nei principi e negli obiettivi didattici ed educativi. Questa sensibilizzazione dovrebbe partire dal dirigente scolastico che può organizzare, ad esempio, una breve formazione sulla pedagogia interculturale e l'insegnamento dell'italiano L2 o comunque contribuire in modo decisivo (almeno sul piano finanziario e durante l'organizzazione preliminare) all'istituzione di una "commissione intercultura", la quale prenderebbe in carico la gestione e l'organizzazione "esterna" del laboratorio.

2.2 La commissione intercultura

Nella fortunata ipotesi di una formazione ad inizio anno e dell'istituzione di una commissione intercultura, elenchiamo sinteticamente quali potrebbero essere i compiti iniziali ad essa assegnati:

- gestire i rapporti con la segreteria per quanto concerne la modulistica d'iscrizione e l'inserimento degli alunni stranieri
- identificare o riattare uno spazio nella scuola (non un locale che potrebbe rimandare all'idea di un laboratorio-ghetto, dunque ricavato da sgabuzzini o locali angusti)
- reperire, sulla base delle possibilità offerte dal territorio, degli eventuali collaboratori esterni (facilitatori o mediatori da pagare su progetto, associazioni, enti esterni pubblici e privati)
- organizzare gli orari per recuperare alcune ore da destinare agli alunni stranieri (ricavandole da contemporaneità e compresenze di docenti, dalla flessibilità oraria possibile grazie alla normativa sull'autonomia didattica e organizzativa)
- allestire una piccola biblioteca con testi plurilingue, materiali didattici, vocabolari bilingue o testi segnalati dai docenti del laboratorio
- rendere operativo il laboratorio (preparando la sede, stabilendo gli orari e collaborando operativamente con i docenti o le figure esterne impegnate direttamente nel progetto).

Una volta implementato/i il/i laboratorio/i, durante l'anno scolastico, la commissione potrebbe occuparsi:

- di monitorare costantemente l'andamento del/i laboratorio/i (frequenza degli alunni, difficoltà riscontrate, richieste di insegnanti per materiali o altro)
- di coordinare gli eventuali interventi in modo da garantire una coerenza complessiva nelle attività proposte
- di raccogliere i "giudizi" dei docenti del laboratorio sugli alunni stranieri per avere un quadro valutativo sempre aggiornato da presentare in occasione delle "schede" quadrimestrali o di fine anno (o, nel caso di una scuola media inferiore, da presentare al consiglio di classe per le varie riunioni)

- di provvedere (insieme ai docenti del laboratorio) all'accoglienza e all'inserimento in una classe adeguata degli alunni stranieri che giungono a scuola ad anno iniziato
- di aggiornare la biblioteca con nuovi testi
- di raccogliere le eventuali indicazioni didattiche (lacune in una disciplina, ecc.) o le proposte che provengono da insegnanti di classe o di laboratorio e, sulla base delle risorse disponibili, progettare interventi *ad hoc*
- di organizzare degli eventi che abbiano attinenza con l'educazione interculturale (feste, mostre di fine anno, incontri informativi su aspetti culturali di altre civiltà, ecc.) e che permettano la maturazione di un atteggiamento di rispetto e di interesse per l'"alterità" linguistica e culturale nonché una maggiore "visibilità" del laboratorio sia all'interno che all'esterno della scuola
- di promuovere e di coordinare gli incontri tra docenti di classe e docenti impegnati nel laboratorio per la decisione comune di alcune attività didattiche da proporre.

A fine anno, una volta coordinato e gestito dall'esterno il laboratorio, la commissione potrebbe occuparsi:

- di redigere una scheda riassuntiva dello sviluppo del laboratorio nel corso dell'anno (indicando attività svolte, tempi, soggetti coinvolti, difficoltà incontrate, risultati ottenuti, ecc.) da presentare al dirigente e al collegio docenti e che funga da memoria storica e da proposta operativa per i futuri docenti impegnati in attività di insegnamento a stranieri
- di redigere, insieme ai docenti del laboratorio, una scheda valutativa di ogni alunno che ha partecipato al laboratorio (scheda che non tenga solo in considerazione l'aspetto linguistico, ma che tenga conto anche di altri parametri, come diremo in seguito), in modo da fornire un ulteriore strumento per la valutazione complessiva di fine anno
- di schedare il materiale prodotto e, in collaborazione con i soggetti coinvolti nel laboratorio (docenti, figure esterne ma anche gli stessi alunni), di presentare le attività più significative sotto forma di una piccola pubblicazione "ufficiale" ad uso scolastico interno, in modo da gratificare gli alunni lasciando una traccia "solenne" del loro lavoro da un lato e, dall'altro, da lasciare una testimonianza di quanto svolto consultabile in futuro.

Ovviamente non è solo con l'istituzione di un'apposita commissione che si può organizzare un laboratorio, noi ci riferiamo ad essa perché, nella nostra esperienza, abbiamo visto che spesso una commissione specializzata ha portato notevoli vantaggi organizzativi e didattici. Quello che ci interessa mettere in evidenza è la necessità di non lasciare allo spontaneismo, all'improvvisazione o alla lodevole buona volontà di qualche singolo insegnante la presa in carico delle problematiche educative e didattiche che concernono l'insegnamento dell'italiano L2 e la pedagogia interculturale.
È necessario, infatti, che sia tutta la scuola ad assumere la consapevolezza che servono interventi specifici da decidere collegialmente e che la presenza di alunni stranieri non è un problema da cui tenersi lontani - delegando ad "esperti" compiti educativi e prettamente didattici - ma un'occasione formativa ed educativa per tutti gli alunni e gli insegnanti stessi.

2.3 Organizzazione interna

Oltre ad una organizzazione esterna al laboratorio, è necessario che esso sia regolato anche nel suo svolgimento didattico da alcune norme e consuetudini tipiche della vita scolastica. È utile, a nostro avviso, che pertanto siano presenti i registri delle presenze, che siano previsti dei momenti di verifica anche formale, in modo da far vivere il laboratorio come una classe in cui si studia e si lavora e non come un luogo altro dove "evadere" e non impegnarsi.

La scuola, come ben sappiamo, è fatta di tempi e regole che gli alunni devono comunque rispettare; se il laboratorio si allontana troppo da questi tempi e da queste regole, isolandosi troppo nettamente dal contesto in cui è inserito, rischia di non essere più chiaramente riconoscibile come luogo d'apprendimento, gestito da insegnanti che hanno la medesima autorità di quelli di classe e permettere ad alcuni alunni di confonderlo (anche in assoluta buona fede) con un luogo destrutturato, senza precise regole di convivenza, con insegnanti magari buoni ma con minor potere nella valutazione, e quindi di valore "inferiore" rispetto ai colleghi di classe; un luogo nel quale possano confondere il lavoro attivo e divertente con un'occasione di distrazione dall'impegno. È fondamentale che questa "abilitazione" del laboratorio a luogo d'apprendimento sia condotta sempre da tutti i docenti della scuola e che non si verifichino casi di delegittimazione da parte di qualche insegnante. È importante che l'alunno riconosca la specificità del laboratorio e che prenda coscienza delle possibilità espressive che esso gli consente grazie alle metodologie che vengono utilizzate, ma è altrettanto importante che questa peculiarità non venga fraintesa mai con una poca rilevanza sul piano didattico, cosa che, relativizzando o annullando parte delle motivazioni dell'alunno, porterebbe a svantaggi nella gestione del gruppo oltre che nell'efficacia dell'azione didattica.

3. Lo spazio del laboratorio

La scelta dello spazio dove istituire il laboratorio è molto importante, poiché ad essa sono legati processi psicologici e affettivi degli alunni che possono facilitare il loro inserimento a scuola e la loro motivazione allo studio. Da questa premessa emerge dunque la necessità di individuare un'aula o uno spazio da dedicare esclusivamente (o almeno principalmente) all'attività di laboratorio, in modo da offrire agli alunni stranieri la possibilità di appropriarsi affettivamente di un luogo della scuola.

Questa appropriazione fisica e simbolica è possibile anche grazie alla permanenza nel laboratorio di materiali che testimoniano alcune tappe del loro percorso di apprendimento della L2 da un lato e di recupero della loro lingua e cultura d'origine dall'altro. La loro partecipazione attiva alla "costruzione progressiva" del laboratorio, il loro ruolo di protagonisti nella costruzione del sapere individuale e collettivo, il valore che in un simile contesto viene dato alla "differenza" di cui sono portatori, infatti, non possono che avere una funzione gratificante e quindi gettare le basi per una integrazione di certo meno traumatica e più "gestibile" in termini psico-affettivi. Ovviamente, a questa modalità di lavoro, devono aggiungersi tutta una serie di attività parallele dei docenti (attività di educazione interculturale, scambi tra il laboratorio e la classe tramite visite, lavori comuni, ecc.) che contribuiscano a non far vivere il laboratorio come un'isola felice in mezzo all'indifferenza ma anzi a farlo percepire, appunto, come un luogo della scuola che interagisce con tutte le altre strutture che accoglie e si sposta nelle classi per portare la sua ricchezza di vissuti e di esperienze.

Se la soluzione ideale di uno spazio dedicato esclusivamente al laboratorio non fosse possibile, sarebbe importante che si tenti almeno di trovare un luogo utilizzabile in giorni precisi e con orari fissi (aula video, aula computer, biblioteca) e che si lasci una parte dell'aula per l'esposizione dei materiali prodotti (cartelloni, disegni, ecc.).

Una considerazione finale va riservata allo stretto rapporto simbolico che si instaura tra lo spazio della scuola e quello più ampio della società. La scuola è, infatti, l'ambiente in cui il bambino o l'adolescente mette in contatto la propria sfera privata con quella pubblica dello Stato. La scuola è il luogo in cui gli alunni stranieri ricevono indicazioni su modalità e criteri che regolano lo spazio pubblico e quindi le relazioni tra luogo, individuo e collettività. Dunque, lo spazio non è solo fisico (l'edificio) ma presenta anche forti connotazioni psicologiche e sociali. Non a caso, in molti paesi stranieri i progetti di innovazione della scuola comprendono anche la ridefinizione degli spazi e delle loro funzioni.

La scuola italiana sembra invece sottovalutare l'importanza dell'organizzazione dello spazio ed è forse per questo che spesso la richiesta di un luogo particolare per il laboratorio di L2 viene vissuta come una domanda pretenziosa, quasi un capriccio degli insegnanti di laboratorio che non vogliono "adattarsi".

L'esperienza condotta in questi anni in scuole primarie e secondarie, ci ha portato invece alla convinzione che l'appropriazione affettiva dell'alunno nei confronti della scuola gioca un ruolo chiave nel percorso di apprendimento non solo della lingua italiana ma anche delle regole collettive della società ospitante. La scelta di dedicare uno spazio riconoscibile al laboratorio di L2 risponde all'esigenza di fornire, nella scuola, elementi di stabilità e continuità che possano almeno in parte compensare la situazione di estraneità e di precarietà cronica in cui molti ragazzi stranieri crescono.

Se, come osservano L. Genovese e S. Kanizsa (1998), "*il modello mentale di continuità e stabilità riferiti al mondo esterno si forma nell'individuo a partire dall'esperienza della casa, dove si esce lasciando le cose disposte in un certo modo e si è tranquilli di ritrovarle come erano quando si rientrerà*", allora da questo concetto di spazio si dovrà partire per costruire il rispetto delle cose e degli spazi che sono di tutti e che quindi devono essere rispettati e valorizzati da tutti. Gli stessi bambini che oggi imparano ad "abitare" la scuola e a sentirsi comunque protagonisti in questo contesto, domani avranno - probabilmente - minori difficoltà ad "abitare" nella società e a riconoscere, così, un loro senso di reale appartenenza al sistema collettivo che li ha accolti.

4. Il tempo nel laboratorio e i tempi del laboratorio

Nel laboratorio di italiano L2 il tempo va organizzato non tanto in base alla programmazione che si vuole seguire ma valutando i soggetti che compongono la classe plurilingue e plurietnica. Infatti, in questo contesto, risultano particolarmente marcate le differenze tra i ritmi e gli stili di apprendimento degli alunni. È particolarmente importante che l'insegnante o le altre figure coinvolte nel laboratorio valutino attentamente i livelli di competenza iniziali, le diverse esigenze e aspettative degli alunni e che, sulla base di queste prime valutazioni (sempre suscettibili di modifica), elaborino delle attività comuni e differenziate.

Il tempo nel laboratorio, pertanto, non può che essere elastico, modulabile, modificabile, flessibile e adeguato alle esigenze degli alunni e alle loro caratteristiche nell'apprendimento.

Questa considerazione iniziale non vuol negare l'utilità di tempi e ritmi specifici della scuola, anzi, un certo rigore nell'organizzazione dei tempi è fondamentale affinché gli alunni riconoscano il laboratorio come parte della scuola. È importante dunque ripercorrere alcuni passaggi tipici della vita scolastica quali l'appello, il rispetto delle consegne, la valutazione. Questo è necessario perché il modello-laboratorio non risulti troppo distante dal modello educativo attuato in classe. La routine va valorizzata come strumento che contribuisce a creare un ambiente riconoscibile, codificabile. La ricetta migliore è quella che riesce a dosare ed omogeneizzare i ritmi e le regole proprie della scuola con l'esigenza di una didattica centrata sul soggetto e con l'elasticità necessaria a gestire una classe plurilingue e "pluri-livello".

Proponiamo qui di seguito una serie di possibili laboratori.

4.1 Laboratorio intensivo

Con "laboratorio intensivo" intendiamo un laboratorio
- che si svolga quotidianamente (o per almeno quattro giorni a settimana)
- che abbia una durata di almeno due ore al giorno
- che sia attivo in orario scolastico (e che magari preveda anche un ulteriore sviluppo extrascolastico)
- che abbia una durata limitata nel tempo.

A proposito della durata, essa dovrà essere decisa dal collegio dei docenti - o da una "commissione interculturale" interna alla scuola - sulla base delle risorse umane coinvolgibili (docenti, facilitatori o mediatori, volontari qualificati) e dei finanziamenti disponibili (sia interni alla scuola che esterni). Nella nostra esperienza abbiamo valutato che la durata minima di un laboratorio intensivo dovrebbe essere di circa 25-30 ore per permettere l'acquisizione e la fissazione di lessico, strutture grammaticali, concetti e competenze specifiche per la prima comunicazione in L2.

Il laboratorio intensivo può risultare utile in fase di preparazione degli alunni agli esami di licenza elementare o media, o come avvio ai linguaggi disciplinari nella scuola media e superiore (geografia, storia, fisica, chimica…), o ancora come momento di primo approccio alla L2 per alunni neoarrivati, avendo cura, in questo caso, di attivarlo in orari che non facciano assentare gli alunni durante lezioni che possono seguire con difficoltà molto minori (è il caso, ad esempio, di discipline quali l'educazione all'immagine, al suono, l'educazione fisica…), in modo da favorire la loro socializzazione con i compagni e il loro inserimento nel gruppo-classe.

Un'ultima occasione può essere quella di particolari momenti dell'anno scolastico (in occasione di feste scolastiche a carattere multiculturale) o in fase intermedia, quindi circa a metà anno scolastico, come valutazione dei progressi o delle difficoltà e fossilizzazioni degli alunni.

4.2 Laboratorio permanente

Con "laboratorio permanente" intendiamo un laboratorio
- che abbia una durata annuale (da Settembre a Maggio)
- che abbia una frequenza settimanale di almeno due ore
- in cui siano previste attività rivolte a tutti gli alunni non italofoni della scuola (in situazione di gruppo completo oppure divisi in sottogruppi di livello o di appartenenza etnica) e attività rivolte anche ad alunni italofoni
- in cui siano utilizzate metodologie cooperative e si realizzino percorsi interculturali a carattere interdisciplinare.

La struttura permanente può risultare molto utile per sviluppare progetti di educazione interculturale in cui coinvolgere anche le classi "tradizionali". In questo modo il laboratorio può davvero diventare un luogo "della scuola" in cui possono interagire, cooperare e confrontarsi tutti gli alunni indipendentemente da appartenenza etnica, linguistica, religiosa o anagrafica.

4.3 Laboratorio decrescente o crescente

Con "laboratorio decrescente" e "laboratorio crescente" intendiamo un tipo di laboratorio che, nel corso dell'anno, abbia una durata settimanale variabile in funzione di particolari esigenze degli alunni. Il laboratorio decrescente, ad esempio, può essere utile ad inizio anno scolastico per alunni che siano venuti in Italia magari nei mesi finali dell'anno precedente, oppure per alunni neoarrivati da un'altra scuola o città italiana. In questo caso, è probabile che essi abbiano già sviluppato alcune competenze comunicative e che serva un lavoro di rinforzo e sistematizzazione o una semplice osservazione dell'alunno e una prima valutazione delle sue competenze; si potrà allora iniziare con un numero di ore consistente e, sulla base delle valutazioni tratte *in itinere* o dei progressi fatti dai singoli alunni, far diminuire l'orario di laboratorio nel corso delle settimane per favorire invece la presenza in classe. È ovvio che l'organizzazione di questo tipo di laboratorio dev'essere molto elastica e comporta un'attenta e costante osservazione degli alunni da parte degli insegnanti del laboratorio. A loro, infatti, spetta il compito di decidere qual è il momento più appropriato per far seguire alcune discipline in classe, di gestire il delicato passaggio dal laboratorio alla classe (o viceversa) e di tenere i contatti con gli insegnanti di classe per capire se l'inserimento ha avuto successo didattico o se invece è il caso di continuare un lavoro differenziato. Il laboratorio crescente, invece, può risultare utile in preparazione dei momenti culminanti quali gli esami; in questo caso si può iniziare con gli alunni la progettazione e la preparazione di uno specifico percorso interdisciplinare da discutere in sede d'esame e, con l'avvicinarsi della data, aumentare progressivamente l'impegno orario e la concentrazione su questo obiettivo per giungere ad un laboratorio intensivo in cui memorizzare contenuti e forme e simulare le prove d'esame sia orali che scritte.

5. Alcune possibili tipologie di laboratorio

5.1 Laboratorio interculturale

Con questa espressione intendiamo un laboratorio
- che sia aperto sia agli alunni non italofoni che agli italofoni
- in cui si riuniscano alunni di età diverse, con livelli di competenza differenti
- in cui siano favoriti gli scambi tra alunni che hanno la stessa madrelingua
- in cui l'attenzione dell'insegnante sia rivolta maggiormente agli obiettivi relazionali e cooperativi piuttosto che a quelli specificamente linguistici.

Questo tipo di laboratorio può essere attivato anche in orario extrascolastico e dovrebbe avere una durata minima di 20 ore (tempo necessario, nella nostra esperienza, per sviluppare in modo approfondito un lavoro di gruppo). Le attività da proporre dovrebbero essere ispirate ai temi "universalia" dell'educazione interculturale[2] e svilupparsi in modo differenziato a seconda delle caratteristiche degli alunni (competenza in lingua madre e in L2, abilità personali e sociali). Laddove non fossero osteggiati o rifiutati dagli alunni, si possono sviluppare percorsi didattici in prospettiva interculturale volti al recupero dell'identità attraverso, ad esempio, il recupero della lingua e di aspetti culturali del paese d'origine.

Forniamo sinteticamente una possibile organizzazione e strutturazione del laboratorio interculturale per chiarire meglio le sue potenzialità.

5.1.1 Un esempio: il laboratorio interculturale sul gioco

- Ordine di scuola: scuola media
- orario di attività: pomeridiano, extrascolastico
- durata: 22 ore (11 incontri di 2 ore ciascuno)
- soggetti coinvolti: 2 facilitatori e 1 insegnante (in compresenza).

Durante il primo incontro, riservato solo agli alunni non italofoni, si discute insieme ai ragazzi su quale sia un argomento di interesse generale che faccia anche riferimento al loro vissuto.

Raccolte le proposte si sceglie insieme un argomento con il criterio democratico della "maggioranza sovrana" e si propone l'invito al laboratorio di alcuni alunni italofoni (anch'essi portatori di esperienze e informazioni preziose se non indispensabili per il lavoro di gruppo). L'insegnante di classe provvede a proporre ad alcuni alunni italofoni di partecipare al laboratorio.

Dal secondo al quinto incontro, ogni alunno racconta i giochi che faceva nel suo paese d'origine e spiega ai compagni le regole e le modalità di gioco. Si decide collettivamente di sviluppare in modo approfondito un gioco che, dal confronto, risulta appartenere a molte culture e di presentarlo alla mostra di fine anno scolastico. Alcuni alunni portano da casa alcuni giochi tradizionali del loro paese d'origine, spiegano oralmente le regole e a piccoli gruppi si prova a giocare insieme.

Dal sesto incontro fino al nono i ragazzi si suddividono per gruppi di madrelingua o in base alle loro capacità pittoriche o alle competenze in L2 o alla classe d'appartenenza, e vengono loro assegnati di volta in volta dei compiti da svolgere quali, ad esempio, disegnare lo schema di un gioco, scrivere nella loro madrelingua alcune frasi che si pronunciavano durante il gioco, stendere su un foglio le regole con cui giocavano. Si prepara il cartellone del gioco prescelto che poi verrà esposto durante la mostra, si correggono e si affinano i testi esplicativi dei diversi giochi, inserendo così anche un lavoro prettamente linguistico-grammaticale (durante quest'ultimo lavoro gli alunni italofoni possono partecipare ai lavori degli altri gruppi per fornire la loro competenza di "madrelingua").

Gli ultimi due incontri sono riservati ad una discussione collettiva sul valore del gioco, sugli elementi comuni e differenti, in ambito ludico, tra le diverse culture. Si passa poi alla stesura in bella copia dei testi e, finalmente, ad una partita collettiva ad uno dei giochi transculturali conosciuti da tutti gli allievi, in attesa del momento di esposizione "ufficiale" (nel nostro caso il gioco scelto è la "campana": è un gioco all'aperto; servono dieci numeri segnati dentro a dieci caselle disegnate per terra; i giocatori lanciano una pietra e devono saltare con un piede solo dentro alle caselle, raccogliere la pietra e riportarla alla "base" senza mai toccare con il piede una qualsiasi linea perimetrica del gioco, o mettere tutti e due i piedi per terra).

Ovviamente, la frequenza e la varietà di interazioni, il recupero spontaneo di aspetti personali legati al passato, la necessità di usare l'italiano come lingua di comunicazione collettiva e la lingua materna per alcuni lavori, nonché la possibilità di cogliere in modo tangibile l'universalità di certi valori e di guidare la riflessione degli alunni sull'importanza della cooperazione per il raggiungimento di un obiettivo comune, sono i punti di forza di questo tipo di laboratorio, in cui l'alunno può essere davvero in una posizione di parità con gli altri ed essere protagonista attivo del processo d'apprendimento.

5.2.2 Laboratorio linguistico

Il laboratorio linguistico può risultare molto utile per gli alunni neoarrivati, in quanto offre loro la possibilità di lavorare in modo specifico sulla prima comunicazione, sul "lessico dell'emergenza" (parti del corpo e della scuola, espressioni del genere "mi fa male…", ecc.), di incontrare mediatori culturali, facilitatori linguistici o alunni della medesima madrelingua che possano fungere da tutor e traduttori, di essere seguiti in modo particolare da specialisti, potendosi così inserire gradualmente in una realtà nuova in modo meno traumatico di quanto può essere l'arrivo in una classe "tradizionale" che prevede un numero di alunni più consistente, livelli di competenza linguistica ben diversi, un gruppo-classe magari già ben organizzato in cui l'inserimento può risultare più difficoltoso.

Un altro momento in cui il laboratorio linguistico può assumere particolare rilievo è nel "passaggio" dalla lingua della comunicazione alla lingua dello studio e alle competenze/abilità ad essa sottese (abilità integrate[3], capacità di astrazione, ecc.). Infatti nel laboratorio, soprattutto attraverso l'utilizzo di attività ludiche, l'alunno può trovare nuove motivazioni per imparare il lessico di alcune discipline e, eventualmente, recuperare quelle conoscenze e abilità già sviluppate in lingua materna. Possono essere previsti, in questa fase di transizione, anche dei tutorati svolti da compagni di classe italofoni, ai quali può essere assegnato il compito di preparare alcune mini-lezioni disciplinari e di seguire i loro compagni in certe attività.

5.2.3 Laboratorio tematico in chiave interdisciplinare

Questo tipo di laboratorio può presentare grandi vantaggi in momenti in cui il raccordo interdisciplinare risulta fondamentale - quali, ad esempio, la preparazione agli esami nella scuola media inferiore - oppure per attuare degli interventi di educazione interculturale in una situazione allargata agli alunni italofoni. La peculiarità di questo laboratorio risiede nell'idea che, in questo spazio, siano gli alunni ad accogliere i docenti-esperti i quali devono adattare il loro linguaggio disciplinare alle conoscenze e competenze degli alunni.

5.2.4 Laboratorio disciplinare

Con questa espressione intendiamo un laboratorio
- in cui si approfondisca un settore ridotto di una disciplina di studio (lab. di matematica, di storia, di latino)
- che abbia una modalità intensiva o decrescente.

Questo tipo di laboratorio può essere efficace per facilitare il passaggio dalla lingua della comunicazione a quella dello studio oppure come momento di recupero nel caso in cui l'alunno presenti difficoltà tali da non consentirgli di seguire le lezioni curricolari. Nella prima situazione, quando si ritiene che l'alunno sia in grado di iniziare a seguire le lezioni disciplinari in classe, si può attivare per un periodo limitato e in modo intensivo (per esempio due settimane per un'ora o due al giorno in orario scolastico e/o extrascolastico) un laboratorio di questo tipo, nel quale si fornisce il lessico, alcuni concetti e certe procedure indispensabili per il lavoro in classe; in presenza di un alunno già scolarizzato nel paese d'origine, e avendo a disposizione anche il supporto di un mediatore linguistico, si può fare un lavoro sia di recupero di procedure utilizzate nella scuola d'origine, sia di traduzione di termini disciplinari specifici. Nella seconda situazione, allorquando il docente di classe colga l'estrema fatica o l'impossibilità dell'alunno a seguire lo svolgimento delle sue lezioni, può concordare con l'insegnante di laboratorio l'attivazione di un laboratorio decrescente finalizzato al recupero delle lacune manifestate, svolto in compresenza nelle ore a disposizione del docente o in orario extrascolastico sotto la forma di "attività aggiuntive" retribuite.

In queste due situazioni diventa fondamentale la collaborazione, il coordinamento e lo scambio di informazioni tra i docenti, in modo da calibrare un intervento che risulti adeguato ai bisogni formativi dell'alunno.

5.5.5 Laboratorio scientifico

Con questa espressione intendiamo un laboratorio
- in cui si conducono esperimenti di fisica, scienze, biologia ma anche per esempio di fotografia, o che presuppone l'utilizzo di strumentazioni particolari anche sofisticate
- in cui siano definiti sia l'ambiente idoneo che le dotazioni specifiche.

La caratteristica di operatività diretta di questo laboratorio può risultare altamente motivante per l'approccio alla lingua di alcune discipline; infatti, la possibilità di avere contemporaneamente la spiegazione verbale e visiva nonché la sperimentazione personale di ciò che si apprende risulta sicuramente utile, sia per una maggiore possibilità di comprensione che per un più ampio e profondo coinvolgimento emotivo e intellettivo dell'alunno.

6. Gli "attori" del laboratorio

Attualmente c'è una situazione di grande confusione rispetto agli attori coinvolti in progetti di italiano L2 e di didattica interculturale. La tendenza generale è quella di coinvolgere soggetti che conoscono la L1 degli allievi più per la loro presumibile capacità di interpreti e di sostenitori della normale attività didattica che per la reale competenza in materia. Al momento non esiste una definizione ufficialmente condivisa di ruoli e competenze di alcune figure che ruotano attorno alla presenza di stranieri nella scuola: tenteremo quindi in questa sede un'ipotesi di definizione di alcune figure e del ruolo di altre già inserite nella scuola.
È certamente auspicabile un coinvolgimento di più figure e, quindi, di differenti competenze che possano gestire con successo la classe plurietnica in cui è presente una specifica complessità.
I docenti: la collaborazione dei docenti è auspicabile e non dev'essere limitata solo agli insegnanti di lettere o di lingua, come purtroppo succede assai spesso. Ci sembra interessante e stimolante, per esempio, la presenza di docenti appartenenti all'area logico-matematica e scientifica. La competenza di ogni docente è fondamentale per la trattazione in chiave interdisciplinare e interculturale di alcuni temi o per l'approfondimento disciplinare.
I laureati in lingue e letterature straniere o orientali: aver studiato una lingua straniera non equivale sempre al possedere le capacità di traduttore o interprete. Aver studiato il cinese mandarino o l'arabo ad esempio non sempre corrisponde alla possibilità di interloquire con parlanti nativi di queste lingue, che sono molto spesso legati al proprio dialetto e non necessariamente hanno una buona padronanza della lingua ufficiale o scolastica. La conoscenza della lingua d'origine dell'alunno straniero può semmai essere utile per individuare quei passaggi dell'interlingua riconducibili alla L1. Inoltre, non è detto che i laureati in lingue abbiano conoscenze di didattica, glottodidattica e linguistica.

I facilitatori dell'apprendimento: si tratta di figure che possiedono competenze glottodidattiche, competenze in didattica dell'italiano L2, e che dovrebbero aver fatto esperienza in gestione della classe plurietnica e plurilivello. Non necessariamente conoscono lingua e cultura d'origine dell'immigrato né hanno competenze in didattica interculturale.

I facilitatori linguistici e culturali: possiedono le stesse competenze dei facilitatori dell'apprendimento; conoscono la lingua e la cultura dell'immigrato, sono preparati in pedagogia e didattica interculturale.

I mediatori stranieri: sono i portatori della cultura e della lingua d'origine degli immigrati, il ponte affettivo con la terra d'origine. Spesso non hanno competenze didattiche né glottodidattiche ma dovrebbero aver ricevuto una formazione in tecniche della mediazione culturale. Lo straniero è sempre mediatore, in quanto rappresentante della propria comunità etnica, ma diventa mediatore culturale quando ha maturato una formazione specifica che, gli permette da un lato di farsi portatore non solo della propria storia ma soprattutto della cultura collettiva del proprio gruppo, e, dall'altro, di mettersi in relazione positiva con quella del gruppo ospitante. In ogni caso egli può supportare gli insegnanti per quanto riguarda l'organizzazione della fase d'accoglienza, fornire una lettura di alcuni atteggiamenti, abitudini, tradurre i curricoli scolastici degli alunni, favorire e facilitare lo scambio tra scuola e famiglia.

Sempre alla luce dell'esperienza condotta sul campo, riteniamo che - in una situazione ideale - tutti gli attori coinvolti in questa esperienza di laboratorio dovrebbero:

- avere conoscenze e competenze didattiche e glottodidattiche, ed in particolare di didattica dell'italiano L2
- conoscere il metodo dell'educazione interculturale e le sue applicazioni
- applicare il metodo della "ricerca-azione" che coinvolge tutti gli attori del laboratorio ed è uno strumento efficace d'intervento e di autovalutazione
- coinvolgere gli alunni nell'apprendimento di tipo cooperativo
- conoscere le principali tecniche di osservazione dell'interlingua
- applicare le tecniche di gestione della classe e delle dinamiche di gruppo
- saper progettare per mappe concettuali, obiettivi e nodi concettuali.

Infine, è bene ricordare che tra gli attori del laboratorio vanno inseriti gli allievi stessi, i quali non hanno il ruolo di spettatori ma sono i veri protagonisti. Protagonisti perché si trasformano essi stessi in docenti, quando si chiedono loro attività metacognitive per spiegare e motivare ad altri alunni del gruppo, quando portano il loro vissuto e la loro cultura nel laboratorio. I genitori stranieri sono possibili ed auspicabili attori che andrebbero coinvolti. Sarebbe interessante e costruttivo mettere a disposizione dei genitori stranieri lo spazio del laboratorio per incontri autogestiti con altri genitori, per attività programmate rivolte a tutta la scuola, nel tentativo di recuperare i saperi e i "saper fare" di questi genitori di cui, troppo spesso, viene esclusivamente considerata - anche dagli stessi figli - solo la capacità di esprimersi nella nostra lingua. Il laboratorio potrebbe così diventare anche uno spazio in parte autogestito dai genitori, uno spazio in cui possono trovare la traccia di quello che i loro figli stanno costruendo, il luogo in cui consultare libri bilingue ed incontrarsi con gli esperti che lavorano nel laboratorio.

7. La metodologia e gli strumenti

Il laboratorio linguistico è innanzitutto un luogo privilegiato dedicato all'italiano L2 e organizzato secondo una struttura didattica lontana dalla lezione di tipo frontale e più orientata alla dimensione esperienziale dell'insegnamento. L'organizzazione didattica proposta comporta anche una precisa scelta metodologica. Infatti, la realtà particolarmente eterogenea del laboratorio di italiano L2 pone il docente di fronte alla necessità di rispondere, pur mantenendo una linea comune di fondo, alle esigenze, alle motivazioni ed agli interessi di discenti anche molto diversi fra loro.
Quale metodologia può rispondere adeguatamente a questa realtà di classe?
La metodologia che proponiamo parte sicuramente dall'esperienza e tiene conto di alcune linee teoriche di riferimento che riguardano:

- didattica e tecniche linguistiche per l'italiano L2
- didattica umanistico-affettivo
- didattica operativa
- didattica ludica
- apprendimento cooperativo
- rapporto/funzione docente/discente[4].

La metodologia dovrà considerare la necessità di orientarsi verso una dimensione più operativa dei saperi e delle conoscenze e l'opportunità di soddisfare innanzitutto i bisogni comunicativi degli alunni.
Primo obiettivo di questa proposta metodologica è quello di non limitare l'insegnamento al trasferimento *tout court* di nozioni e contenuti, ma di attivare strategie e risorse per sviluppare le potenzialità di ogni singolo alunno e del gruppo-laboratorio nel suo complesso.
Studi anche molto diversi fra loro hanno comunque evidenziato come gli alunni tendano ad apprendere in maniera più stabile e duratura se inseriti in un contesto in cui si sentono valorizzati, apprezzati, e anche per questa ragione proponiamo una didattica umanistico-affettiva[5].
La realtà del laboratorio è in continuo divenire, la classe si restringe e si amplia continuamente, nuovi alunni vengono inseriti nel corso dell'anno e altri lasciano il laboratorio o la città o forse l'Italia. La presenza dei soggetti nel laboratorio dipende non solo dalla loro maggiore o minore disponibilità e motivazione al lavoro, ma anche dall'organizzazione delle attività scolastiche, dalle festività delle varie comunità immigrate e dalle fasi del progetto migratorio della famiglia.
Alla luce di tali considerazioni ci sembra opportuno organizzare l'attività del laboratorio in maniera modulare.
In questa sede con il termine modulare s'intende l'articolazione del lavoro in unità di apprendimento ampie o limitate ma comunque sempre capitalizzabili, quindi autonome anche se suscettibili di espansioni, ripetibili ed organizzate nel *continuum* più ampio della programmazione generale.
L'unità d'apprendimento si caratterizza come struttura duttile organizzata non solo sulla base dei contenuti o delle strutture linguistiche e comunicative da proporre ma,

soprattutto, in base alla composizione del gruppo ed alle competenze da attivare, potenziare o migliorare.

Essa, dunque, dovrà proporre un tema, un contenuto, un'attività, un'esperienza comune ma prevedere allo stesso tempo materiali e ruoli diversi differenziati per livello, abilità e maturità complessiva dei soggetti coinvolti. Ogni alunno deve essere coinvolto, possibilmente in un lavoro di tipo cooperativo, basato sul tutoring e sulla condivisione delle esperienze e dei "saper fare".

La fase di interiorizzazione e memorizzazione è fondamentale per la didattica dell'italiano L2 e riteniamo che, all'interno del laboratorio, si possa offrire l'occasione per interiorizzare quanto appreso e sperimentato anche attraverso strumenti e stimoli diversi da quelli proposti in ambiente d'apprendimento più "formale". Lessico, concetti e strutture comunicative presentate vanno riprese e riproposte secondo un andamento a spirale che comprende la ripetizione, la riformulazione, la ri-contestualizzazione.

L'utilizzo di strumenti diversi da quelli proposti dalla didattica più tradizionale e la scelta di linguaggi comunicativi differenziati rispondono all'esigenza di motivare, sostenere ed accelerare il processo d'apprendimento, fornendo stimoli di diversa natura. La metodologia di lavoro deve tenere presenti i bisogni comunicativi dei soggetti discenti, i diversi stili di apprendimento e le diverse aspettative nei confronti del laboratorio. La possibilità di utilizzare svariati strumenti assicura la pluralità di stimoli necessaria a rispondere in maniera adeguata ed efficace ai vari bisogni di apprendimento. L'utilizzo di apparecchi quali video e audio registratore, macchina fotografica, computer e collegamento internet, prodotti didattici multimediali facilita in alcuni casi il compito. La modalità di presentazione e gli strumenti utilizzati per il lavoro incidono sensibilmente sulla motivazione, molla fondamentale all'apprendimento.

Il lavoro va organizzato prevedendo delle attività per una classe ad abilità miste.

Per condurre con successo questo tipo di attività è necessario infatti, riservare molta attenzione alla suddivisione della classe e alle risorse del gruppo-classe. Nell'organizzazione del lavoro l'insegnante-animatore avrà cura di creare gruppi di lavoro considerando livelli di competenza in italiano, provenienza etnica, eventuali legami parentali o comunitari[6].

Bisognerà organizzare tali unità in modo da prevedere modalità di lavoro individualizzato che possano rispondere ad esigenze particolari[7]. Studi ed esperienze diverse hanno evidenziato come l'affiancamento tra livelli troppo diversi non permetta la comunicazione né sia funzionale alla crescita formativa[8].

Gli insegnanti del laboratorio si preoccuperanno di volta in volta di definire ruoli e compiti dei soggetti presenti nel laboratorio, avendo cura di affiancare livelli intermedi a livelli bassi, senza creare gruppi con eccessivi divari. L'approccio metodologico sarà di tipo interdisciplinare proprio perché stimoli di natura diversa possono accrescere ed affinare le strategie d'apprendimento.

La programmazione individuata per il gruppo-laboratorio sarà il risultato di una progettazione comune tra attori impegnati nel laboratorio stesso e docenti curricolari. La metodologia proposta risponde all'esigenza di dare centralità ai soggetti e non ai contenuti, di privilegiare la condivisione e il lavoro di gruppo seppur affiancato da momenti di lavoro individualizzato, di far leva sulla motivazione e sul divertimento; le attività proposte dunque dovrebbero risultare adatte all'età dei soggetti.

Infine non dimentichiamo che il laboratorio di italiano L2 è il luogo privilegiato in cui il bambino o il ragazzo straniero apprende la lingua italiana, il luogo in cui l'allievo può conquistare e sviluppare l'autostima, può trovare l'occasione per esprimere e affinare la propria creatività, può soddisfare il proprio bisogno di immaginazione. Il principio sotteso a questa scelta metodologica è quello di fornire l'occasione affinché il limite linguistico non si trasformi in limite cognitivo e in una limitata possibilità di esprimere la propria personalità.

8. Il materiale didattico

Quasi sempre i ragazzi e i bambini stranieri arrivano nel laboratorio di italiano senza quaderni, fogli o strumenti necessari per il lavoro. Il percorso d'apprendimento della L2 è testimoniato da fogli sparsi, quaderni raffazzonati e pagine rubate al più definibile quaderno di italiano o di studi sociali.
Inoltre, quasi mai c'è un testo di riferimento fornito dalla scuola e tutto il percorso compiuto passa attraverso una serie di "materiali grigi" sparsi e non sempre rintracciabili. Questa situazione di precarietà estesa ai materiali di lavoro contribuisce a creare una sensazione psicologica di "passaggio" che accompagna gli alunni ogni volta che si incontrano nel laboratorio.
Se fosse possibile, sarebbe importante che la scuola fornisse un testo di riferimento per il lavoro di laboratorio, anche se poi questo non deve essere l'unico materiale di lavoro. Il materiale prodotto insieme va conservato, possibilmente archiviato con l'aiuto degli alunni stessi, esposto alle pareti per costruire assieme la mappa dell'apprendimento della L2.
Non esiste un testo che, da solo, possa rispondere alle esigenze così disparate di apprendenti diversi per età, etnia, lingua, e competenza in italiano; in fondo l'insegnante è ancora "l'artigiano" che crea, modifica e riproduce materiale *ad hoc* per la sua classe. Ma con quali criteri selezionare, organizzare e creare materiali per la didattica della L2 in una classe così disomogenea?
Innanzitutto va analizzato il tipo di lingua proposto dal testo. Esiste una lingua solo scritta (quella delle fiabe, favole o della storia che fa uso ad esempio del passato remoto) ed una lingua utilizzata soprattutto a livello orale (quella dei fumetti ad esempio). Alcuni testi utilizzano una lingua "non autentica" (termini poco usati come ciclomotore, autorimessa) ed altri invece una lingua autentica (motorino, garage). Importante è anche considerare la fascia di "utenti" a cui si rivolge il testo (alunni di scuola elementare o media inferiore, adulti, ecc).
L'utenza individuata determina, infatti, scelta di temi, contenuti ed iconografia che devono essere sempre adatti alla maturità complessiva dell'alunno. Quasi sempre, invece, si tende a proporre testi e immagini adatte al livello raggiunto in italiano e a non valutare l'incidenza della veste grafica e dei contenuti sulla motivazione.
Importante è anche la velocità di progressione delle attività presentate nel testo. Ogni attività dovrebbe comprendere almeno le quattro fasi di presentazione, memorizzazione, interiorizzazione o consolidamento ed espansione.

Le unità dei testi spesso seguono un criterio di organizzazione in base a temi, situazioni comunicative, nozioni, funzioni linguistiche, elementi grammaticali. Se all'inizio del percorso in L2 va data la priorità a testi e materiali che si concentrano sullo sviluppo della abilità comunicative, in seguito si avrà cura di selezionare materiali in grado di attivare capacità metacognitive, interlinguistiche e incentrate su funzioni e strutture anche più complesse.
Infine, ci sembra opportuno scegliere materiali che conducano gradualmente l'alunno ad attività metalinguistiche e metacognitive (giochi linguistici, role play, ecc.).
Per quanto riguarda la competenza culturale, ci sembra corretto ed interessante fornire informazioni sulla cultura italiana e su quei codici extralinguistici ad essa legati.

9. La valutazione

La valutazione è una questione piuttosto complessa e controversa, ampiamente dibattuta nella scuola. Ci si interroga su cosa valutare e sul come valutare. Attualmente nella scuola la questione della valutazione degli alunni stranieri viene affrontata solo in sede di scrutinio o di fronte ai consigli di classe e di istituto. Dunque si parte dal presupposto di valutare l'alunno straniero rispetto a competenze e conoscenze richieste dal programma pensato per la classe in cui è stato inserito. La mancanza di chiarezza nella normativa di riferimento sicuramente rende difficile il compito dei docenti: è il caso dunque di soffermarsi sulle motivazioni adducibili a dimostrazione della necessità ed opportunità di valutare il processo apprendimento/insegnamento della L2 *in itinere*, costantemente e con metodo.
La necessità del processo valutativo è dettata, innanzitutto, dalla funzione regolativa che esso ricopre rispetto alle attività didattiche. Infatti, l'attività di valutazione ha valore anche in quanto capace di regolare e scandire in senso temporale l'attività formativa. Questa scansione dei tempi interni al laboratorio anche attraverso attività di osservazione e verifica è vitale per l'insegnante, che solo così riesce a monitorare e regolare la propria modalità di lavoro e l'efficacia delle strategie d'insegnamento adottate, in un processo di continua valutazione degli alunni e autovalutazione. La valutazione inoltre collega anche psicologicamente il laboratorio di italiano L2 alla macrostruttura scuola nella quale si inserisce[9].
Una valutazione costante dunque è necessaria per fornire una lettura il più possibile oggettiva del processo insegnamento/apprendimento.
L'operazione del valutare comporta il riferimento ad un sistema di "misurazione" che può essere organizzato solo se prima è stato individuato in maniera chiara l'oggetto di tale misurazione.
La valutazione diviene un'operazione riproducibile e condivisibile solo se parte dal riconoscere criteri comuni. In questo senso la normativa sull'inserimento degli stranieri non è chiara ed è anzi suscettibile di diverse interpretazioni.
L'oggetto della misurazione, le sue peculiarità e le qualità da misurare vanno definite in maniera univoca, inoltre vanno definiti procedimenti, sequenze e criteri da utilizzare per classificare certi processi o oggetti.

Il processo di insegnamento/apprendimento è innegabilmente complesso, e compito della valutazione rispetto a tale complessità è quello di facilitarne la comprensione e la lettura dandone una "misurazione" che sia il meno possibile opinabile o soggettiva. Cercheremo innanzitutto di definire qual è l'oggetto valutabile, quali sono le competenze, le abilità e i "saper fare" di un percorso d'apprendimento in L2 e successivamente di indicare alcuni strumenti utili alla rilevazione e valutazione dei dati raccolti.

9.1 Quali competenze valutare?

Alla luce dei più recenti studi condotti in ambito glottodidattico, psico-pedagogico e linguistico, ma anche grazie all'esperienza condotta sul campo, possiamo definire limitata e limitante la valutazione dei discenti stranieri applicata esclusivamente alla competenza dell'italiano o alle conoscenze raggiunte rispetto al programma scolastico di classe o di istituto. La pratica valutativa corrente è limitata e tradisce un atteggiamento di fondo piuttosto diffuso nei confronti degli allievi stranieri, quello per cui la maturità complessiva del discente viene riferita e misurata solo in base al risultato raggiunto nell'acquisizione della lingua italiana. Molto probabilmente per questa ragione i laboratori linguistici vengono definiti spesso "laboratori di alfabetizzazione" e ancora troppo spesso si utilizza questo termine per indicare il processo d'apprendimento della L2. Se invece partiamo dal presupposto che non si possa sempre parlare di alfabetizzazione ma che invece l'apprendimento della L2 si colloca in un *iter* molto più ampio che già comprende un'esperienza di alfabetizzazione in L1 (avvenuta nel paese d'origine), ci convinciamo di quanto sia improponibile la soluzione di valutare esclusivamente la capacità di utilizzare la nostra lingua. Parlare di alfabetizzazione equivale a negare l'importanza vitale della L1 nel percorso cognitivo dell'allievo. L'identità stessa del discente è legata in maniera inscindibile alla sua lingua materna:

> *"Una lingua, voglio dire una lingua materna in cui siamo nati e abbiamo imparato a orientarci nel mondo, non è un guanto, uno strumento usa e getta. Essa innerva la nostra vita psicologica, i nostri ricordi, associazioni, schemi mentali. Essa apre le vie al con-sentire con gli altri e le altre che la parlano ed è dunque la trama della nostra vita sociale e di relazione, la trama, invisibile e forte, dell'identità di gruppo"* (T. De Mauro, 2001: 5).

Di fronte all'alunno straniero e alla classe di laboratorio il procedimento valutativo dovrà necessariamente considerare l'importanza della L1; quindi, laddove possibile, si cercherà di accertare la conoscenza della lingua d'origine orale e scritta, di acquisire dati sugli studi condotti in L1 ed infine di comprendere quale sia la percezione che l'alunno ha della propria lingua madre nel contesto migratorio, possibilmente con l'aiuto di un mediatore[10].
Il percorso che questi alunni compiono nella nostra scuola ha sue proprie specificità e complessità che vanno considerate anche in sede di valutazione.
Tali affermazioni partono dalla convinzione di dover utilizzare gli strumenti di valutazione non solo per "misurare" capacità e conoscenze, ma anche per osservare con metodo e rigore lo sviluppo dell'interlingua. Infatti, una cosa sono le abilità e le conoscenze previste per quella classe, un'altra cosa è lo sviluppo dell'interlingua. Il ritmo di formazione,

sviluppo e consolidamento dell'interlingua non coincide con quello della formazione dell'identità e della maturazione complessiva.

Il percorso di apprendimento di una lingua quindi più che semplicemente valutato, va innanzitutto osservato, gli eventuali errori in quest'ottica non vanno letti negativamente ma inquadrati in una cornice più ampia di osservazione dell'interlingua che tende a rilevare innanzitutto i progressi. La strategia d'equilibrio sta nel rilevare ed esplicitare l'errore senza drammatizzarlo e spronando l'allievo al miglioramento [11].

L'errore, spesso, non è riferibile al singolo alunno ma può essere ascrivibile a peculiarità di una particolare popolazione (pensiamo agli errori di tipo fonetico) oppure può essere la testimonianza che si è attivato un processo di adattamento dalla madrelingua alla L2, un elemento dell'interlingua che l'alunno si sta costruendo. In questo caso, dunque l'errore è da leggersi piuttosto come un progresso dell'interlingua.

Oltre all'osservazione dei mutamenti dell'interlingua ci sembra opportuno valutare le seguenti competenze:

- competenze non verbali
- competenze verbali
- funzioni linguistiche padroneggiate
- competenze strumentali
- competenze logico-matematiche
- competenze relazionali
- atteggiamenti affettivo-motivazionali

Il processo valutativo a nostro avviso va organizzato in sequenze così strutturate:

a) Rilevazioni e valutazioni preliminari:

- raccolta di dati riguardanti la storia personale dell'alunno (età, provenienza, composizione della famiglia, periodo di permanenza in Italia, ecc.)
- raccolta di informazioni sul suo percorso scolastico nel paese d'origine
- raccolta di informazioni sul suo percorso scolastico in Italia
- valutazione della conoscenza, padronanza e percezione della lingua d'origine (biografia linguistica in L1)
- raccolta di informazioni sull'eventuale studio di una lingua straniera nel paese d'origine o in Italia (biografia linguistica in LS)
- valutazione della competenza comunicativa in classe (in situazioni comunicative differenti, nel gruppo dei pari o con gli insegnanti ad esempio)
- raccolta di osservazioni sulle capacità affettivo-relazionali in classe
- raccolta di dati relativi all'atteggiamento motivazionale
- raccolta di dati sulle modalità di inserimento, sulla fase dell'accoglienza (questi dati dovrebbero aiutarci a capire come l'allievo è stato accolto, qual era la sua situazione emozionale di partenza)
- raccolta, attraverso un questionario, delle impressioni, valutazioni, e considerazioni degli insegnanti curricolari sulla presenza e interazione in classe degli alunni stranieri.

Tutti questi elementi sono utili a costruire una "carta d'identità" dell'alunno fondamentale per progettare un percorso d'apprendimento e per poi valutarlo.

a) *Valutazione in ingresso*

Nella fase che coincide con l'ingresso nel laboratorio vanno rilevate le competenze verbali passive ed attive, le funzioni linguistiche ad esse correlate, le competenze non verbali (postura, movimenti, posizioni rispetto al gruppo), le competenze strumentali. Inoltre si cercherà di valutare la motivazione all'apprendimento e le aspettative nei confronti del laboratorio. In contesti comunicativi diversi (comunicazione tra pari, comunicazione con insegnanti, dialogo, esercizi di conversazione strutturata) si osserverà la natura dell'interlingua dell'alunno.

Si può ricorrere a griglie di rilevazione dei dati, a registrazioni e videoregistrazioni. La scelta di strumenti oggettivi per la raccolta di dati è sempre importante, ma lo è maggiormente in questa fase perché le informazioni così raccolte ci permettono di creare una "fotografia" - il più possibile oggettiva - dell'identità linguistica e comportamentale dell'allievo. Molto spesso queste informazioni vengono acquisite in maniera soggettiva e portano poi il docente a crearsi un'idea dell'alunno che a fatica prescinde da diffusi stereotipi (i cinesi sono riservati, sono bravissimi in matematica e non amano l'attività fisica, ad esempio...). La valutazione in ingresso così condotta ci dovrebbe aiutare ad evitare la sopravvalutazione o al contrario la sottovalutazione di competenze ed atteggiamenti.

b) *Valutazione in itinere*

In questa fase si dovrà innanzitutto valutare le variazioni registrate nello sviluppo dell'interlingua. In secondo luogo si dovranno valutare tutte quelle modifiche intervenute all'interno del gruppo e quelle riferibili invece al comportamento/atteggiamento di ogni soggetto.

Bisognerà inoltre valutare l'adeguatezza del metodo, dei contenuti e delle attività proposte. I docenti impegnati nel laboratorio, come abbiamo già affermato, dovranno valutare costantemente il proprio lavoro e il proprio ruolo nel processo di apprendimento/insegnamento che hanno attivato anche avvalendosi del metodo della ricerca-azione[12]. Anche in questo caso è necessario darsi strumenti di valutazione oggettivi e chiedere, se è possibile, l'aiuto di un osservatore competente ma esterno al lavoro. Riteniamo opportuno, inoltre, rilevare la necessità, da parte del docente stesso, di valutare l'adeguatezza del tempo dedicato ad ogni attività o contenuto o struttura linguistica affrontata nelle ore di laboratorio.

c) *Valutazione in uscita*

Questa sequenza valutativa non coincide necessariamente con la chiusura del laboratorio ma può avvenire in qualunque periodo dell'anno scolastico e coincide piuttosto con il momento in cui il discente in questione lascia il laboratorio. In quest'occasione è compito del docente dare una valutazione conclusiva del percorso formativo svolto dall'alunno nel laboratorio, mettendo in evidenza quei passaggi e quei dati che te-

stimoniano i progressi raggiunti ma anche gli eventuali processi regressivi. Grazie all'esistenza di verifiche condotte *in itinere* sarà possibile individuare l'andamento complessivo della permanenza dell'alunno nel laboratorio.
Infine, sarà opportuno rilevare le competenze verbali passive ed attive (in contesti diversi ed ambienti diversi), le eventuali fossilizzazioni rilevate nell'Interlingua, le competenze non verbali, i "saper fare" acquisiti e non acquisiti, l'atteggiamento relazionale e gli aspetti motivazionali.

9.2 Come valutare

Una corretta valutazione parte dall'individuazione e scelta degli strumenti di misura più adatti alla situazione specifica.
La pertinenza degli strumenti di valutazione è un presupposto irrinunciabile. Spesso l'inadeguatezza degli strumenti e delle procedure conduce a valutazioni che non sono rappresentative della realtà o che addirittura compromettono la percezione di un processo o di un atteggiamento. Scopo principale della valutazione è quello di facilitare la conoscenza di un processo. Nel caso specifico della classe di laboratorio L2 oltre all'adeguatezza degli strumenti si avverte la necessità di precise competenze necessarie per condurre una buona valutazione.
Dall'esperienza condotta sul campo emerge inoltre l'esigenza di combinare le due dimensioni della valutazione, quella quantitativa e quella qualitativa. Riteniamo in conclusione che la valutazione vada condotta ed organizzata dal *team* di esperti coinvolti nel laboratorio, nessuno escluso, e che debba servirsi di strumenti il più possibile oggettivi e diversificati. La valutazione dei ragazzi quindi dovrà prevedere prove strutturate e destrutturate, momenti di riflessione metalinguistica e metacognitiva, momenti di verifica dei saper fare e del sapersi relazionare.

10. Esempio di scheda per la rilevazione dei dati

Qui di seguito proponiamo una scheda da noi progettata per raccogliere dati e costruire una sorta di "carta d'identità" di ogni alunno. Per esperienza, abbiamo potuto constatare che uno strumento del genere può essere utile a tutte le figure coinvolte nel laboratorio per avere a disposizione una "fotografia" abbastanza nitida di quella che è l'identità linguistica e relazionale di ogni allievo. Seguire gli stessi criteri di osservazione e di raccolta dei dati per ogni alunno è importante; a volte infatti, in maniera soggettiva, gli insegnanti possono farsi "condizionare" dal carattere e dal comportamento dell'alunno e rischiare così di non considerare alcuni elementi importanti della sua personalità; spesso, ad esempio, gli insegnanti tendono a tralasciare l'importanza dell'identità anagrafica, valutando soltanto la competenza in Italiano e quindi rischiando di non cogliere la maturità complessiva della persona.

NOME:		
ETÀ:		
NAZIONALITÀ:		
PERMANENZA IN ITALIA:		
PERMANENZA NEL LAB.:		
SCOLARIZ. PREGRESSA:		
COMPETENZA IN L2:		
CARATTERISTICHE PERSONALI:		
ASPETTATIVE IN LABORATORIO:		
ATTEGGIAMENTO	IN LABORATORIO	IN CLASSE
MOTIVAZIONE:		
PARTECIPAZIONE:		
SOCIALIZZAZIONE:		
AUTONOMIA NEL LAVORO:		
RAPPORTO CON GLI INSEGNANTI:		

Riferimenti bibliografici

BALBONI P.E., 1998, *Tecniche didattiche per l'educazione linguistica*, Torino, UTET.
BALBONI P.E., 1999, *Dizionario di Glottodidattica*, Perugia, Edizioni Guerra Soleil.
COONAN C., 2000, *La ricerca-azione,* Venezia, Libreria Edizione Cafoscarina.
DE MAURO T., in JI YUE, 2001, *L'aquilone bianco,* Roma, Sinnos editrice.
GENOVESE L., KANIZSA S., 1998, *Manuale di gestione della classe*, Roma, F. Angeli.
POLITO M., 2002, *L'apprendimento cooperativo*, Trento, Erickson.
TOSI A., 1995, *Dalla madrelingua all'italiano. Lingue ed educazione linguistica nell'Italia multietnica*, Firenze, La Nuova Italia.

1 Il saggio è stato concepito unitariamente dai due autori. Nella stesura Fabio Caon ha curato i paragrafi 1-2-3-4-5 e Barbara D'Annunzio ha curato i paragrafi 6-7-8-9-10.
2 Cfr. F. Della Puppa, "Educazione interculturale e discipline scolastiche" in questo volume.
3 Per approfondimenti sulle abilità linguistiche, cfr. Balboni (1998:11-16).
4 È interessante osservare come cambi il rapporto docente/discente anche in base all'età del docente, che se piuttosto giovane non viene riconosciuto come autorevole. Il discorso sull'autorevolezza dei docenti impegnati nel laboratorio si collega alle osservazioni già proposte nei paragrafi dedicati a spazio, tempo ed organizzazione del laboratorio. Il legame forte tra laboratorio e scuola deve essere chiaramente trasmesso anche per quanto riguarda le figure coinvolte, che devono essere vissute dal discente come interne all'istituzione affinché vengano pienamente riconosciute. Inoltre va sottolineato come le dinamiche docente/discente tendano a modificarsi quando una maggiore disponibilità alla comprensione ed una modalità di lavoro meno formale vengono interpretate dal discente e dalla famiglia come sintomo di mancanza di professionalità ed autorevolezza.
5 P. E. Balboni, 1999, *sub voce* "Umanistica, Glottodidattica".
6 Le dinamiche del gruppo classe sono fondamentali per il successo metodologico. Nel caso del laboratorio L2 di volta in volta si dovrà valutare l'opportunità di formare gruppi e creare rapporti di tutoring. In una fase d'accoglienza ad esempio, può risultare importante far affiancare l'alunno neoarrivato da un proprio connazionale, senza dare in ogni caso per scontata la facilità di comunicazione o di relazione. Il rapporto tra gli alunni a volte può essere condizionato (in positivo o negativo) da legami parentali o dai ruoli delle rispettive famiglie all'interno delle comunità d'appartenenza.
Bisogna considerare anche la percezione del ruolo dei sessi che varia da cultura a cultura e che ad esempio può creare problemi ad un alunno maschio che si trova a dover imparare da una bambina.
7 Il lavoro individualizzato si può prevedere ad esempio per lavorare sulle caratteristiche dell'interlingua legate a quelle della lingua materna, o per sviluppare competenze in discipline o ambiti più specifici.
8 Cfr. Mario Polito (2002).
9 Cfr. par. 4 di questo stesso saggio.
10 Lo statuto assegnato dalla cultura ospitante alle lingue d'origine, condiziona la percezione che lo straniero ha della propria lingua. Lingue come l'inglese o il giapponese vengono percepite come "superiori" in un contesto che assegna uno statuto inferiore ad altre lingue come turco, albanese, romanes, ecc.
11 Cfr. A. Tosi (1995).
12 Per approfondimenti sulla Ricerca-Azione, oltre al saggio di Coonan nel vol. 3 di questa stessa opera, si rimanda anche a Coonan 2000.

COORDINATE

PECULIARITÀ DELL'INSEGNAMENTO ANDRAGOGICO DELL'ITALIANO COME LINGUA SECONDA

Graziano Serragiotto

#7

In questo saggio si vogliono mettere in evidenza le dinamiche che si vengono a creare nell'insegnamento di una lingua nel paese in cui si parla, in questo caso l'italiano, e le caratteristiche degli apprendenti adulti.
Verranno poi presentati alcuni percorsi didattici utilizzabili nell'insegnamento dell'italiano lingua seconda per gli studenti adulti.

1. L'ambiente

È molto importante considerare l'ambiente in cui avviene l'apprendimento linguistico e le variabili che sono legate a tale ambiente, in modo da sfruttare al meglio le diverse potenzialità.
Quando si parla di italiano lingua seconda si intende la lingua appresa da una persona alloglotta nell'ambiente sociale dove la lingua d'arrivo - in questo caso l'italiano - costituisce il mezzo di comunicazione quotidiana, quindi essa è lo strumento principale per interagire nella vita sociale. Pertanto la lingua italiana diventa lingua seconda per lo studente straniero che la studia in Italia: in questo modo c'è la possibilità di esercitare le nuove strutture e le nuove funzioni linguistiche anche al di fuori dell'aula, in ambiente extrascolastico, attraverso l'esposizione ai mass media e attraverso lo scambio linguistico autentico con italiani.
Si tratta di una situazione privilegiata perché in questo modo l'insegnante può agganciare il suo insegnamento direttamente alla realtà quotidiana che gli studenti vivono, e può proporre tutta una serie di attività che si possono svolgere all'esterno dell'aula e che possono diventare molto motivanti soprattutto se si tratta di studenti adulti.
In questo modo l'ambiente gioca un ruolo fondamentale, in quanto fornisce una quantità notevole di stimoli linguistici spontanei, non controllati dall'insegnante: mentre infatti una lingua seconda viene appresa in parte in modo immediato, perché legata a necessità reali, una lingua straniera deve essere motivata e calata nella realtà più vicina agli allievi, creando, drammatizzando situazioni probabili e fittizie.
Gli adulti, in genere, vedono immediatamente i benefici del loro apprendimento e quindi la motivazione è molto alta, perché sanno che potranno utilizzare ciò che hanno imparato in interazioni linguistiche interpersonali quotidiane che miglioreranno la qualità della loro vita: per esempio il poter dialogare nei vari uffici, in banca, nei negozi, ecc.
Inoltre, i bisogni linguistici che vengono soddisfatti non sono solo quelli immediati, ma possono essere anche quelli futuri, perché molti stranieri potranno decidere di rimanere in Italia.
È utile ricordare come anche l'ambiente didattico abbia la sua importanza: l'assetto dell'aula con la sistemazione delle sedie, l'arricchire le pareti con materiali che riguardano la cultura e realtà italiana, l'attrezzatura tecnica disponibile aiutano a favorire l'acquisizione da parte degli studenti. Un ambiente dove l'atmosfera è positiva, dove la disposizione fisica dei banchi non è quella tradizionale, ma è circolare in modo da favorire la parità e l'uguaglianza delle posizioni, influenza l'interazione tra le persone, e sono molto importanti anche quando gli studenti sono adulti.

2. Gli studenti

Gli studenti in un simile contesto chiedono di poter svolgere un percorso linguistico che serva per il loro inserimento in una società dove per un certo periodo, più o meno lungo, si svolgerà la loro vita.
Ci possono essere anche altre esigenze più mirate, in base alle specifiche necessità, come ad esempio quelle universitarie, professionali o personali.
Gli studenti hanno quindi la necessità di conoscere i diversi codici di una determinata cultura: da quello linguistico a quello comportamentale, a quello sociale, a quello socioculturale, per poter conoscere le diverse regole di vita del paese che li accoglie. Pertanto ci deve essere un lavoro guidato in classe che aiuti gli studenti a meglio inserirsi nella vita in Italia.
Sarà cura dell'insegnante, soprattutto nei livelli elementari, di fornire l'input linguistico iniziale presentando quelle situazioni in cui gli studenti si troveranno più frequentemente a contatto, cioè dando campioni di lingua significativi e avvalendosi di una lingua semplificata e graduata, avendo come obiettivo principale quello di interagire il meglio possibile nella vita quotidiana italiana, per una reale necessità di sopravvivenza.
Bisogna ricordare che quando gli studenti acquisiscono uno strumento linguistico che li aiuta ad interagire nella realtà in cui si vengono a trovare, attraverso l'insegnamento si viene a realizzare una delle mete dell'educazione linguistica, la culturizzazione, che non si sviluppa solo come un interesse per il diverso, ma, nel caso degli adulti, dà delle direttive su quali siano i modelli essenziali a cui non si può rinunciare, quali possano essere cambiati, come gli italiani vedono le altre culture, ecc.
Una particolare attenzione deve essere fatta riguardo al sesso degli studenti, soprattutto quando si hanno studenti appartenenti a quelle culture dove non c'è un rapporto paritario tra uomo e donna e dove il rapporto tra i due sessi viene visto in modo diverso rispetto alla tradizione occidentale: si capisce come possano sorgere dei problemi nel gestire la classe dove le donne si sentono imbarazzate alla presenza di uomini, o immigrati uomini, per motivi culturali, non accettano un rapporto paritario con l'altro sesso, e quindi trovano difficoltà a stare in una classe dove c'è una donna come insegnante.
Le donne islamiche in particolare, costituiscono un caso a parte: spesso necessitano di un corso separato da quello maschile, perché spesso sono molto timide, il più delle volte sono analfabete e perché a volte sono isolate all'interno del gruppo familiare e non hanno occasione per parlare italiano al di fuori del corso di alfabetizzazione.

3. Caratteristiche degli studenti adulti nell'acquisizione dell'italiano come lingua seconda

Prima di entrare nello specifico sulle motivazioni per imparare l'italiano come lingua seconda è doveroso mettere in evidenza le motivazioni degli adulti rispetto ai bambini.
Secondo Rogers l'adulto non è disposto a mettere in discussione la propria situazione

di adulto e le proprie conoscenze, perciò l'insegnamento può essere efficace solo se è lo stesso studente a decidere di voler cambiare la sua realtà conoscitiva e sociale.

Lo studente adulto non è disposto a farsi guidare dall'insegnante senza porsi dei problemi: prima di tutto vuole essere coinvolto nelle decisioni che lo riguardano, vuole che sia chiaro il percorso che sta facendo, vuole avere la possibilità di misurare continuamente il percorso effettuato, vuole anche essere autonomo nell'apprendimento e in questo caso l'insegnante diventa un facilitatore che dà gli strumenti perché lo studente riesca a continuare il suo cammino in modo autonomo.

L'andragogia, materia che si occupa dell'educazione agli adulti, ha messo in evidenza come ci siano anche delle differenze di ordine affettivo rispetto ai bambini: un adulto vuole dare una propria immagine di sé all'esterno, ha una grande stima di sé, non vuole perdere la faccia, gli secca fare delle brutte figure e quindi è molto meno naturale quando si espone.

I bambini, invece, apprendono con facilità in modo spontaneo e giocoso, senza pudori e inibizioni e sono più portati quindi a rischiare la propria faccia.

Inoltre un adulto ha già studiato di solito altre lingue straniere e quindi si aspetta che l'insegnamento della lingua che sta imparando venga fatto in un certo modo, si aspetta un particolare tipo di percorso; se le sue aspettative vengono disattese, si può creare una barriera tra studente ed insegnante.

Proprio per la sua capacità astrattiva e sistematizzante, l'adulto richiede una maggiore riflessione metalinguistica e metacomunicativa della lingua italiana, nonché delle regole precise e solide su cui far affidamento.

Altro elemento da considerare sono le classi di studenti adulti: di solito le classi per adulti sono molto eterogenee, perché i vari studenti hanno effettuato un percorso formativo ed educativo diverso, alcuni sono alfabetizzati altri non lo sono, ed inoltre anche tra quelli alfabetizzati esistono delle differenze che potrebbero rendere difficoltoso l'insegnamento.

Inoltre, se per avere successo in un corso di lingua è necessario poter frequentare in modo regolare le lezioni e utilizzare la lingua quotidianamente, questo non è sempre possibile: molti studenti adulti lavorano, spesso devono fare i turni e quindi non possono rispettare gli orari di lezione.

La seguente tabella mostra in modo schematico le principali differenze motivazionali ad apprendere, i caratteri generali e i metodi prevalentemente utilizzati per l'acquisizione della lingua da parte degli adulti e dei bambini:

ADULTI	BAMBINI
MOTIVAZIONE: • Necessità e urgenza di comunicare • Hanno ragioni di studio concrete, legate al lavoro, al miglioramento intellettuale, all'inserimento per poter lavorare e per migliorare la propria situazione • Raggiungere degli scopi prefissati • Desiderio di integrarsi e di socializzare • Utilizzare al meglio i servizi, le risorse del territorio • Scelgono di studiare	MOTIVAZIONE: • Bisogno di comunicare in scambi interpersonali di base soprattutto in ambiente scolastico • Desiderio di socializzare con il gruppo dei pari anche attraverso il gioco, il piacere dell'attività • Bisogni comunicativi immediati • Desiderio di ottenere buoni risultati scolastici • Vengono indotti allo studio della lingua seconda
CARATTERI GENERALI: • La lingua seconda ad uso personale • Richiesta di apprendimenti da usare subito • Attribuiscono alla lingua un forte valore strumentale • Bisogni cognitivi consapevoli • Capacità di strutturare in modo razionale e intenzionale le conoscenze e di contestualizzare gli apprendimenti • Hanno un processo di apprendimento linguistico meno immediato • Considerano il docente come un pari • Possiedono strutture metacognitive acquisite • Sono in grado di prendere autonomamente decisioni sul proprio percorso di apprendimento • Necessitano di sicurezza e consapevolezza sull'uso della lingua ed effettuano pertanto riflessioni approfondite e critiche sulle regole • Mettono in campo filtri affettivi molto sensibili e di delicata gestione • Preferiscono attività in cui non si debbano esporre troppo agli altri	CARATTERI GENERALI: • Favorire l'integrazione nel gruppo classe • La lingua seconda per situazioni comunicative di base • Attribuiscono alla lingua un forte valore aggregante • Migliorare la fiducia, l'autostima, la sicurezza in se stessi • Favorire situazioni comunicative di ascolto e comprensione • Sono nel loro momento di massima capacità di apprendere velocemente • Hanno una fiducia estrema nell'insegnante • Sono scarsamente consapevoli dei propri processi e meccanismi di apprendimento • Imparano ma non decidono l'insegnamento • Non si fanno eccessivi problemi rispetto a quanto viene loro insegnato • Superano abbastanza facilmente i filtri affettivi in una situazione di accoglienza e di disponibilità • Prediligono attività di gioco, di drammatizzazione, di lavoro con i compagni
METODO: • Comunicativo-affettivo, nozionale-funzionale • Favorire le narrazioni personali-biografiche • Stretto legame al concreto • Riflessioni sulla lingua	METODO: • Ludico • Umanistico – affettivo (T.P.R.)

Riassumendo, possiamo mettere in evidenza come i bambini abbiano l'esigenza di comunicare con i pari per agire insieme, giocare e far parte di un gruppo.
Gli adulti hanno bisogno di apprendere una lingua di una società di cui sono consapevoli di non essere parte, anzi talvolta ne sentono il rifiuto e l'ostilità. La loro esigenza nasce quindi dalla quotidianità: hanno bisogno di capire e farsi capire nel luogo di lavoro, negli uffici, nei negozi, nella scuola dei loro figli.
Hanno quindi bisogno di conoscere la lingua sia nelle forme colloquiali sia nei registri formali, immediatamente devono imparare a leggere comunicazioni, avvisi, devono saper compilare bollettini postali, leggere le voci delle buste paga e degli estratti-conto bancari.
In entrambi i casi il ruolo del docente di lingua italiana, pur differenziandosi, si rivela essenziale per un apprendimento linguistico efficace, anche se diversi saranno i contenuti, per le diverse esigenze, e le strategie.
Uno studente immigrato, bambino o adulto, pone altresì sue proprie caratteristiche peculiari, molto diverse da quelle di chi studia una seconda lingua per piacere, per cultura, per ragioni professionali. Uno studente adulto immigrato, così come il bambino straniero, deve essere considerato per il tipo di istanze che pone e pertanto si dovrebbero applicare tecniche didattiche che tengano conto dell'età degli studenti, oltre che delle ragioni per cui essi si trovano a studiare una seconda lingua.

4. Motivazioni per l'apprendimento/acquisizione dell'italiano come lingua seconda per gli studenti adulti in Italia

L'insegnamento dell'italiano come seconda lingua si è sviluppato in Italia soprattutto negli anni Novanta per la presenza di molti immigrati adulti che provenivano da varie parti del mondo, dovuta ai molti flussi migratori da parte di persone che si trovavano in situazioni molto precarie e di emergenza nel loro paese.
Ciò ha comportato l'esigenza di far fronte alla nuova situazione attraverso delle offerte formative che dapprima sono state fatte da organismi di volontariato o da enti religiosi, e successivamente attraverso l'intervento di organismi statali e dalle imprese.
Per quanto riguarda gli organismi statali nell'ambito dell'Educazione degli Adulti (EDA), sono stati istituiti dei Centri Territoriali Permanenti (CTP) con l'Ordinanza Ministeriale n°455 del 29 luglio 1997.
Questi Centri Territoriali che sono stati creati a livello distrettuale, avevano il compito di favorire l'istruzione e la formazione in età adulta in vari ambiti e avevano la possibilità di estendere le attività anche agli istituti penitenziari.
I Centri Territoriali si possono configurare come luoghi di lettura dei bisogni, di progettazione, di concertazione, di attivazione e di governo delle iniziative di istruzione e formazione in età adulta, nonché di raccolta e diffusione della documentazione. Hanno il compito di coordinare le offerte di istruzione e formazione programmate sul territorio e sono rivolti a tutta la popolazione adulta.

Tra le varie attività che svolgono c'è l'alfabetizzazione primaria, l'apprendimento della lingua, lo sviluppo e il consolidamento di competenze di base e dei saperi specifici, favorendo il rientro nei percorsi di istruzione e formazione di soggetti in condizioni di marginalità.
In questi centri confluiscono molti immigrati e stranieri adulti che molto spesso non hanno alcuna conoscenza della lingua italiana, o sanno alcune semplici frasi, per acquisire una competenza almeno al livello soglia che permetta loro di poter inserirsi nella nuova realtà in cui si trovano a vivere.
Poiché non c'era mai stata una tradizione a riguardo in Italia, è sorta la necessità di formare gli insegnanti per queste nuove realtà creando anche delle nuove figure professionali di supporto come possono essere i mediatori linguistici.
Oltre a queste strutture, ce ne sono altre dove si insegna l'italiano come lingua seconda, come i Centri Linguistici Interfacoltà o le scuole private di lingue: molti studenti stranieri vengono in Italia per studiare la lingua e la cultura italiana grazie ai Progetti Erasmus, o per prendere una particolare specializzazione in qualche disciplina.
In questo caso abbiamo degli studenti che di solito non sono stati costretti a lasciare il proprio paese per necessità, per bisogno economico, ma hanno scelto per i più svariati motivi di venire nel nostro paese, chi per amore della musica, chi dell'arte, chi per specializzarsi, oltre ai molti studenti universitari che soggiornano per un periodo di studio nelle varie università come scambio, ecc.
In questi casi c'è un'alta motivazione ad apprendere la lingua per dei bisogni specifici e l'atteggiamento di base dello studente è quello di una persona autonoma e responsabile delle proprie scelte.

5. L'insegnante

Il ruolo del docente di lingue è cambiato negli ultimi anni: al centro dell'insegnamento c'è lo studente che deve soddisfare dei bisogni formativi che non sono omologati e che variano a seconda delle caratteristiche degli stessi studenti.
Da qui nasce la necessità che l'insegnante sia versatile, che sia in grado di capire le necessità degli allievi e che riesca a predisporre una programmazione idonea e sappia fare le scelte più adatte del caso.
In questo modo l'insegnante può assumere diversi ruoli all'interno della formazione: può essere facilitatore, organizzatore e animatore, consulente linguistico, sperimentatore ed artista.
Come *facilitatore* l'insegnante deve fare in modo che gli studenti si vengano a trovare nelle migliori condizioni per poter apprendere. Non si tratta di cercare di soddisfare soltanto i bisogni linguistici degli studenti, si devono considerare gli stili cognitivi di apprendimento, la stessa personalità, gli interessi e trovare quella metodologia e quelle tecniche che meglio possono rispondere alle esigenze dei propri studenti.
Inoltre all'interno della classe deve essere creato da parte dell'insegnante quell'ambiente rilassato e sereno che permetta la collaborazione tra insegnante e studenti e tra gli stessi studenti in modo da favorire il processo di acquisizione linguistica e culturale.
Come *organizzatore e animatore* l'insegnante deve organizzare la classe e gestire le

varie attività didattiche in modo proficuo, tenendo conto anche di percorsi individuali e differenziati con la collaborazione degli stessi studenti. Inoltre deve cercare di animare le varie attività, stimolando, incoraggiando, discutendo in modo attivo durante le interazioni di natura didattica.

Come *consulente linguistico*, l'insegnante può mettere le proprie competenze al servizio degli studenti, se e quando richieste.

In certi momenti bisogna lasciare che siano gli stessi studenti a decidere quando e come vogliono essere aiutati nel processo di acquisizione linguistica, rispettando i loro tempi e lasciando che prima cerchino personalmente, individualmente o a gruppi di studenti, le risposte ai loro bisogni linguistici, che possono poi in seguito essere perfezionate o guidate dall'insegnante.

Come *sperimentatore ed artista*, l'insegnante è sempre pronto a sperimentare nuove metodologie e tecniche, non si ferma ad utilizzare solo percorsi già consolidati, cerca nuove formule per migliorare sempre più i risultati ottenuti. Diventa un'artista che mette a frutto le proprie competenze e abilità, quando usa la propria fantasia per creare nuovi materiali sempre più adatti ed interessanti per i propri studenti.

Soprattutto quando l'insegnante si deve relazionare agli adulti, il suo ruolo diventa fondamentale, perché gli studenti adulti hanno delle forti motivazioni personali ad imparare, non sono obbligati da altre persone a frequentare i corsi di lingua, e quindi capire i loro bisogni e farli partecipi del percorso formativo è importante perché ci sia un vero apprendimento/acquisizione. Così si viene a creare un "patto formativo" tra l'insegnante e gli studenti, dove vengono esplicitate le varie modalità del percorso e vengono scelti i materiali più idonei.

L'insegnante può avere coscienza di quali siano i bisogni linguistici dei suoi studenti attraverso un dialogo continuo con gli studenti e/o dei questionari strutturati.

Dalla complessità dell'insegnamento dell'italiano come lingua seconda si può dedurre come l'insegnante abbia bisogno di una preparazione psicologica, sociologica e antropologica molto più complessa e articolata di un altro docente di italiano.

Infatti nella maggior parte dei casi, tra immigrati adulti, si nota una certa disomogeneità per quanto riguarda le conoscenze cognitive e culturali di base, per cui l'insegnante si trova a dover affrontare realtà talmente diverse e diversificate che solo attraverso la formulazione di percorsi adatti e individuali può giungere a migliorare l'apprendimento, considerando i diversi ritmi di apprendimento degli studenti, i diversi stili cognitivi e le diverse motivazioni.

6. Come gestire la dinamica di gruppo negli studenti adulti

La prima cosa che un insegnante deve fare è stabilire un contatto umano con gli studenti, indipendentemente dalle loro caratteristiche. Nonostante le motivazioni degli studenti possano essere le più varie, si viene ad attuare un processo di crescita dove accanto all'apprendimento linguistico c'è un arricchimento per l'intera personalità, sia da parte degli studenti sia da parte dell'insegnante che favorisce gli scambi tra le persone.

Non bisogna dimenticare che nella condizione adulta possiamo individuare due particolarità:
- gli adulti sono portatori di una esperienza vissuta e di un rapporto dialettico con la società
- gli adulti hanno maggiore consapevolezza delle loro emozioni e delle loro relazioni interpersonali e le vivono in modo attivo.

Lo studente adulto, oltre al codice linguistico, viene a conoscere i modelli culturali necessari per socializzare nel paese in cui si trova, cioè viene acculturato e allo stesso tempo viene a conoscere le varie soluzioni date da altre culture attraverso i suoi compagni di classe, per giungere al concetto di relativismo culturale secondo il quale ogni modello culturale è la risposta di una cultura ad un problema di natura ed è degno di rispetto.
L'insegnante ha il compito di stimolare l'interesse degli studenti e di fare in modo che tutti si sentano accolti, accettati nella loro totalità e complessità, in modo da poter senza problemi esprimere i propri sentimenti ed emozioni con una certa libertà, senza paura del giudizio degli altri.
L'insegnante può creare delle situazioni attraverso simulazioni o testimonianze, che favoriscono la consapevolezza del valore della diversità e l'incontro con l'altro, in modo da mettere in evidenza la visione del mondo di ciascun studente e il suo sistema di valori. Il discutere in classe diventa quindi importante, e una delle difficoltà è trovare un argomento che possa soddisfare tutti. Attraverso il dialogo inoltre si veicola la conoscenza e la comprensione di elementi non solo linguistici, ma anche socioculturali del paese dove gli studenti si trovano.
Ci possono essere studenti che tendono a monopolizzare il dialogo, mentre altri più timidi tendono a stare zitti: è per questo motivo che l'insegnante deve essere un bravo moderatore, dando la parola a tutti, capendo il momento giusto per fare ciò e sostenendo come ognuno sia portatore dei propri valori.
Concludendo possiamo affermare che ci sono vari elementi che favoriscono la dinamica di gruppo negli studenti adulti:
- il gruppo deve essere coeso, cioè ogni studente deve sentirsi accettato e parte integrante del gruppo, in modo che le attività abbiano successo, nonostante ognuno abbia un ruolo diverso all'interno del gruppo;
- il clima all'interno della classe è fondamentale, perché le relazioni tra i membri siano positive in modo da favorire la partecipazione e questo si può ottenere anche attraverso una particolare disposizione dell'aula e il clima emotivo;
- l'interazione che si viene a creare tra studenti ed insegnante e tra studenti e studenti deve essere proporzionata e non unidirezionale in modo che non ci sia una prevalenza troppo marcata di qualcuno;
- le norme e le regole sono necessarie per il buon funzionamento delle attività e per le relazioni che si vengono a creare e possono essere implicite o esplicite, sia quelle generali che non possono essere date per scontato perché possono essere diverse nelle varie culture e del diverso modo di vedere, sia quelle gestionali, come l'orario della lezione.

In tutto questo l'insegnante riveste il ruolo di regista: gli studenti sono gli attori e lui dovrà mediare e fare in modo che si crei un vero gruppo.

7. Metodologie e tecniche utilizzate in classe

Molto spesso gli insegnanti notano come certe tecniche non funzionano con gli studenti adulti, per esempio il roleplay, perché c'è un rifiuto da parte di alcuni studenti di mettersi in gioco, c'è la paura di sembrare ridicoli.

È per questo che l'insegnante deve essere molto accorto nelle tecniche e nelle attività che utilizza e, soprattutto agli studenti adulti, deve spiegare la natura e la finalità del proprio metodo. Tale spiegazione non deve essere fatta solo all'inizio di un corso, ma deve essere fatta ad ogni inizio di unità di apprendimento, in modo da favorire la collaborazione tra insegnante e studenti.

C'è inoltre da ricordare che soprattutto gli studenti adulti hanno una forte coscienza di sé, vivono molto spesso di autorappresentazioni, e poiché temono il giudizio negativo degli altri, a volte preferiscono non esporsi e quindi preferiscono il silenzio.

L'abilità dell'insegnante sta proprio nel far superare questi problemi favorendo il progresso dell'interlingua degli studenti, creando un clima amichevole che dia sempre più opportunità di produrre lingua in situazione comunicativa, dove l'errore è conseguenza dell'apprendimento e non qualcosa da sanzionare.

Pensando all'età e agli interessi degli studenti si devono scegliere le tematiche più adatte per la conversazione, prestando attenzione a non andare contro la suscettibilità di qualche studente sviluppando oltre alla competenza linguistica anche quella metaforica, creando dei collegamenti tra parole e concetti. A volte la situazione classe è così eterogenea e fatta di studenti adulti di diverse culture, che è difficile scegliere dei materiali che possano tenere conto delle esigenze di tutti. Può essere utile, quando c'è una sufficiente padronanza della lingua italiana, avviare qualche discussione sulle problematiche che gli studenti devono affrontare quotidianamente, cercando con la collaborazione di tutti, di far vedere quali potrebbero essere le possibili soluzioni.

L'adulto ha comunque in genere delle pre-conoscenze che gli permettono di capire il nuovo input e le situazioni che si vengono a creare; l'insegnante deve quindi attivarle per servirsene al fine di rendere tale input comprensibile.

Per quanto riguarda l'utilizzo delle tecniche glottodidattiche in classe con gli adulti, non possiamo dire quali siano le più adatte o le meno adatte a priori. Tutto dipende dal gruppo classe che si viene a formare, dal rapporto che l'insegnante instaura con gli studenti e da come gestisce a livello psicologico le fasi più critiche come la correzione degli errori, la verifica e la valutazione.

Possiamo solo dire che è preferibile utilizzare delle tecniche che pongono l'allievo di fronte alla sua competenza, piuttosto che quelle che fanno interagire tra compagni o pongono il confronto diretto con l'insegnante.

È preferibile favorire l'autovalutazione dello studente, utilizzando quindi tecniche con delle modalità di realizzazione autovalutative come il dettato autocorretto, la procedura cloze, gli incastri, gli accoppiamenti, in modo da non mortificare lo studente in caso di insuccesso. Nel caso sia l'insegnante a correggere, è bene che oltre alla correzione venga data la spiegazione dell'errore per favorire la sistematizzazione razionale da parte dello studente adulto.

Altre tecniche che prevedono la performance in pubblico e dove quindi lo studente si mette in gioco, come il roleplay, la drammatizzazione o la simulazione di dialoghi possono essere utilizzate, ma prima bisogna che l'insegnante cerchi di creare un certo clima di stima all'interno della classe, in modo che lo studente non si senta giudicato e non abbia paura di far brutta figura.

Per quanto riguarda le tecniche ludiche, c'è da evidenziare che spesso non sono amate dagli studenti adulti, perché, se non viene ben spiegata la loro valenza, evidenziando gli scopi e i metodi, possono sembrare inutili, e quindi vengono viste come una perdita di tempo. Inoltre alcuni studenti hanno paura di risultare ridicoli di fronte alla classe. Comunque, dipende sempre dal clima che si instaura nella classe, perché in certi contesti anche gli adulti possono amare giocare e mettersi nelle condizioni più ridicole per gioco.

Si possono organizzare anche attività basate sul lavoro a coppie: in questo modo gli studenti non si sentono giudicati dall'intera classe e dallo stesso insegnante, e possono relazionarsi meglio con una persona che è come loro e che si mette in gioco allo stesso modo.

8. Percorsi didattici di insegnamento di italiano come lingua seconda per adulti

Ci sono vari percorsi didattici che possono essere proposti agli studenti adulti: la scelta dipende sempre dal loro livello linguistico, dai loro bisogni, dalla gestione della classe. Durante i primi livelli linguistici l'insegnante cercherà di potenziare soprattutto la comprensione orale e il parlato, proponendo delle attività comunicative molto semplici che cercano di mettere in atto quelle funzioni vitali per una persona: saper presentarsi, chiedere un'informazione, salutare, ecc. L'insegnante favorirà il lavoro a coppie o a gruppi utilizzando foto, illustrazioni, *realia* che possono aiutare la comunicazione.

Per quanto riguarda la comprensione di testi scritti e lo scrivere, l'insegnante proporrà quelle attività più significative che possono servire nella vita quotidiana: compilare un modulo, lasciare un breve messaggio, ecc. Si tratta nella maggior parte di attività di *problem solving* che sono molto motivanti perché rispecchiano i problemi che gli adulti devono affrontare nella vita reale quotidiana.

Successivamente, a livelli linguistici medi ed avanzati, si possono presentare diversi materiali autentici: dal giornale, alla pubblicità, alla visione di sequenze di film in lingua fornendo delle schede che riflettano i percorsi didattici e che aiutino la comprensione dell'input. Questo servirà per trovare argomenti per possibili discussioni che possono riguardare le problematiche culturali, il diverso modo di porsi di fronte a certe situazioni, ecc.

L'impiego del video con gli studenti adulti può essere molto utile, perché fornisce una gamma di modelli culturali veramente ricca: l'importante è che l'insegnante didattizzi il materiale che intende proporre tenendo conto dei vari elementi presenti, da quelli linguistici a quelli paralinguistici ed extralinguistici, organizzando delle attività di previsione, di comprensione e di riutilizzo delle funzioni linguistiche e delle strutture grammaticali apprese. Per concludere si fornisce, come esempio, un percorso didattico sviluppato ad un primo livello:

CONTESTO DI INSEGNAMENTO	Corso di italiano per stranieri adulti in Italia in un CTP Primo livello (principianti) Età: 25-60
TEMPO DI REALIZZAZIONE	Un anno scolastico
METE EDUCATIVE	- Evidenziare le caratteristiche dell'Italia - Stimolare l'interesse verso la cultura italiana - Fornire elementi e strumenti per una comparazione interculturale fra la propria cultura d'origine e quella italiana
UNITÀ DI LAVORO	FUNZIONI
Saluti	- Come presentarsi - Come presentare qualcuno - Darsi la mano - Forme formali ed informali - Scambiarsi gli auguri
Al bar	- Il concetto di bar in Italia - Pagamento del supplemento per la consumazione al tavolo - Quando si bevono certe bevande, per esempio il cappuccino - Il consumo di vino e birra per i minori
Il cibo	- Colazione, pranzo, cena (distribuzione, contenuto e significato) - La cucina italiana - L'importanza del cibo - Al ristorante (portate, contorni, coperto, ecc.)
Gli uffici	- Gli orari - La carta bollata - Il sistema burocratico - I moduli postali e bancari - Uffici pubblici (anagrafe,....) e uffici privati (assicurazioni, banche...)
Alla stazione ferroviaria	- I vari tipi di biglietti - I vari treni in servizio - Il supplemento (Intercity, Eurostar....) - Convalidare il biglietto prima di salire
I negozi	- Gli orari - Entrata libera - Forme di cortesia nel negozio - Periodo di chiusura per ferie - Alto livello di sicurezza delle gioiellerie
Al telefono	- Come rispondere - Come presentarsi - I numeri verdi, i numeri a pagamento - Come ottenere informazioni dai servizi pubblici - Quando telefonare nelle case private
La casa	- L'arredamento - Orgoglio legato alla casa - Distribuzione delle stanze nella casa - Invito a casa: come considerarlo - Quando fare visita nelle case private
L'abbigliamento	- Elementi dell'abbigliamento formale e non formale - Vestirsi secondo l'occasione - Il firmato - La moda
Gli oggetti	- Regali - Denaro - Gioielli - Automobili - Telefono cellulare
La comunicazione non verbale	- Gestualità - Distanza fra corpi - Espressioni del viso - Posizioni del corpo

Riferimenti bibliografici

AA.VV.,1999, *Educazione degli adulti nei paesi dell'Unione Europea,* I Quaderni di Eurydice n° 16, Firenze, Parretti Grafiche.
AA.VV.,1999, *L'educazione permanente degli adulti. Il confronto europeo e la strategia nazionale,* Firenze, Le Monnier.
BALBONI P., 1994, *Didattica dell'italiano a stranieri,* Roma, Bonacci editore.
BALBONI P., 2002, *Le sfide di Babele. Insegnare le lingue nelle società complesse,* Torino, Utet Libreria.
DEMETRIO D., FAVARO G., 1992, *Immigrazione e pedagogia interculturale-Bambini, adulti comunità nel percorso di integrazione,* Firenze, La Nuova Italia Editrice.
DEMETRIO D.,1997, *Manuale di educazione degli adulti,* Roma-Bari, Edizioni Laterza.
DIADORI P. (a cura di), 2001, *Insegnare italiano a stranieri,* Firenze, Le Monnier.
MINUZ F., 2001, "Italiano L2 e adulti immigrati", in *Atti del IV seminario di aggiornamento insegnanti di italiano L2,* Roma, Geser.
PALLOTTI G.,1998, *La seconda lingua,* Milano, Bompiani.
SCAGLIOSO C., 2000, "L'educazione degli adulti alle soglie del terzo millennio", in *Api, 1-2.*

Finito di stampare nel mese di ottobre 2009
da Guerra guru s.r.l. - Via A. Manna, 25 - 06132 Perugia
Tel. +39 075 5289090 - Fax +39 075 5288244
E-mail: info@guerraedizioni.com